労働法 I

近藤 昭雄 著

中央大学出版部

まえがき

　なにを、いまさら、「団体法」の「教科書」を？と、思われる向きも、あるやもしれない。
　まず、「後者」の点について言えば、「教科書」の執筆に、長年、迷い、躊躇してきたことは、事実である。それは、「研究書も出さないうちに教科書を書くなど、みっともない」との師の教えが、いつも、頭の隅にあったことにかまけて、サボっていたことにもよるが、何より大きかったのは、刊行後に自信がなかったことに基づく。というのは、日常の講義で、教科書に書いてあるのと同じことをオウム返しにしゃべることをこの上なく恥ずかしいことと考える反面、従来型の講義以外に適切な形式を見出し難かったからである（ケースメソッド方式等を考えないでもなかったが、それは、一時に百数十人以上を対象とする、私立大学での講義では、不可能である）。
　それにもかかわらず、なぜ、あえて、今なのか、という点について言えば、昨年、満60歳を迎え、「定年」というものを意識しだしたとき、後記のような今日的状況の下において、自分自身の集大成として、現実への批判、また、問題提起として、労働基本権、そして、突き詰めれば、「労働者の尊厳」を基本的コンセプトとする、私のような理論を世に問うことは大いに意味のあることだという自負に強く突き動かされたことである。
　前記「前者」の点について言うと、以下の如くである。
　現実の労働組合は労働者の利益を護り得なくなったのみならず、時として、恥も、外聞もなく会社にすり寄り、労働者への抑圧者としてすら機能している（2001〜2年は、企業経営上の不祥事があまた噴出し、時には、企業経営の崩壊すらもたらした年であったが、当該企業において、労働組合が、それら不祥事に対し毅然と対処し、企業への批判者としての役割を果たし抜いたなどとい

うのをみることはなかった。思えば、それらの企業の多くで、組合分裂を経験し、多数派組合が会社となれ合ってきたものであった。その意味で、上記情況は、1960年代以降の日本労働運動の実質を象徴するものでもある)。その現実の下において、今日、「団体法」などという領域は、つまらなく、影の薄い存在として扱われ、「労働基本権」とか、その「理念」とかを語ることは、時代遅れであるとの風潮が蔓延している。学会の若き学徒は、「団体法」などに見向きもしないし、現実迎合的な、企業利益へも配慮した、物わかりのいい理論のみが受け入れられていく。人間の顔の見えない、論理操作の対象としての労働法学が一般化していく。

　しかし、このような、労働基本権理念を中核とした、いわば「労働法の精神」とも言うべきものが見失われている現実は、労働法学会にとってのみならず、日本社会にとって、ゆゆしき事態に他ならない。古いといわれようが、何であろうが、労働組合は、唯一、労働者にとっての人権の砦であり（あるべきで）、労働基本権の定着化を抜きにして、国民の人権の定着化はあり得ないからである。それ故、労働者が、したがって、国民1人1人が、現実生活の中で、生き生きと生き抜き得るためには、そして、前記企業不祥事に象徴される日本社会の病弊を克服し、(昨今のはやり言葉で言うならば）日本社会の構造改革を進めるためには、労働基本権の保証を基礎とした「労働法の精神」が定着化していくことが不可欠といわねばならない。

　そのような現実への危機意識と、その現実の克服に向けて少しでも寄与しうる理論の提示の必要性を痛感していること、それらが、今日、あえて、「団体法」の教科書執筆に向かわせた最大の理由であった。たかが教科書で、なにが偉そうに、と言うなかれ。本書では、序章において言及したように、徹頭徹尾、実践的問題関心をもって論旨展開されている（もっとも、「教科書」である以上、自説の展開にのみ終始するのは、フェアーではない。少なくとも、学説・判例の紹介に関する限り、それなりの客観的目配りはしたつもりである）。このような視点をもって貫かれた労働法の文献は、たとえ「教科書」としてであれ、近年、絶えてなかったものと自負している。その意味で、本書が、労働法学会

での論議に一石を投じる結果となることを期待したいし、我が国労働者の自由と人権の確立に、少しでも、寄与することができることを心から念じている。

実は、本書は、もともと、中央大学法学部通信教育課程の「労働法1（団体法）」の教科書として執筆されたもの（以下、「原著」と呼ぶ）をベースにしたものである。そして、本書の定価をできるだけ廉価に設定するため、原著にはほとんど手を加えることなく刊行するに及んだ。そのため、原著同様、「注」をもってする引用や、学説についてのその都度の文献提示等はなされないままにしてある。いたって変則ではあるが、昨今の出版状況からやむを得ない仕儀として、大方の御寛容を願いたいところである。

私は、中央大学より、2002年度の1年間、在外研究の機会を与えられ、2001年3月中旬より、翌2002年2月末までの間、アメリカ合衆国カリフォルニア州ロサンゼルス郡トーランス市に居住し、日系企業の労使関係・労働事情や移民労働者の状況につき、調査・研究等することに従事していたが、原著は、その合間を縫って、過去書き留めていたものに付加する形で成ったものである。したがって、そのような特殊事情のため、原著の刊行に当たっては、資料との照合や出版関係者との連絡・調整等につき、中央大学講師 勝亦啓文氏と角田邦重中央大学法学部教授の多大な助力を得た。この両先生のご助力なくして、原著が成ることはなかったであろう。本書の刊行にあたって、改めて、感謝の意を表する次第である。

　2003年3月8日

　　　　　　　　　　　　　　　　　　　　　中央大学法学部研究室にて
　　　　　　　　　　　　　　　　　　　　　　　　近　藤　昭　雄

目　次

はしがき

序　章 ──本書の対象と論述の視点── ……………………………… 1
　1．労働法の体系と本書の対象　1
　2．論述の視点　1

第Ⅰ章　労働基本権の保障 …………………………………………… 5

第1節　労働基本権の歴史的意義と労働基本権保障の
　　　　規範的意味 …………………………………………………… 5

第2節　わが国における特殊的展開と労働基本権 ………………… 15
　1．労働基本権保障の規範的意味　15
　2．歴史的展開の特殊性と課題性　17
　3．団結の形態的特殊性と労働基本権　21

第3節　労働基本権の制限 …………………………………………… 24
　1．公務員と集団的労働関係　24
　2．団結する権利　25
　3．団体交渉権　27
　4．争議権─刑罰付き、一律・全面禁止体制　29

第4節　労働基本権論再論 …………………………………………… 42
　1．最高裁の労働基本権思想　42
　2．公務員と労働基本権─労働基本権再論　44

第Ⅱ章　団結する権利と団結自治 …………………………………… 47

第1節　団結する権利の保障と団結自治 …………………………… 47
第2節　労働組合の法的地位─資格要件と資格審査制度 ……… 48

1．労働組合の資格要件　48
　2．「無資格組合」の法的地位　60
　3．管理職組合　63

第3節　組 織 強 制……………………………………………… 65
　1．組織強制の諸態様　65
　2．ユ・シ協定の法的効力　67
　3．組合分裂・併存とユ・シ協定の効力　71

第4節　組 織 統 制……………………………………………… 75
　1．労働組合の統制権　75
　2．統制権の限界　78

第5節　組 合 費………………………………………………… 89
　1．組合員の組合費納入義務　89
　2．臨時組合費の徴収　90

第6節　組合分裂と財産帰属…………………………………… 92
　1．組合財産の所有関係　92
　2．組合分裂と財産帰属　93
　3．闘争積立金と返還請求　100

第Ⅲ章　不当労働行為……………………………………………103

第1節　不当労働行為制度………………………………………103
　1．不当労働行為制度　103
　2．不当労働行為制度の趣旨　110
　3．労組法7条の私法上の効力　112

第2節　不当労働行為の主体……………………………………114
　1．問題の所在　114
　2．「使用者」概念　120
　3．内延的関係と帰責　124

第3節　不利益取扱……126
1. 不利益取扱の成立要件　126
2. 復職命令とバックペイの範囲　131

第4節　団交拒否……138
1. 団交権の保障と団交応諾義務　138
2. 団交の当事者と担当者　139
3. 団交拒否の「正当理由」　141
4. 団交拒否と司法救済　143

第5節　支配・介入……144
1. 団結自治と支配・介入　144
2. 成立要件をめぐる問題　145
3. 使用者の「言論の自由」と支配・介入　146
4. 組合活動保障と支配・介入　148

第6節　組合間差別をめぐる問題……149
1. 問題の所在と構造　149
2. 組合併存の構造と分析の視点　151
3. 組合間差別と不当労働行為　152
4. 差し違え条件と不当労働行為　154
5. 賃金差別と「継続する行為」　162

第Ⅳ章　組合活動……165

第1節　問題の構造と基本的視角……165
1. 企業別組合と組合活動問題の位相　165
2. 交渉力の脆弱性と組合活動の多様性　166
3. 法的把握の諸相と組合活動法理　168

第2節　施設管理権と組合活動……176
第3節　労務指揮権と組合活動——リボン闘争の正当性……178
第4節　企業の名誉・信用と組合活動……181

第Ⅴ章　労働協約 …………………………………………………… 185

第1節　労働協約の機能 ………………………………………… 185
第2節　労働協約の成立 ………………………………………… 190
　1．労働協約の形式　190
　2．労働協約の期間　192
第3節　労働協約の法的効力 …………………………………… 194
　1．規範的効力　194
　2．債務的効力　216
　3．制度的効力──広義の規範的効力　226
　4．一般的拘束力　231
第4節　労働協約の終了と法的関係 …………………………… 240
　1．労働協約の終了　240
　2．労働協約の終了と法的関係　242

第Ⅵ章　争議行為 ……………………………………………………… 247

第1節　争議行為と争議権保障 ………………………………… 247
　1．争議行為　247
　2．争議権保障の意義　249
第2節　争議行為の「正当性」………………………………… 251
　1．基本的視点　251
　2．争議行為の類型と正当性　252
第3節　違法争議と責任 ………………………………………… 266
　1．基本的視点　266
　2．違法争議と民・刑事責任　267
　3．違法争議と懲戒　269
　4．労働協約違反の争議行為と法的関係　271
第4節　争議権への制約 ………………………………………… 271

1．労働関係調整法　271
　　2．緊急調整制度　276
　　3．スト規制法　278
　　4．公務員労働者と争議行為禁止　279
　第5節　労働争議の調整 …………………………………………………280
　　1．労働争議の「調整」　280
　　2．調整の方式　281
　第6節　争議行為と賃金 …………………………………………………284
　　1．怠業と賃金請求権　284
　　2．部分スト・一部ストと賃金・休業手当請求権　285
　　3．賃金カットの範囲　288
　　4．賃金カットの時期　289
　第7節　使用者の争議対抗行為 …………………………………………291
　　1．基本的視点─ロックアウトの「正当性」　291
　　2．正当性の判断基準と法的効果　294

● **用 語 解 説** ……………………………………………………………297
　事 項 索 引　308
　判 例 索 引　312

序　　章
——本書の対象と論述の視点——

1．労働法の体系と本書の対象

　次頁の図は、わが国労働法の体系を図化したものである。

　一口に労働法といっても、一般に、労働基本権の保障（憲法28条）を基礎に、労働者が、労働組合を組織し（これによって形成される、「使用者」との関係を、「集団的労働関係」という）、その労働組合による団体交渉（その結果として労使間に成立した「合意」を、「労働協約」という）を通して労働条件の規制をはかることにかかわる諸問題を取り扱う集団的労働関係法（団体法）の領域、雇用関係にある（企業＝使用者に雇用されている）労働者の処遇（労働条件）（この関係を、「個別的労働関係」という）に関し、「最低の国家的基準」（それ以下の条件で労働者を働かせてはならないとする国家的基準）を定める法を中心に、労働者の個別的処遇に関する諸問題を扱う個別的労働関係法（保護法）の領域、失業者、あるいは、新卒者等として、「労働市場」にあって「職」を求めている労働者の保護に関する「雇用保障法」の領域の3つから成るものとされている。

　なお、後2者のうち、労働基準法に基づく労災補償や、失業中の所得保障等にかかわる法は、今日では、国家が管掌する保険制度（社会保険）化されており（労働者災害補償保険、雇用保険、等）、社会保障化している。これらの現象に代表されるように、後2者は「社会保障法」の領域に接続するものである。

　これらのうち、本書では、集団的労働関係法（団体法）を扱う。

2．論述の視点

　本書では、上記集団的労働関係法につき、第Ⅰ章・労働基本権、第Ⅱ章・団結する権利と団結自治、第Ⅲ章・不当労働行為、第Ⅳ章・組合活動、第Ⅴ章・

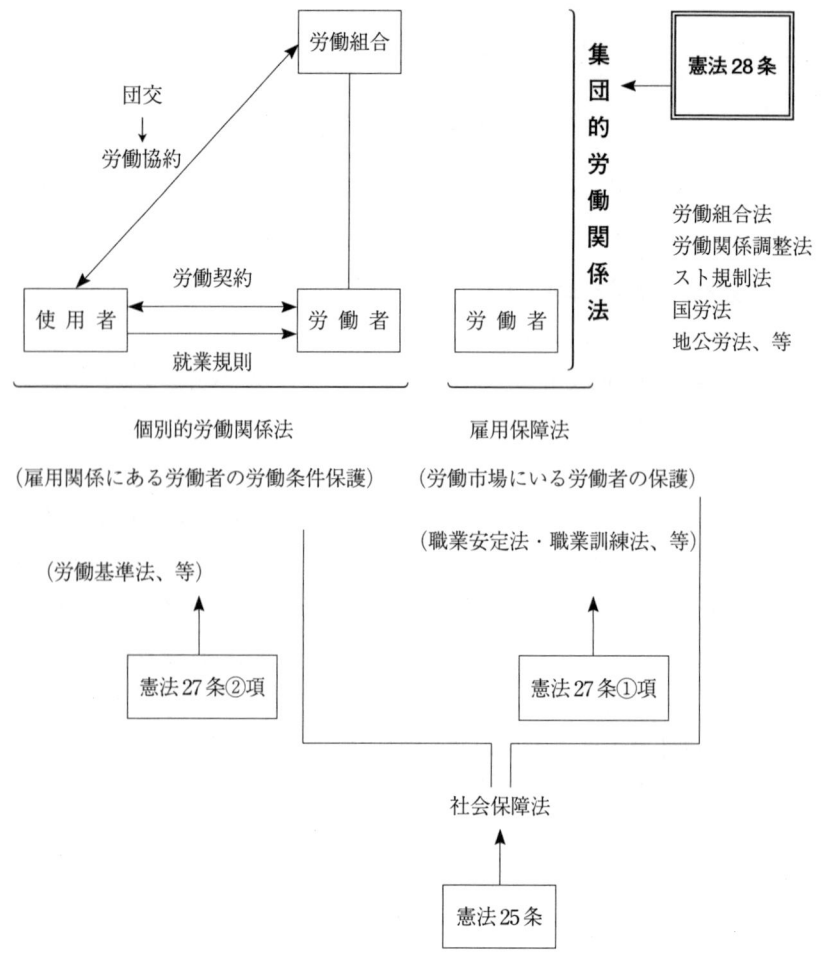

労働協約、第Ⅵ章・争議行為の主題に沿って論述展開されるが、それを開始するに先立って、筆者が拠って立つ視点について、若干、論及しておきたい。

まず、第1に、本書においては、歴史的な「事実」、労使関係の「実体」等、事実と実質を基礎に立論する視点が重視されている。労働法自体が、労働者運動という「事実」によって生み出されたものであり、それに担われて妥当するものである。してみれば、労働法上の問題を解くカギは、それらの事実を深く

読み込んでいくことによってのみ得られるものである。したがって、本書では、理論の世界で観念するのではなく、徹頭徹尾、労働者運動とそれを基礎に形成される（集団的）労使関係の「実体」を基礎に立論する立場が採られている。

第2には、労働法を生み出してきた、したがって、労働者運動によって担われた「理念」の重視である。これは、一見、第1のものと矛盾するかのごとくであるが、労働法を生み出した上記労働者運動を支えた「想い＝理念」という「事実」の重視なのである。なに故に労働法は生まれ、現実界の中に何を実現しようとしたのかという「事実」（それが理論化され、言葉的表現をもって表示されたとき、それは「理念」という概念で捉えられる。だから、それは、「事実」を離れた「観念」ではなく、またそうであってはならないものである）を解明し、それをすべての基礎に立論する立場である。

第3には、結果への配慮である。裁判規範としての法の機能は、社会的紛争に適用され、勝ち・負けを決め、その結果を強制的に実現させることである。実定法解釈論の世界では、単純な学説の対立としてあるものが、現実世界では、勝者・敗者を決める基準となるものである。そして、敗者となった者が個人やいわゆる社会的弱者とされる者であるときには、「負ける」ということは彼らの生活そのものが危機に曝されることでもある。法理論の形成に関与するということは、そのような現実の中で、いずれかの側に立つことである。それ故、本書では、そのことを痛切に認識し、労使関係における紛争の「実体」を見極め、労働法の「理念」に基づいた問題解決を図るという立場が貫かれるものである。

ともあれ、法及び法理論がもつ上記本質は、法にかかわるものすべてがその立論の基礎として絶対的に認識しておくべきものである。本書をもって学習する学生諸君のすべてがそのような立場からの学習・理論の形成に心がけることを、なににも増して期待したいところである。

第Ⅰ章　労働基本権の保障

第1節　労働基本権の歴史的意義と
　　　　労働基本権保障の規範的意味

　近代市民革命以降成立した近代市民社会の法体系においては、その基礎的経済関係である商品交換関係をそのまま反映させて、すべての経済主体（したがって、すべての個人）の社会的関係は、抽象的に観念される、自由、平等な当事者の交渉（取引）に基づく、自由・平等な契約的関係として構成される。そして、それぞれの当事者が、相手に対し何を要求できて、それに対して何をしなければならないか、は（それらが国家的に強制・保障されるとき、すなわち、法の世界においては、それらは、「権利・義務」と観念される。したがって、「権利・義務」の内容は）その交渉結果としての契約（合意）内容によって定まるものとされる。
　したがって、たとえば、ある売買契約において、どんな商品を、1個いくらで、どれだけの量、売買し、その代金は、いつ、どんな方法で支払われるか、等が交渉され、合意（売買契約）が成立することによって、売主は、合意された期日までに、合意された商品を、合意された量だけ買主に引き渡すべき義務を負い、買主は、合意されただけの額の代金を、合意された期日までに、合意された方法で支払うべき義務を負うことになる。そして、この場合にそれぞれについていかなる合意がなされるか（どれだけの量の商品を、いくらで売り・買いするか、等）は、当事者のまったくの自由ということにされる（取引＝契約の自由）。
　同様の理は、労働者―企業（使用者）の関係についてもそのまま適用される。つまり、労働者が自らあるいは家族の生存のために、企業に雇用され、その支

配下に労働に従事し、賃金を得るという（あるいは、企業が労働者を雇い入れ、自己の支配下で労働に従事させて、企業活動を行い、利潤を得るという）関係は、そのような経済的・社会的特性をすべて捨象された、自由・平等な当事者（債権者・債務者）の契約的関係として構成され、それぞれの権利・義務は、合意されただけの量の労働力の引渡し（それは、相手の支配下で「何時間労働」に従事するか、という形で算定される）、いくらの代金（労働関係において、それは、「賃金」と、観念される）を支払うかの関係として、具体化される。

したがって、たとえば、1日15時間労働に従事し、賃金は100円、という合意（交渉結果）が成立したとすれば、労働者は、1日15時間働く義務を負い、100円の賃金請求権を取得し、他方、使用者は、労働者を、自己の支配下に、15時間働かせることができて、100円の賃金支払い義務を負うことになる。そして、そこでいかなる合意がなされるかは、当事者の交渉の如何にのみ基づき、まったくの自由、ということになる。また、交渉によるも、条件が合わなければ、契約を結ばないこと、さらには、いったん締結された契約も、わが国の雇用のような、期間を定めない継続的契約関係にあっては、法の求める条件（たとえば、一定期間前の予告）さえ満たすならば、いつ、いかなる理由で解約するも、自由（解雇の自由）とされる。

しかし、これら、自由・平等な当事者による自由・平等な取引に基づく労働条件の決定という論理は、すべて虚偽（ウソ）である。

まず、たとえば、労働者が1日何時間働くかは、企業の側から見れば、当該企業が、労働者を雇い入れ、かれ（ら）の労働力を利用して、1日何時間企業活動を行うかの問題である。であるとすると、そのような企業活動の基本事項を労働者との交渉＝契約をもって決定するなどということは、絶対的にありえない。それは、企業の計算において、1日何時間の企業活動を行うべきかが定まり、それに基づいて労働者を雇い入れ、彼らを一斉に、一律的に働かせる、ということになるものである。この理は、他の労働条件のすべてに関して同様である。すなわち、企業は、自己の論理・計算において、労働力の利用の仕方、あるいは、その基礎となる事項を決定し、そして、それらを「労働条件」とい

う形式に置き換えた上で、労働者を雇い入れ、働かせる、という形で、労働関係は成立するものである。言い換えれば、現実の展開においては、労働条件は、企業の論理と計算のもとにおいて、**先行的**（労働者との交渉によってではなく、その雇い入れよりも以前に、企業の計算において決定されるという意味）・**画一的**（1つの企業に働く労働者のすべての労働条件のベースが同一である、あるいは、同一の基準が適用されるという意味）に決定され、労働者は、それを前提に雇用され、労働に従事するものである。＝就業規則による労働条件の決定。

> ・就業規則による労働条件の決定
> 　企業が、その効率的運営のため、職場規律を含む労働諸条件につき、先行的・画一的に定めた工場現場の規則の総体を、今日では「就業規則」と呼んでいる。それは、今日、労働者の労働諸条件の決定につき、事実的にはもちろん、法的に（労働基準法89、90条、参照）も、重要な役割を果たしている。

　さらに、労働者―企業の力関係という点からみるとき、前記の論理は、いっそうに虚偽である。確かに、近代市民社会（資本制社会）において、労働者は、封建制社会における農民のごとく、身分と土地に拘束されることなく、いつ、どこで、誰に雇用されるか、等はまったくの「自由」ではある（職業選択の自由、居住・移転の自由）。しかし、かれは、いかなる資産をも有しない者として、自己の労働力を売り、その対価（賃金）を得る（誰かに雇われ、その支配下で労働に従事し、給料を得る）ことによってしか、自己、および、その家族の生存を維持することのできない存在である。そのような労働者が、多数、「職」＝生存のための糧を求めて、労働市場において、競争しているのである。要するに、無数の労働者が、自己と家族の生き残りをかけて、職を得ようと奔走しているのである。このような条件下において、雇う者と、雇われる者との間の関係が自由・平等となるということはありえない。

　それは、上述のように、労働条件が、企業の論理・計算の下に、先行的・画

一的に定められ、それに基づいて従業員の雇用が行われるとして、労働者が、自己の雇い入れを求めて、「就業規則」という形で客観化・成文化された労働条件を提示されたとき、それを前提に「交渉する」ということが存在し得るかを考えてみれば明らかである。

　提示された労働条件について自己の要望・要求を提示することが可能か、たとえば、企業が、その時々の標準家計費を前提に、そのような労働者の要求を考慮し、「交渉」の結果、新たな労働条件について合意する、といったことがあり得るか。これらに対する答えは、すべてNOである。自己と家族の生存をかけて必死に「職」を求める多数の競争者の存在と、他社との競争関係において、常に労務コストの低減→商品価格の低下を追及する資本（企業）の経済合理性に基づく計算の下に労働条件は形成されるものであるとの現実の前では、事は、労働者は「就業規則」という形で示された画一的労働条件をそのまま受け入れて雇用される、という形で展開する。なぜならば、かれは、ひとたび自己の要求をうんぬんするや、直ちに雇用は別の者にとって代わられるであろう現実を認識しているからである。

　しかし、これは、何を結果することになるだろうか。上に見たごとく、「就業規則」が企業（資本）の論理においてのみ形成されたものであり、それをそのまま受け入れての雇用関係の成立であってみれば、企業による、企業のための（企業の論理のみに基づく）、労働条件の一方的決定であり、法的には、その「力」に基づく一方的決定の、（当事者の自由・平等という、市民法の虚偽的論理を用いての）「合意」というフィクションへの転換である。

　そして、この入職時の不平等と虚偽は、その後の雇用関係をも支配する。「契約の論理」を用いての、一方的に決定された労働条件下における労務の提供の強制であり、契約の自由＝解雇の自由（つまり、企業の意思に基づいて、いつ、クビになるかわからないという現実）をテコとした強権的関係の形成である。企業による一方的支配の完成である。

　このように、労・使の不平等な関係、一方的支配の関係は、入職時における労働条件の一方的決定のみならず、日々の労働過程全般を通して貫徹している

こと、市民法の論理はそのことも含めて合法化する、自由に名を借りた支配のための論理であることを、忘れてはならない。

そして、上述のような市民社会の構造が洞察されたとき、そこに、労働者の抵抗が始まる。歴史的に見ると、労働者の運動は、その当初は、相互の連帯を通しての自助・自救（助け合い）の試み（Friendly-Society）として始まるが、近代市民法体系の下における労働関係が上述のごとき本質を有し、それらが構造的問題であるとするならば、それらへの洞察と対抗は、不可避的なものとして、登場することになる。具体的、現実的には、自助・自救運動の行き詰まりや企業の横暴の拡大、社会の構造的矛盾（失業・貧困・疾病、等）の労働者への集中等の現実が、労働者を社会構造それ自体の洞察へと促し、それらにかかわる運動として展開をはじめ、恒常的労働者連帯＝労働組合の形成へと向かうという展開をたどるものではあるが、それら恒常的労働者連帯＝労働組合の基本的趣旨は、①労働市場における労働者相互の競争を排除し（つまり、１人１人が企業と渡り合うということをやめて）、団結して、企業（資本）と交渉・取引することによって、実質的な自由・平等な関係への接近、それに基づく労働条件の決定→向上を図り（労働組合とその相手方との間に成立した合意を、「労働協約」という。したがって、以上を、「団交→労働協約システムによる労働条件の決定」と表示する）、さらに、②それらを通しての、労働過程における支配＝命令・服従的関係への介入と、日々の労働生活における対等性への接近＝「人間」の回復、を目指す組織体として、企業に対抗する運動を展開することにある。すなわち、雇用関係の成立から日々の労働過程全般において、企業に対する対等性を獲得＝労働者の「主体性」・「自由」を回復し、それを通して、労働者生活の改善を図ることを目的とする運動体＝労働組合の登場、あるいは、それへの転換である。

しかし、こうした労働者連帯＝労働組合に対する企業、そして国家（法）の対応は、相当の長期にわたって、きわめて苛酷なものであった。

企業は、労働者連帯が、労働関係における彼らの「王権」を否定しようとするものであるがゆえに、その存在それ自体を許しがたいものとして、彼らのもつ一切のチカラを用いて、その否定・壊滅に奔走し、ために、運動にかかわる

労働者はつねに抑圧された情況下に置かれたのであった。また、国家（法）の対応も、労働者連帯が、上述のように、近代市民法の観念・論理枠組みに真っ向から対抗するものであるがゆえに、体制擁護＝正義の名のもとに、徹底した抑圧を展開したのであった。しかし、上に見たように、労働組合の運動が、資本制的労働関係、それを正当化するための市民法体系の本質から不可避的に登場するものであるとするならば、「主体的自由の回復」という、労働者という人間の「尊厳」にかかわるものであるとするならば、時代による浮き沈みがあるとはいえ、そのような抑圧にもかかわらず、労働組合運動は、次第に、否定しがたい存在として、定着していくに至る。

　一般に、労働組合運動に対する法的対応は、①禁圧、②放認、③保護、の3段階を経るとされている。その歴史的時期、具体的内容等は各国毎に異なるが、①「禁圧」とは、「団結」の結成、あるいは、争議行為等の団結に基づく行為等を直接の犯罪構成要件とする法が支配した時代を意味する。イギリスの団結禁止法（Combination Act）がもっとも代表的なものとされる。②放認とは、そのような団結禁止の法は廃止され、団結、あるいは、団結活動が直接かつ独立の犯罪とされることはなくなるが、団結の行動が、市民法の責任類型・構成要件に該当すると判断された場合には、その責任が追及されるものとされた時代である。それは、団結活動のすべての局面にわたって問題とされるが、とりわけ、争議行為に関して、もっとも直接的であった。たとえば、刑事法的には、強要・脅迫、威力業務妨害等が、民事法的には、債務不履行責任や不法行為責任が問題とされ、現実に、それらの責任が追及されたのであった。この時代は、労働者と労働組合にとって、なお、冬の時代であることに変わりはなかった。③しかし、ここでも、歴史的時代はもちろん、その具体的・直接的契機となったものも、経済の安定的展開のため、敗戦に伴う体制的危機への妥協策として、あるいは、戦争遂行のための協力引出しの交換条件として等々、各国ごとに、大きく異なるにしても、労働組合の運動が現実に無視できないものとして定着し、社会的機能を発揮する段階になると、国家法は、労働組合の諸権利を直接保障するという形（1919年ドイツ・ワイマール憲法等）で、あるいは、労働組合

・団体法の歩み

団結承認・保護へ　各国の歩み

アメリカ	イギリス	ドイツ	フランス
共謀罪 差止命令 シャーマン反トラスト法 (1890) クレイトン法 (1914) 　―団結、争議の承認 ↓判例による禁圧 戦時中の緩和期 ノリス＝ラガーディア法 (1932) 　―団結、団交の自由 ワグナー法 (1935) タフトハートレー法 (1947) ランドルム・グリフィン法 (1959) 　―組合の「民主化」	団結禁止法 (1799、1800) 団結禁止法廃止法 (1824、1825) 労働者妨害法 (1859) 　―平和的説得・ピケ承認 労働組合法 (1871) 共謀罪及び財産保護法 (1875) 　―刑事免責 労働争議法 (1906) 　―民事免責 労働組合法 (1913) 労働争議および労働組合法 (1927) 　―同情スト等争議の一部制約 労働争議および労働組合法 (1946) 　―1927年法の廃止 労働争議法 (1965) 　―民事免責の確認 労使関係法 (1971) 労働組合・労働関係法 (1974、1976) 雇用法 (1980、1982) 　―ピケの制限、2次争議の違法化、組合への介入	プロイセン工業条例 (1845) ライヒ営業条例 (1869) 　―団結の消極的承認 社会主義者取締法 (1878) 緊急結社法 (1899) ライヒ結社法 (1908)、刑法 1918年5月22日法 　―団結の自由の拡大 ワイマール憲法 (1919) 国民労働秩序法 (1934) 連邦共和国基本法 (1949) 　―団結権の確ボ ↓判例による、争議の合法性限界の確定	ル・シャプリエ法 (1791) 刑法典「共謀罪」(1810) ↓ 第二共和制の一時的寛容政策 第二帝政の再禁圧 刑法典改正、共謀罪の廃止 (1864) 　―一時的団結の承認 ワルデック・ルソー法 (1884) 　―団結承認 1901年7月1日法 　―結社の自由の承認 1919年法 　―労働協約承認 1920年法 　―労働組合の自由の承認 第4共和国憲法 (1946) 　―団結権の確認 1946年法 1950年法 　―労働協約法の効力確認 第5共和国憲法 (1958) 1968年法 1971年法 ↓判例による組合の民事責任の原則否定、違法争議の個人的責任 オルー法 (1982) 　―労働法典の整備 企業内組合活動の保護

中央大学講師・勝亦啓文氏作成による

の運動については市民法の（違法）責任類型を適用しない（Immunity）という形（イギリス・労働組合法、労働争議法、等）で、労働組合の行動についての法的承認が達成されるに至る。そして、ある程度は、各国の資本主義的生産様式の成立の速さと結びついたものではあるが、ほぼ、第1次世界大戦後、労働組合の法的承認（団結承認）が定着していくことになる。

> ・メーデーの起源と労働組
> 　今日、メーデー（5月1日）は、「労働者の祭典」ということになってしまったが、このメーデーの起源ほど、労働組合の歴史が抑圧との闘いの歴史であったこと、今日当然のものとされる労働条件や権利がその（時には血塗られた）闘いによって得られたものであること（そして、それを「祭典」に変えてしまったわが国労働運動の変質）等を端的に示唆するものはない。——1880年代後半は、世界的に、8時間労働制要求の運動が盛り上がった時期であったが、1886年5月1日、当時のアメリカの全国的労働組合（C.L.U.）は、シカゴの（ヘイ・マーケット）広場で、各地からデモ行進をして集まってきた労働者たちをもって、8時間労働制を要求する全国集会を開催した。ところが、集会開催直前、集会参加者の中から、警備中の警官に向かって爆弾が投げつけられ、何人かの警官が死傷するに至った。そして、後日、この事件を共謀・実行させたとして、5名の無政府主義者が逮捕され、死刑に処せられた。労働組合は、無実を主張した（そして、後日、事件は、すべて、警察側の策謀に基づくものであることが立証された）が、結局、5名の命を救うことはできなかった。社会主義・労働運動の世界的組織であった第2インターナショナルが1989年7月に創立された際、この5月1日を、5名の犠牲を悼み、全世界の労働者が連帯して闘う日として設定したものがメーデーの起源なのである。

と、記してしまえば、その過程は、きわめて平板なイメージで終わるが、各国の労働組合運動史が示すように、それは、労働者の命をもかけた、血塗られた歴史的過程でもあった。今日、その実質はさまざまではあるものの、ほとん

どの国々において、労働組合は、法的に承認され、実体的にも、国家・社会のシステムにビルト・インされた存在となっていて、そこでは、労働組合の原理的性格や、歴史的過程は、すでに止揚された、単なる過去であるかのごとき錯覚を生む。それに応じて、団結承認の法的意味や効果も、異なって理解されるべきかのごとき曲論が生まれていく。しかし、われわれは、労働組合の発生から法的承認にいたる事実を客観的にふまえ、その法的意味を捉えるのでなければなるまい。言い換えれば、何ゆえに労働組合は登場し、何を目指したのか、何ゆえに労働者は自らの命をもかけて闘ったのか、そして、法は、なに故に労働組合を承認し、いかなる期待を込めたのかを、そのような歴史的展開の中から掴み取ることである。そして、それらを基本認識としつつ、団結とそれにかかわる法的問題を思念することである。時代が如何に変わろうと、団結承認に込められた「魂」（実質）が変わることはない。その機能する「局面」が変化するのみである。

　この観点から、以上を総括するならば、労働組合＝団結の登場は、労働者個人の目的意識的行動を出発点として、団結を媒介とした取引（団体交渉）、雇い入れから労働過程の全般における、労働者の実質的対等性＝（企業の一方的決定・支配の構造から脱却し、自らの権利が現実的に確保されるという意味で）主体的自由の確立（労働者としての「人間の尊厳」の実現）を目指すものであったこと、そうであるが故にこそ、それへの弾圧が展開されたこと（ただ単に、労働条件の向上を目指す団体ということであれば、如何にそれが利潤追求主体としての企業の欲求に反するものであっても、「血」を以って贖なわせるほどの状況を生むものではない。それは、団結が、すでに見たように、資本制的生産関係を支える支配構造、その法的表現としての市民法秩序に対する鬼子的存在であったからである）、にもかかわらず、そのような団結が法的に承認されたということであった。であるとするならば、団結の法的承認は、制度的には、団交→労働協約システムによる労働条件の決定（法的に表現するならば、生存権理念と「人間の尊厳」の実現）を目的とする団結の諸行動の承認、理念的には、団結の上記のような目的・趣旨（それを、労働者的理念と、表示しておく）を是とし、市民法秩序（それを、資本制的理念と、表示して

おく）に直接食い込む団結の機能を法的に承認したことを意味するというべきである。

このように見てくると、団結承認は、法秩序それ自体のうちに、相対立する2つの価値・理念を植え込んだことになる。それゆえに、団結をめぐる法的問題は、必ず、常に、労働者的理念と資本制的理念の対立・相克として、現象することになる。したがって、団結をめぐる個別具体的問題の処理においては、いずれの理念にそって問題処理を図るべきかが問われることになる。しかし、団結承認の意味が、労働者的理念の承認であったとするならば、個別具体的問題の処理も、労働者的理念の優位において処理されるべきである。もちろん、その場合、市民法の秩序そのものを換骨奪胎してしまうことは許容されないではあろうが、労働者的理念をぎりぎりのところまで拡大することに努めるのでなければなるまい。少しでも、従来の秩序、あるいは理念に抵触するからといって、それを理由に労働者団結の行動を反・法的なものと評価すべきではない。現実的にも、労働者団結の行動に関する適法性あるいは法的許容の範囲は、労働者団結による行動の展開・拡大→労働者的理念の拡大→それに対応した法的理論の展開、という形を以って、展開してきたものであった。

以上の意味で、労働者的理念の優位の下における法理論の展開こそが、真に、団結承認の法理念に適合したものというべきなのである。

・団結の意義と労働基本権

労働組合（団結）の意義は、交渉過程における交渉力の不平等を克服して、労働条件の引き上げを図るという点にのみあるのではない。日々の労働という自己の重要な営みに関し、労働者の意思を関与させること（交渉の自由の実質化・交渉の場における自己実現）、さらには、そのことを通して、また、団結の力を通して、日々の労働過程における一方的命令服従の関係を排除し、平等な関係の実現を図ること、要するに、労働者の自立化、それを基礎に、すべての関係において、実質的に平等な労働関係を作ることをもあわせ含むものである。そのような団結の機能を承認

したという意味で、労働基本権は重要なのである。そして、この観点からするならば、労働基本権を経済的基本権としたり、「手段的権利」とする考え方（『注解日本国憲法』（有斐閣、1953）529頁においていち早く示された論であり、後に最高裁判例に関し見るように、その後の基本権論に少なからぬ影響を与えている）はとり得ないことになる。いわゆる19世紀的基本権の労働の場における実質化こそが労働基本権の生命線なのである。

第2節　わが国における特殊的展開と労働基本権

1．労働基本権保障の規範的意味

　今日における、わが国の団結承認の法的仕組みは、憲法28条を以って、団結する権利、団体交渉権、争議権（団体行動権）の3権（以下、これら3権を総合して表現するときは、「労働基本権」と表現し、その理念を含めたトータルなものとして表現するときには、「団結権」と表示する）を保障し、その下に、労働組合法を中心とする各法が機能する、という形がとられている。このことの規範的意味として特に重要と思われる点につき、以下、論及する。

　まず、上記事実は、先述した労働者的理念、すなわち、市民法体系に対抗して、労働者の主体的自由の確立を目指す労働者・労働組合の営みを、憲法上明記された基本的人権として、しかも、団結の形成からその具体的行動の展開まで、団結活動としての労働者の行為の全範囲をカバーするという形で保障するものであり、先述した、団結活動をめぐる法的問題が、労働者的理念の優位の下で処理されるべきであるとの歴史的展開を基盤とする本質的要請を憲法上の理念としても肯定したことを示すものというべきである。その意味で、わが国の場合は、先述した歴史実体の要請のみならず、実定法的にも、労働者的理念の優位性が保障されたものということができる。

　ところで、この労働基本権の保障が、対国家との関係で意義を有するものであることは、言うまでもない。すなわち、国家による「団結の自由」（そのコロラリーとしての「争議の自由」につき第Ⅵ章、参照）の保障である。労働組合の結

成→団交─協約システムによる労働条件決定に対する一切の国家的規制の否定であり、その制度的保障の実現である。

と同時に、この労働基本権の保障は、対使用者との関係においても、規範的意味を有するものというべきである。すでに見たように、労働組合の結成→団交─協約システムによる労働条件決定が、対使用者との関係で登場し、対使用者との関係で意義をもつとするならば、使用者によるこれら事実の尊重＝労働基本権の尊重こそが、労働基本権保障の規範的意味というべきである。すなわち、前記労働者的理念の、国家、および、使用者による尊重義務が、労働基本権保障の規範的意味というべきである．

3つ目には、労働基本権理念と主体の問題である。先に、憲法28条による労働基本権の保障は、歴史的過程・展開に即して保障されたものと解すべき旨、述べた。それは、すなわち、経済的条件の改善に止まらず、日々の労働生活の中における自らの主体的自由の確保を目指して、労働者が団結に結集し、活動することの保障である。したがって、まず、第1義的に、団結結成に向けた、さらに、その目的実現に向けた労働者の行為が基本的人権として保障されたということであり、その結果として、その労働者の結集体としての労働組合の目的実現のための行為が保障されたということである。憲法28条の労働基本権の主体は、労働者と労働組合の双方と解されるべきではあるが、その両者の関係は以上の意味において理解されるべきなのである。労働者の目的実現のための団結への権利の保障、それを確保する限度での労働組合の権利の保障、なのである。

このことを確認しておくことは、今日、大いに重要なことと思われる。市民法秩序に対抗して、「労働組合の権利」が強調され続けたことによって、現実的には、労働組合の体制内在化によって、今日、労働組合の権利の側面のみが強調され、なに故の、なんのための労働組合なのか、労働基本権なのかが忘れられ、形式的論理のみが優先してきている。それ故に、労働基本権に、労働者と（主体として）、労働者の「魂」とを（理念として）復活・確認させることが重要であると思われるからである。

ところで、以上のような意味内容という点において、形式的法の分野における労働基本権の保障はすぐれた充実性、完備性を備えているのだが、それにもかかわらず、わが国における基本権保障をめぐる情況・基盤は、優れて特殊的なものがあり、具体的法理の展開にも、少なからぬ影響をもたらしている。以下、特に重要と思われる2点について論及しておく。

2．歴史的展開の特殊性と課題性

　先に、団結承認の歴史的展開につき、禁圧→放認→保護の3段階をたどるということについて触れたが、これをわが国の場合についてみると、明治政府の殖産興業政策を基礎に、明治20年代後半（1890年代半ば）、資本主義化の歩みが開始され、資本制的雇用関係の成立が進み、それを基礎に、明治30年（1897年）、「労働組合期成会」が結成され、その指導の下に3つの「労働組合」が歩みを始めるが、まさに、それと時を同じくして、「治安警察法」（治警法）が制定され、その17条は、ストライキ（同盟罷業）を犯罪として処罰することによって、労働組合への「禁圧」の時代がはじまる。それらの結果、産声を上げたばかりの日本の労働組合運動は、早くも、明治30年代で消滅することになる。そして、この「禁圧」の時代からの脱皮は、内なる要因というよりも、1900年代以降の重化学工業の定着・拡大、第1次世界大戦における漁夫の利的植民地の獲得・海外市場拡大等に基づいて、「1等国」としての国際的承認への道作り、ILOに対する労働代表の選出問題の解決等のためという外圧により、大正15年（1926年）、治警法（17条）が廃止されることによって近代的労使関係の成立に向かうかの様相を見せるに至った（実は、その前年の1925年治安維持法が制定され、後年の展開の足場は用意されていった）。しかし、単なる外顔あわせであって、国家政策そのものが変わったわけではないという実質は、警察犯処罰令等を用いての運動抑圧を続けさせたし、1930年代以降の準戦時・戦時体制への移行は、労働組合の存在そのものを国家目的に反するものとして、否認するに至る（もっとも、労働組合自身が戦時ファシズム体制に、身も心も囚われて、1940年、自ら、解散宣言をもって、消滅の道へ進むのであるが）。法的な対応としても、大正14年

(1925年) から昭和5年 (1930年) にかけて、数回にわたって、「労働組合法案」が立案され、労働組合の法的承認が論議されていくが、結局、日の目を見ることはなかった。これらの意味で第2次世界大戦敗戦前のわが国は、法形式的には、「放認」の時代を迎えつつ、実体的には、国家主義の下、その全時代を、労働組合禁圧の時代（その実質は、戦時ファシズム体制下の論理と労働組合否認という前近代性とがない混ぜになったものであったが）として、継続させたのであった。

・労働組合期成会
　明治30 (1897) 年、高野房太郎、片山潜らによって、日本に、Friendly-Society 的組織と近代的労働運動（トレードユニオニズム）とを導入すべく設立された組織。その指導のもと、日本鉄道（ほぼ、現在のＪＲ東日本に対応する地域の鉄道会社）矯正会、活版工組合、鉄工組合が作られ、たとえば、日鉄矯正会はストライキを構えての運動を展開する等の盛り上がりを見せたこともあるが、政府の抑圧の下、数年をもって消滅していく（この「期成会」の発足と時を同じくして治警法17条の制定があることは、象徴的である）。

・治安警察法17条
①項　左ノ各號ノ目的ヲ以テ他人ニ對シテ暴行、脅迫シ若ハ公然誹毀シ又ハ第二號ノ目的ヲ以テ他人ヲ誘惑若ハ煽動スルコトヲ得ス
　一　勞務ノ條件又ハ報酬ニ關シ協同ノ行動ヲ爲スヘキ團結ニ加入セシメ又ハ其加入ヲ妨クルコト
　二　同盟解雇若ハ同盟罷業ヲ遂行スルカ爲使用者ヲシテ勞働者ヲ解雇セシメ若ハ勞務ニ從事スルノ申込ヲ拒絶セシメ又ハ勞務者ヲシテ勞務ヲ停廢セシメ若ハ勞務者トシテ雇傭スルノ申込ヲ拒絶セシムルコト
　三　勞務ノ條件又ハ報酬ニ關シ相手方ノ承諾ヲ強ユルコト

・ILO、労働代表問題と労働組合の承認
　ILOは、1919年、ヴェルサイユ平和条約に基づき、劣悪な労働条件を

基礎に安い商品をもって国際市場を荒らすこと(不公正競争)が国際紛争——戦争の大きな原因であるとの基本的認識の下、その不公正競争を排除するために、国際的な労働条件の標準化を図ることを目的として設立された国際機関であるが、1国の代表団は、政府代表＝2、労働代表・使用者代表＝各1とされている。連合国側で第1次世界大戦に参加した日本も、当然、ILOに加盟することになったが、労働組合を正式に認めていない政府は、第1回総会に際し、お手盛りの労働代表委員を送り込んだ。それに対し、当時の労働組合のナショナルセンターであった日本労働総同盟は、自己の正当性を主張すべく、ILOの総会に乗り込み、政府のやり方を暴露し、日本の労働組合不承認政策は、国際的に暴露され、批判されることになった。その結果、政府も、労働政策の基本を変更し、労働組合の承認に向かわざるを得なくなった（しかしその後も委員選出をめぐる混乱が続き、1924年の第6回総会で、総同盟から労働代表委員が選出された）。それにしても、国際的に「恥」をかいてから後でないと、外圧によらないと、何もしようとしない政府体質は、今日まで引き続く、いかんともし難い伝統のようである（後述のILO87号条約問題、参照）。

・戦前労働組合政策の特色

　治警法17条が廃止された後は、労働組合（運動）を直接禁止あるいは制限する法律は存しない。治安維持法も、（その当否は別として）「国体の変革」を目指す組織・運動を対象としたものである。その点から、法の世界では、昭和時代は、労働組合運動の自由が保障されたかのごとくではある。しかし、現実的には、（治警法の時代を含めて）警察犯処罰令や行政執行法、違警罪即決令によって、警察権力による抑圧が展開された。その意味で、戦前日本においては、「労働組合（運動）の自由」は存しなかったといえる。

　この状況は、敗戦とともに、一変する。米占領軍は、日本の民主化の中心的柱として、「労働組合の承認」を打ち出し、それを受けて、敗戦後の飢餓的状況の中、一挙に活性化した労働組合運動の高まりを背景に、(旧) 労働組合法

(昭和20＝1945年12月制定—翌年3月施行)、憲法 (昭和21年11月制定—翌年5月施行) 28条の各制定へと向かっていく。

と見てくると、わが国において、労働基本権＝労働者的理念の法認は、欧米諸国におけるのものとは異なって、労働者・労働組合（運動）自らのチカラによる、社会的定着・承認→法的承認という経緯を取らず、いわば、外から与えられたものであった。その点で、わが国における労働基本権＝労働者的理念の定着は、他の諸人権がそうであるように、きわめて脆弱であり、その制限やねじ曲げの危険を随伴するものであった。事実、後にも言及することがあるように、法領域においては、占領政策の転換とともに、早くも、昭和23年には、政令201号による官公労働者の労働基本権の剥奪→その後のその定着、同24年の労働組合法の改正というように、また、現実の場においては、使用者側の攻勢と反組合的労働政策が強化され、憲法28条の下、むしろ、労働者的理念の展開・定着に対しては、抑圧的・後退的情況が展開されていく。

そして、労働組合が、むしろ、高度成長期における協力者へのご褒美として、政府・使用者からの積極的承認、その結果としての社会システムへのビルト・イン化を達成していくことに伴って、労働組合はあるものの、労働者的理念の空洞化が進む。それは、今日、時代遅れの遺物であるかのごとき扱いを受ける。労働組合は、今日、必ずしも、常に、労働者的理念の担い手であるとは限らなくなっており、それどころか、時としては、労働者利益の抑圧者としてすら現れる情況下 (そのいくつかの例は、本書の中でも示されるであろう) にある。

これらの点からすると、わが国においては、労働基本権保障のうちに「労働者的理念」の保障を、その実現を集団法理の基本理念とすることは誤りであるかのごとく見えるかもしれない。しかし、直接的契機は占領軍によって外的にもたらされたものであっても、それは、欧米諸国で形成されてきた労働組合承認の理念・法的意味を踏まえて、それをわが国に導入することを目的としたものであり (だからこそ、労働組合の承認が民主化政策の中核とされたのであった)、敗戦後の労働組合の台頭・拡大は、占領政策によって持ち込まれた労働者的理念を肯とし、それをわが国に定着化させることを目指したものにほかならず、し

たがって、憲法28条は、そのような労働者的理念を、その内実として、保障するものというべきなのである。

ところが、その後の占領政策や、日本の労働政策は、いったん28条の内実となったものを空洞化させるものとして展開してきたし、労働組合それ自体すらが時として労働者的理念に反するものとしてあらわれるという現実によれば、わが国においては、現実的に、労働者的理念が定着することはなかったとも、評価できる。その意味では、それは、今日においても、定着化されるべき目標理念としての意味を持ちつづけている。「労働組合」なる組織体は社会に定着したものとなったが、「労働者的理念」は未だ定着されざるものとして、労働基本権の基本理念たる意義をもちつづけている。換言すれば、労働基本権保障を巡る日本的特色にもかかわらず、否、その特色のゆえに、「労働者的理念」の実現・定着に向けた法的処理こそが、われわれにとってのよりいっそう重大な「課題」としてある、ということである。それ故に、未だ十分に実現されてはいない「労働者の主体的自由」の確保に向けた法理を志すことがわれわれにとっての今日的課題であるというべきなのである。

3．団結の形態的特殊性と労働基本権

わが国における労働組合運動は敗戦後に本格的展開を見せたことは前述のとおりであるが、そこで形成された労働組合の組織形態は、きわめて特殊的なものであった。

本来、労働組合は、労働市場における労働者相互の競争を排除し、資本（使用者）による一方的決定の構造に対抗しようとするものであり、したがって、個別企業を超えた超企業的（横断的）連帯であり、横断的労働条件水準の確立を主たる内容とする運動体であった。そして一般には、資本制的生産が「熟練」に依拠し、労使関係が資本（使用者）と「熟練労働者」との対抗関係として存在した時代には、労働組合は「熟練労働者」の組織として、同一の熟練的技能を有する労働者の職業上の利益を擁護・増進するための連帯＝職種別労働組合（Craft Union）として存在し、技術革新によって「熟練」が解体し、多数の半・不

熟練労働者による大量生産方式が支配的となった時代・産業においては、その産業における（半・不熟練）労働者の職業上の利益を擁護・増進するための連帯＝産業別労働組合（Industrial Union）として、展開するものとされている。

> **・労働組合の組織形態──職業別から産業別へ**
> 　一般に、労働組合の組織形態は、歴史的に、「職業別から産業別へ」という歩みを取る、とされる。つまり、労働組合は、熟練労働者（職人）の職業上の利益を擁護・促進するための運動として登場したことから、いかなる熟練（職業）を有している労働者か、ということを結節点として組織された（たとえば、機械工労働組合とか、靴工労働組合、仕立工労働組合、沖仲仕労働組合といったように）が、技術革新や新たな産業技術の展開に伴って、「熟練」が意味を持たなくなり、半熟練・不熟練労働者によって産業活動が展開される20世紀段階になると、いかなる「産業」に働く労働者であるのかという点を結節点として、産業別労働組合（たとえば、電機産業労働組合、自動車産業労働組合、鉄鋼産業労働組合とか、繊維産業労働組合、運輸労働組合、港湾労働組合といったように）として組織されていくことになるからである。とはいうものの、それは、理論上のことであって、現実的には、いったん組織・確立された労働組合が、情況が変化したからといって、解散し、新たに組織変更するといったことが容易にできるわけではない。したがって、ナチス時代、労働組合が全面解体されていたドイツで、第2次世界大戦後、産業別労働組合中心の組織形成が行われたのを別とすれば、資本主義の展開が早く、したがって、労働組合運動の展開も早かったイギリスでは、職業別組合を中核としつつ、それが時代変化に合わせる形で機能変化したり、アメリカでは、1980年代〜1900年ごろにかけて成立した職業別の労働組合と、1900年代に登場、あるいは組織変更した産業別労働組合とが併存するというように、現実的存在形態はさまざまである（ちなみに、フランスは、英・米の中間で、併存型ではあるが、英に近いようである）。ただ、いずれの場合も、労働組合は、企業を超えた、社会的存在としての「労働者」の組織であって、特定企業の

> 「従業員」であることを結節点とする「企業別組合」は、きわめて珍しい存在である。

　それに対し、第2次大戦後急速に組織され、その後も変化することなく継続したわが国の労働組合は「企業別労働組合」と表される組織形態であった。この企業別組合というものは、①特定の企業の「従業員」資格を有すること（あるいは、特定の企業の従業員であって、特定の「事業所」に勤務する者であること）を組合員の資格要件とし（常に、「従業員」資格が「組合員」資格に先行する。─ここから、「在籍専従」というわが国特有の労働慣行が不可避的に登場する）、②ただし、その従業員資格は、一般に、「正社員（本工）」であるべきものとされ（同一企業の従業員であっても、パートタイマー、臨時工、嘱託等の「非正規従業員」、試用期間中の従業員は、組合員資格が認められない。パート等が組織化される場合でも、「正社員」組織とは別個の組織とされることがほとんどである）、③他方、「正社員」であれば、工員（ブルーカラー労働者）も、職員（ホワイトカラー）も、同一の労働組合に組織される（工職混合。欧米の場合、その歴史的展開からも推測されるように、労働組合とは、「労働者」＝工場労働者＝ブルーカラー労働者の組織であることを基本とする）労働組合である。

　これらの結果、わが国の労働組合は、常に、企業内的な存在となる。労働組合は、各企業単位に存在し、そこを活動の拠点とし、企業単位に団体交渉をし、企業単位に労働協約を締結する。もちろん、産業別の連帯や、地域的な連帯、全国単位の組織（ナショナルセンター）も存するが、それらは、企業別の労働組合が産業別に、あるいは、地域単位に、連合したものであり、ナショナルセンターというものも、それを基礎に組織されたものである（用語解説、参照）。労使関係の主体は、常に、企業単位に組織された労働組合なのである。

　これらの事実は、わが国の労使関係構造に、したがって、具体的に発生する問題の構造に少なからぬ特殊性をもたらす。したがって、労働基本権・労働者的理念の定着化という課題に応えるにあたっては、そのような特殊構造を見極め、それに適応した問題処理を図るのでなくてはならない。

第3節　労働基本権の制限

1．公務員と集団的労働関係

　憲法28条は、すべての「労働者（勤労者）」に対し労働基本権を保障し、「労働組合法」が、集団的労働関係を規律する一般法として、すべての集団的労働関係を規律するということを原則とするが、わが国労働法は、公務員労働関係を一般（民間）の労働関係とは截然と区別し、異なった法の規制の下におくと同時に、彼ら公務員労働者に対する労働基本権の保障につき、著しい制限を加えている。まず、その法的適用関係を示せば、以下の通りである。

公務員労働関係法の特殊的展開

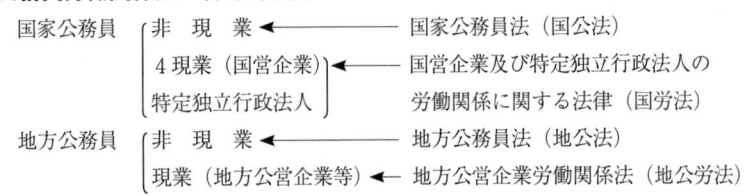

```
国家公務員 ┌ 非 現 業 ←──────── 国家公務員法（国公法）
           │ 4現業（国営企業）│
           └ 特定独立行政法人 ┘←─ 国営企業及び特定独立行政法人の
                                    労働関係に関する法律（国労法）

地方公務員 ┌ 非 現 業 ←──────── 地方公務員法（地公法）
           └ 現業（地方公営企業等）← 地方公営企業労働関係法（地公労法）
```

以下、これらの内実について、具体的に検討する。

・官公労働者と法

　官公労関係の適用法は、機構変更等の関係で、何度か変化を見せるが、昭和27（1952）年に本文に示したような4分類的制度が確立する。ただ、国営企業関係領域の法は、基本的法内容は変わらないものの、昭和27年～昭和61年は、3公社（国鉄・電電・たばこ専売）5現業（現4現業＋アルコール専売）を適用対象とする「公共企業体等労働関係法（公労法）」、昭和63年（4月1日）～平成13年（3月31日）は、4現業（郵政・林野・大蔵省印刷・造幣）を適用対象とする「国営企業労働関係法」、平成13年（4月1日）以降は、4現業および特定独立行政法人を適用対象とする「国営企業及び特定独立行政法人の労働関係に関する法律」、というように、若干の適用範囲と名称を変更させてきている。

2．団結する権利

1) 団結の結成・加入の禁止

一般職の国家公務員、地方公務員のうち、警察職員、海上保安庁職員、消防職員、監獄に勤務する職員、防衛庁職員・自衛隊員については、労働組合（職員団体）の結成、および、それへの加入が禁止されている（国公法108条の2第⑤項、地公法52条⑤項、自衛隊法64条①項）。しかも、国公法、自衛隊法に関しては、違反者に対し、罰則（刑罰）が適用される（国公法110条①項20号、自衛隊法119条①項2号）。

これは、これら労働者に対する、労働基本権の全面否定である。すでにみたように、労働基本権の保障が、労働者の、現実の労働過程における「人間としての尊厳」の復活を目指したものであるとするならば、労働基本権の全面否認は、これら労働者に対する「人間性」の全面否定に他ならない。また、このような、理念的側面を別としても、労働基本権の保障は、制度的には、団交→協約システムによる労働条件決定の保障であった。とすると、このシステムの全面否定は、これら労働者の労働条件が他律的に決定されるということで、この側面での自律・自立性の否定である。これら職種の労働者は、その職務内容の高度の公共性・緊急性のゆえに、一見、その人権の制約はやむを得ないもののごとく錯覚され易いが、職務停止を含む争議行為の領域についてはともかく、団交→協約システムの領域においてその基本的人権が全面剥奪されるいわれはない、というべきである。

2) 過剰な干渉—登録制度

上記職員以外の公務員については、一応、団結（職員団体）の結成、それへの参加は、認められる。しかし、民間労働者の場合のように、彼らの団結結成が全く彼らの自由に委ねられているかというと、そうではなく、国公法・地公法の適用を受ける一般職の非現業国家公務員・地方公務員の結成した団結が正規の職員団体としての法的保障（a. 当該団体からの団交要求に対する当局の団交応諾義務—国公法108条の5第①項・地公法55条①項、b. 在籍専従の承認—国公法108条の6第①項但書・地公法55条の2第①項但書、c. 法人格の取得—国公法108条の4・地

公法54条)を受けるためには、人事院もしくは人事委員会に対し、「登録」をし、正規の職員団体として認められるのでなければならない。そして、いうまでもなく、正規の職員団体として認められるためには、「条件」がついているのであって、①(同一の地方公共団体の職員である)「公務員」のみをもって組織された団結であること(国公法108条の3第④項・地公法53条④項—ただし、但書、参照)、「管理職」とそれ以外の者とは同一の団結に所属してはならないこと(国公法108条の2第③項・地公法52条③項)等、組合員の範囲についての制限に服すること、②組合規約に一定内容の定めをおくこと、および、その内容どおり実行されていること(国公法108条の3第①、②、③項・地公法53条①、②、③項)、が要求される。

団結は、国家・使用者から一切の干渉を受けることなく、自主的・自治的に結成されて初めて、真の労働者の組織として、その目的・機能を果たすことができるものであって、これらは、一見形式的規制であるかのごとく装いながら、団結の本質に対する著しい制限といわねばならない。

3) 団結権保障システムの欠缺

国公法・地公法は、団結(職員団体)の結成・活動を、職員(公務員労働者)のそのためにする行動を理由として不利益な取り扱いをしてはならないとして、禁止することによって、保障している(国公法108条の7・地公法56条)。その限りにおいては、民間労働者同様の、団結権の保障があるかのごとくである。ところが、それを支える救済システムは、何ら用意されていない。これは、結局、非現業の国家公務員・地方公務員については、団結権の実質的保障を欠くものであり、警察職員等に対する「団結禁圧」時代的対応と並んで、非現業公務員に対する「団結放認」的時代への停止を意味するというべきであろう(なお、国労法・地公労法の適用を受ける公務員にいては、後記不当労働行為制度の適用がある)。

・公務員法とILO87号条約

1949年採択(ILOは、前述のように、当初、労働条件の世界的標準化を主目

的としていたが、1940年代に入ると、社会保障の拡大や、労働条件確保のための基盤作り＝労使関係制度の整備、という領域にも規制の枠を広げていく。正式名称を「結社の自由及び団結権の保護に関する条約」というこの87号条約もそのひとつである）のILO87号条約は2条で「労働者及び使用者は、事前の認可を受けることなしに、自ら選択する団体を設立し、及びその団体の規約に従うことのみを条件としてこれに加入する権利をいかなる差別もなしに有する」、3条で「労働者団体及び使用者団体は、その規約及び規則を作成し、自由にその代表者を選び、その管理及び活動について定め、並びにその計画を策定する権利を有する。公の機関は、この権利を制限し又はこの権利の合法的な行使を妨げるようないかなる干渉をも差し控えなければならない。」と規定する。この条約は、すべての労働者・使用者に対し、いかなる制限もない団結・結社の結成の権利を保障すべきことを求めたものであるが、それに照らすと、①消防職員に対する団結禁止(実は、87号条約の採択にあたって、日本その他の国の政府代表の反対に妥協して、「警察と軍隊には適用しない」ものとされた。そのため、87号条約との関連では、日本法のうち、警察官・自衛隊員等に関する団結禁止は適用から外れ、消防職員に対する団結禁止だけが問題となる）、②組合員を特定の職員にのみ限るべきものとする公務員法（国公法108条の3第④項、地公法53条④項）とそれを前提とした登録制度、及び、旧公労法4条③項は、明らかに、87号条約に違反することになる。

3．団体交渉権

　労働組合と使用者もしくは使用者団体との間の交渉（団体交渉）の結果成立した合意を「労働協約」というが、今日、労働協約で定められた労働条件は、法的にも、個々の労働者の労働条件となる（労働協約は別当事者間の取り決めであるが、それが当然に組合員労働者の労働条件＝権利となり、労働者はそのとおりの取り扱いを要求できる）ものとされる（労働組合が成立させた合意がそのような法的効力をもつことが保障されている場合、これを「労働協約締結権」と呼ぶ）。

　それは、団結承認の当然の帰結である（労働協約の法的効力に関して、詳しくは、

第Ⅴ章参照)。なぜならば、労働組合の登場は労働組合による労働条件決定を目指したものであり、その労働組合を法的に承認するということはそのような労働条件の決定、したがって、その制度的表現形態としての労働協約による労働条件決定を法的に承認することでなければならないからである。前に、労働基本権保障の制度的意味を、団交→協約システムの承認とした所以である。

ところが、公務員労働関係においては、労働協約締結権、および、団体交渉権の実質的展開に関し、根本的な制限が存しているのである。

1) 実効性の欠缺

国公法、地公法上は、職員団体の適法な団交申し入れに対して、当局は、それに応ずべき地位にあること(団交応諾義務)を定め、また、国労法、地公労法においては、不当労働行為制度(団交拒否の禁止)(第Ⅲ章、参照)を適用することを通して、これらの労働関係分野にも団交権の保障があるかのごとき形式を示す。ところが、ここでも、国公法上、地公法上、当局が上記規定にもかかわらず団交拒否に及んだ場合の救済システムがないのである。権利侵害に対しその特性に応じた救済システムが存しないとき、これを「権利保障」とはいい得ない。

そして、団体交渉の対象事項につき、国公法、地公法では、「福利厚生」関係に限定されるかのごとき表現(国公法108条の5第③項・地公法55条第③項)が、国労法、地公労法では、「管理運営事項」は団交対象事項とはしないとの明文の規定(国労法8条但書・地公労法7条但書)が、各存することによって、それを口実とした団交拒否が多発する。意欲なき法の下においては、順法の意欲も低減し、悪しき労働慣行・紛争が生まれることになるのである。

2) 団結承認の実質的不存在＝労働協約締結権の否認

労働協約締結権＝労働協約の法的効力の承認が団結承認＝労働基本権の「本質」部分であることは、すでに触れたとおりである。ところが、非現業の国家公務員・地方公務員の労働組合(職員団体)には、この協約締結権が否認されているのである(国公法108条の5第②項・地公法55条②項)。したがって、当局と労働組合との交渉(団体間の交渉であるから、形式的には「団体交渉」と呼んでも

差し支えないではあろうが、その結果としての「合意」に何の拘束力もないとすれば、実質的に、団体交渉ということはできまい）の結果、何らかの「合意」が成立したとしても、それは、法的に、何の意味ももたないのである。である以上、法的に、団交権が保障されているとは、決して言い得ないものである。

　これについては、非現業の公務員の労働条件については、国民・住民主権主義の下、法＝国会、あるいは、条例＝各地方議会が決するもの（勤務条件法定主義・条例決定主義）であって、団交→協約システムをもって労働条件が定まるとすること＝協約締結権の承認は、憲法の根幹に抵触するものである、との正当化理由が主張される。

　もし、団交結果が何らの手続きを経ることなく直ちに公務員労働者の労働条件になるという内容で協約締結権を捉えるとすれば、それは上記主張のごとき難が生じることは明らかである。しかし、団交による労働条件の決定→労働協約の成立→国会・議会の承認→法的効力の発生という枠組みの中で労働協約の法的効力＝協約締結権の承認をはかるとすれば、そのような意味での協約締結権の承認であるとすれば、国民・住民主権という憲法上の原則と労働基本権の保障とは、調和し得るものである。事実、現業部門の国家公務員・地方公務員については、そのような枠組みでの協約締結権の承認がなされているのである（国労法8条・16条、地公労法7条・10条）。

　かくして、上記論は、かえって、同じく現行憲法の根幹をなす「基本的人権の尊重」という原則を踏みにじるものであることが見えてくる。それは、本来的に、公務員の人権制限に向けた政治主義的理由に基づく論なのであり、労働者の人権・尊厳を尊重しようとする基本的理念を欠落させた発想なのである。

4．争議権——刑罰付き、一律・全面禁止体制

1）　歴史的展開

　敗戦後、旧労組法の制定・施行をもって初めて、労働組合の法的承認がなされたことは先に述べたとおりだが、その旧労組法は、公務員の団交権・争議権の行使については、「命令による別段の定め」をする旨規定していたが、この

「別段の定め」がなされることはなく、その後、旧労働関係調整法（昭和21年9月制定・10月施行）38・39条では、公務員の争議行為を罰則付きで禁止してはいたものの、その訴追については、労働委員会の請求が前提となっていた（同42条）ところ、労委がその請求をすることがなかった。これらの結果、公務員労働者の争議行為については、事実上、何らの法的規制はなく、彼ら公務員労働者の労働組合は、敗戦直後の著しい経済的困窮の下で、生活を賭けた労働組合運動の中核を形成するものとなっていた。

そうした中で、昭和23（1948）年7月に予定されていた官公労働者の争議行為に対し、占領軍（GHQ）最高司令官マッカーサーが、日本政府に対し、現況下での公務員の争議行為は望ましからざるものであり、禁止されるべきである旨の書簡を送り、これを受けた政府は、（ポツダム）政令201号をもって、公務員につき、団交システムの排除と争議行為の一律・全面禁止を強行するに至った。

その後、この体制は、順次国内法化され、昭和27（1952）年の講和条約発効→占領終了後もそのまま引き継がれて、（法の適用範囲に若干の変動があったものの）現行法を形成している。

この禁止体制の基本的特色は、前記団交→協約システムの制約を前提に、①争議行為の一律（公務員労働者の職務内容・地位等に関係なく、「公務員」の行う行為であれば、すべて、禁止対象とされるということ）・全面（規模・態様等に関係なく、「争議行為」たる性格のものであれば、すべて、禁止対象とされるということ）禁止であり（国公法98条②項、地公法37条①項、国労法17条①項、地公労法11条①項）、②その違反者に対しては、身分上の不利益（国公法98条③項、地公法37条②項、国労法18条、地公労法12条）のみならず、非現業の国家公務員・地方公務員の場合、刑罰まで適用されることになっている（国公法110条17号・地公法64条1号）点にある。

2）　一律全面禁止体制と憲法28条—最高裁判例の歴史的展開

上記のような一律・全面禁止体制は、政令201号の時代より今日まで、常に、憲法28条に違反するものではないかが厳しく問われ、判例も、最高裁を中心

に、揺らぎを示してきた。以下、その最高裁判例の展開に則して、一律・全面禁止体制の合憲性につき、検討して行くことにする。

イ)「公共の福祉」と「全体の奉仕者」論の時代—1950年代・1960年代前半

　　国鉄弘前機関区事件（最大判昭28・4・8）
　　国鉄三鷹事件（最大判昭30・6・22）、等

　政令201号による、争議行為の一律全面禁止は衝撃的ではあったが、それに対する抵抗、したがって、それに対する批判は社会的広がりを見せないままに事態は進展する。そのような時、人権制限の論拠もきわめて大雑把で済む。

　そこで、単純な論拠とされたのは、「公共の福祉」（憲法12条）と、「全体の奉仕者」（憲法15条②項）論であった。要するに、公務員の従事する職務は公共性を有し、その停廃は国民経済・福祉に絶大な影響をもたらす恐れがあるから、「公共の福祉」の観点から、制限を免れない、というものであり、また、憲法15条②項が規定するとおり、公務員は国民全体への奉仕者たるべき地位にあるのだから、争議行為に及ぶなどということは、そのような公務員に要求される公務員としてのあり方と相容れない、というものである。どちらかといえば、現業部門労働者（公労法・地公労法）との関係では、「公共の福祉」論が、非現業部門労働者（国公法・地公法）との関係では、「全体の奉仕者」論が、より前面に出るといったニュアンスの違いが見られるものの、総じて、この時期の判例は、きわめて、単純にこれらの論拠もって、争議行為禁止＝合憲と、判示してきた。

　だが、このような論も、本来的には、正当化の論拠としては、無理がある。すでにみたように、争議行為の禁止は、一律全面禁止であった。イ）公務員の職務が公共性をもち、その停廃が国民福祉に大きな影響を与える可能性があるとしても、その論拠から出てくる結論は、せいぜい、民間労働者の場合とは異なって、公務員の争議行為には制限が必要である、ということであって、一律・全面的に禁止してもよい、ということ、ましてや、その違反者に刑罰をもって臨むことまでも、正当化できるものではない。むしろ、国民福祉に直接影

響をもたらさない職種・形態の争議行為であれば許されるはずである、ということにすらなる。何らかの必要性があれば、直ちに、すべての人権制限が正当化されるというのは、あまりにも荒すぎる、あまりにも人権感覚を欠落させた論理という他ない。

ロ）「全体の奉仕者」という点にしても、同様である。憲法15条①項は、戦前の、天皇主権の下、公務員（官・公吏）は天皇の使用人であり、その手足として働き、天皇に奉仕するものであるとされた時代の制度とは異なって、現行憲法においては、国民主権の下、公務員の使用者は国民であり、したがって、公務員は天皇その他特定の地位にある者等、一部の人間のために働く者ではなく、「国民全体」のために職務を遂行すべきものである（だから、実は、国会議員が、選挙区住民のためにのみアレコレ行動したり、選挙で、地域への利益誘導を言うのは、憲法違反なのだ）という、「国民主権」のもとでの公務員制度の基本原則と公務員の地位の淵源、公務員（職務）のあり方の基本理念ともいうべきものを定めたものであって、一律全面禁止はもちろん、争議行為禁止の論拠にすらなりえないものなのである（使用者は「国民」なのだから、その国民には一切逆らうべきではない、というとしたら、それは、「国民」という抽象的美辞麗句で粉飾した奴隷制の論理だ）。

ロ）最小限原則と刑事罰からの解放——1960年代後半

全逓（東京）中郵事件（最大判昭41・10・26）

都教組事件（最大判昭44・4・2）

上記のような「荒さ」と人権感覚の欠落は、その被害者による糾弾が鋭くなるにつれて、一層顕わになり、一層鋭い社会的批判の対象となるとともに、当時は残っていた裁判所の「人権感覚」を揺さぶることになる。

そのような情況を切り開いたのは、(第1次) ILO闘争といわれるものであった。

政府・当局は、1957（昭32）年春闘に際して国鉄労働組合（国労）3役を、翌58（昭33）年春闘に際して全逓信労働組合（全逓）3役を、それぞれ、公労法17条違反を理由に解雇するとともに、当時存した、組合員は「職員」（公社

職員もしくは現業公務員)のみに限られるべきであるとする(旧)公労法4条③項を根拠に、解雇された者はもはや「職員」ではなく、したがって、それらを3役とする労働組合は適法な労働組合とは認められないとして、以後、団体交渉に応じない等の団結否認に及んだ。これに対し、全逓は、旧公労法4条③項及び政府・当局の措置は団結の自由を規定したILO 87号条約に違反するとして、ILO (結社の自由委員会)に提訴するとともに、国内的には、ILO 87号条約の批准要求運動を展開するに至る。以後、この運動は、上記国労その他の官公労労働組合を巻き込んだ大運動となり、87号条約の批准のみならず、争議権を含む官公労労働者の労働基本権回復に向けた運動へと発展する一方、国際的には、ILO・結社の自由委員会を舞台とした、わが国官公労働法および政府の労働政策のあり方をめぐる論争・糾弾として展開されていった。

> **・ILO 87号条約と第1次ILO闘争**
>
> 昭和33年春闘における全逓の時限スト→3役解雇→解雇された者はもはや職員ではないとし、「職員」のみを組合員とすべきことを求める旧公労法4条③項を根拠とする団交拒否という政府の対応に対し、全逓信労働組合(全逓)が、ILO 87号条約違反を理由に、ILO「結社の自由委員会」(加盟各国に87号条約の定着を図り、それにかかわる紛争の処理を行う目的でILO内に設置された機関)に日本政府を提訴し、国内的には、ILO 87号条約の批准と関連官公労働法の整備を求める運動を展開する。そして、昭和40年、ILO 87号条約が批准され、旧公労法4条③項の廃止、国公法・地公法の改正(現行国公法108条の3第③項、地公法53条④項の各但書の追加)が行われるまでの期間の上記運動は、一般に、第1次ILO闘争と呼ばれている。この運動は、直接的には上記目的に限定されてはいたが、①官公労全体の権利拡大に向けた運動(権利闘争)として展開され、官公労運動の基盤作り、権利の拡大を実現していったこと、②後記ILO結社の自由委員会の対日調査団(その団長の名をとって、「ドライヤー委員会(調査団)」と呼ばれた)の来日・その報告書の発表等を媒介とする、ILOに代表される国際的潮流の流入といった点で、運動史的にも、人権論的にも、大き

> な影響力・意義をもった。

　このような事態の展開は、①官公労労働者の主張の社会的広がり→支持の拡大・定着という形で、また、②国際的人権感覚・意識、とりわけILOが各国での定着を目指す労使関係制度と思想からの強力な働きかけ・影響という形で、頑迷なわが国裁判所の人権意識・労働基本権思想に影響を与えずにはおかない。そして、そのような流れを受け、最高裁なりに、真摯に、基本的人権、とりわけ労働基本権の尊重・定着に向けた論を展開していったのが、前記2判決に代表されるこの時期の労働基本権論であった。

　全逓中郵事件は、奇しくも、第1次ILO闘争の発端となった、昭和33年春闘において全逓が行った、4時間の時限ストに関し、当時の組合3役らが、公労法17条違反を前提に、郵便法79条①項違反の刑事責任を問われたものであったが、最高裁は、イ）公務員も憲法28条にいう「勤労者（労働者）」であり、労働基本権の主体たる地位を有するというべきところ、この労働基本権は労働者の生存権実現のために保障されたものであるから、最大限尊重されなければならない、ロ）他方、基本的人権というも、常に無制約に保障されるものではなく、「国民生活全体の利益」からする制約を免れない、ハ）したがって、労働基本権に対する制限は、それは労働者の生存権の実現するためのものであるという、労働基本権尊重・確保の重要性と、国民生活全体の利益との比較考量によって決定さるべきである、ニ）その場合であっても、労働基本権保障の重要性に鑑みると、①労働基本権の制限は、国民生活全体の利益を護るために「必要やむをえない場合」に限られるべきであり、②その場合の制限の程度は、国民生活全体の利益を護るために「必要最小限」のものでなければならず、③その制限に対する違反に対して加えられる制裁も、「必要最小限」のものでなければならない、また、④その制限に対しては、それに見合う「代償措置」が講じられねばならない、という原則に服すべきところ（一般に、以上の原則は、「最小限原則」とか、「4原則」とか、いわれた）、ホ）公労法が、17条で争議行為を禁止し、18条でその違反者に対する責任を定めるにとどめて、労組法1条②

項（刑事免責）の適用を予定しているのは、最小限原則に沿うものであるとして、公労法17条違反の争議行為に対しては刑事責任（郵便法違反）は成立しないものと判示した。

> ・郵便法79条①項、(旧) 公労法違反の争議行為と刑事責任
>
> 郵便法79条①項「郵便の業務に従事する者がことさらに郵便の取扱いをせず、又はこれを遅延させたときは、これを1年以下の懲役又は20万円以下の罰金に処する。」
>
> 国公法・地公法の場合、争議行為を禁止するとともに、その争議行為の「共謀・あおり・そそのかし」を刑事罰の対象とする規定が存する。ところが、公労法・地公労法には、そのような規定はなく、たとえば、公労法の場合、17条違反者については、18条で「解雇」その他の公務員身分上の取り扱いについて定めるのみである。そして、むしろ、公労法3条は、公労法適用の労使関係に対しては労組法が適用されることを定め、かつ、カッコをもって、適用除外条文を明示するが、そこでは、労組法8条（争議行為の民事免責）が含まれる（適用除外とされる）ものの、労組法1条②項（刑事免責）の適用は除外されていない。ということは、公労法適用の労使関係については、労組法1条②項の規定の適用が予定されていると見るのが、常識的・論理的である。つまり、公労法17条違反の争議行為については、18条に基づく不利益が発生することは格別、争議行為についての刑事責任まで問われるものではない、というのが公労法の趣旨である、ということになる。これはその論理適合性、常識性のゆえに、根強い議論として、学説の圧倒的多数の支持するところであった。それを、労働組合なぞ存在せず、したがって、争議行為など予定することなく制定された郵便法を突如持ち出し、刑事責任を追及しようとした政府の労務政策に異常性を見て取ることができよう。

これは、公労法17条違反の争議行為と刑事責任という問題に関し、従来の最高裁判例を変更したという理論上の意義のみならず、それ以上に、(後述する

ような論点を含んではいたものの）最高裁判所判例上これまでにない人権感覚あふれた判旨であるという点が重要であり、わが国の裁判所も、戦後20年、ようやくにして人権意識が芽生え、市民社会、国際社会の仲間入りをするに至ったと、評価される（他方、最小限原則によれば、当然、憲法違反と判断されるべき公労法17条による争議行為の一律全面禁止についての憲法判断を回避するという「政治性」も併せ持ってはいた——この政治性が、後の「合憲的限定解釈」なる論につながるとともに、アキレス腱となっていくのだが）とともに、他の人権分野の判断等においても、大きな影響をもったのであった。

> **・全逓中郵事件判決の影響**
>
> 　全逓中郵事件判決の人権尊重と、それを前提とした利益衡量論は、基本的人権を制限する他の法領域の憲法判断や（憲法判断を伴わない）一般事件にも影響を与えた（たとえば、実質的に公務員の政治活動を一律全面禁止する国公法102条①項・人事院規則14-7を憲法違反とした、全逓猿払事件1・2審判決（旭川地判昭43・3・25、札幌高判昭44・6・24）、東京都公安条例を憲法違反とした東京都公安条例事件（東京地判昭42・5・10）等、参照）。その意味で、この時期は、日本の裁判所に、まともな人権判断の基調が根付き始めようとした時期といえる。しかし、結局、それらの事件も、すべて、その後、最高裁において、結論逆転という運命に見舞われたことによって、その根は、無残にも引き抜かれてしまい、ついに根付くことはなかった。

そして、上記論旨を受け継いで、より具体的かつ重要な判断に踏み込んでいったのが、都教組事件であった。

同事件は、教員に対する勤務評定制度（勤評）の導入に反対する日教組の闘争の一環として行われた都教組の「休暇闘争」につき、その3役らが、地公法61条4号の「共謀・あおり・そそのかし」等の行為をなしたものとして、刑事責任が問われたものであった。

これにつき、最高裁は、中郵事件判決の前提的考えと「最小限原則」論を引き継ぐとともに、イ）この最小限原則からすれば、もし、地公法37条①項が、

> ・休暇闘争
>
> 　わが国の場合、労働組合の力が弱いこと、官公労の争議行為の一律全面禁止体制を何とかくぐり抜けようと知恵を絞ったこと等から、種々の争議戦術を考え出す「名人」といわれるほどに、いろいろの争議戦術が考え出され、実施された。「休暇闘争」もそのひとつであるが、組合員の一定割合が年次有給休暇届を提出して休業してしまう戦術（その割合に応じて、3割休暇闘争とか、5割休暇闘争、10割休暇闘争とか、いわれた）で、争議行為ではなく、年休権の行使であると主張することによって、労働者の争議参加を容易にすると同時に、争議行為禁止規定の適用をはずさせようとした。その他、同様の理由からよく利用された戦術としては、始業時刻に29分（30分）食い込む（早朝）職場集会戦術（公務員の場合、「出勤簿整理時間」として、始業時刻から29分間内に職場に入れば、遅刻等の不利益処理はされないとされていたことから、始業時刻後29分間まで集会を開き、その間、組合員が順次職場に入り、その間職務を欠く、という戦術）や順（遵）法闘争（ふだんは厳格に守られていない安全規則や作業手順等を厳格に遵守することによって作業スピードを遅らせる戦術）、超勤拒否（組合としての36協定の締結拒否や、組合員が超勤命令に応じないということによって、日常、超勤によって成り立っている業務運営に打撃を与える戦術）等が、よく用いられた。

全体の奉仕者論などを論拠に、争議行為を一律全面的に禁止し、その争議行為を共謀、あおり・そそのかし等した者をすべて刑事罰の対象としているとするならば、それは「憲法違反」であるとの疑いを免れない。ロ）しかし、ある法律が憲法違反の疑いがあるからといって、直ちにそのすべてを無効としてしまうのではなく、憲法に合致するように、限定的に解釈、運用されるべきである（合憲的限定解釈）、ハ）では、地公法はどのように解釈されるべきかというと、①公務員の争議行為は、「国民生活全体の利益」との関連で制限されるのであるから、37条①項の包括的規定にもかかわらず、国民生活全体の利益に対して重大な影響を与える争議行為のみが禁止されているものと解すべきであり（「禁止された争議行為」と「禁止されない争議行為」との区分）、さらに、②地公法

64条1号は、争議行為そのものを刑事罰の対象とはせず、「共謀・あおり・そそのかし」のみを刑事罰の対象としているのだから（他方、争議行為そのものを刑事罰の対象とすることは、最小限原則に反し、憲法違反となる）、争議行為に通常随伴する行為（争議行為の実施についての討議、決定、指令等の、「それなくしては争議行為が成り立たないような行為」）は刑事罰の対象とはならず（なぜならば、それらを刑事罰の対象とすることは、争議行為そのものを刑事罰で禁止すると同じことになるから）、特に違法性の強い争議行為を、特に違法性の強い手段で「あおり・そそのかし」等した場合のみ、刑事罰の対象としていると解すべきである（以上、①・②の2段階的判断は、一般に、「2重のしぼり論」といわれた）として、争議行為の方針決定・指令等につき刑事責任に問われた組合3役らを無罪とした。

この結果、公務員の争議行為の一律・全面禁止体制がほころび始める（事実、その後、公務員の争議行為に関する多くの事件において、無罪判決や「禁止された争議行為」にはあたらないとする判断が相次いだ）とともに、ようやくにして、官公労働者は、その争議行為につき、刑事罰からの解放を勝ち取り、日本も、近代国家の仲間入りをしたと、評されたのであった。

ハ）最高裁の政治的変質と労働基本権の空洞化—1970年代〜

全農林警職法事件（最大判昭48・4・25）

全逓名古屋中郵事件（最大判昭52・5・4）

しかし、上述の最高裁の法理は、①公務員労働関係に、団交→協約システムによる労働条件決定を認めようとするものであり、したがって、前述のように、その排除の下に成り立ってきたわが国公務員制度を根本から揺るがすものであり、そして、強いて言えば、行政—政治制度すらをも揺るがしかねないものであったが故に、②また、各種の人権制限規定の見直し→その人権制限規定の上に成り立ってきた戦後法体系それ自体の見直しにつながりかねないものであるが故に、上記最高裁判決の展開に対する政府当局の対応は、すばやく、厳しいものであった。それは、直接的には、内閣の有する最高裁判事の任命権の活用、すなわち、最高裁判事の交代に際し、政府にとって望ましき判事の任命を行うという方法で、行われた。その結果、下級審裁判所が前記最高裁法理に基づく

判断を展開している中、突如、最高裁のみが変身を遂げるに至った。そして、その法理は、そのやり方は当時ほど露骨ではなく、穏やかになったとはいうものの、裁判所への政治支配を通して、今日にいたるも、貫徹している。

この時期を代表する最高裁判決は上に示したものであるが、その変質が、団交→協約システムの排除―上位下達の権力的公務員制度の維持を意図したものであった以上、その法理も、そのような公務員制度の正常化、公務員の（民間労働者とは異なる）特殊身分性を強調したものとなっていく。

全農林警職法事件は、農林省に勤務する労働者の組合（全農林）が警察官職務執行法の改正に反対して実施した時限ストにつき、組合3役らが国公法110条17号違反（98条①項で禁止された争議行為の「共謀・あおり・そそのかし」）の罪に問われたものである。

ここで、最高裁は、まず、公務員に対しても憲法28条の労働基本権の保障が及ぶことを認めつつ、しかし、争議権はその経済的地位の向上のための「手段」であって、絶対的なものではないから、「勤労者を含めた国民全体の共同利益」（憲法13条）からする制約（労働基本権を剥奪し、上意下達、命令→隷属の公務員労働関係を維持しておくことが、公務員労働者にとっても「利益」だというのだ）を免れないとした上で、その具体的理由として、①公務員の「使用者」は国民全体であり、公務員は国民全体に対する労務提供義務を負っている。したがって、公務員が争議行為に及ぶことは、そのような公務員の「地位の特殊性」および「職務の公共性」と相容れないこと、②公務員の労働条件は、すべて、税収によってまかなわれるものであり、したがって、労働条件はすべて議会が決すべきことになっている（勤務条件法定主義）のであって、これと争議行為とは相容れないこと、③人事院という、制度上整備された代償措置があること、を挙げて、争議行為の一律全面禁止（国公法98条②項）も憲法違反ではないと判示する。そして、「あおり」等の行為は禁止された、違法な行為の「原動力ないし支柱」をなすものであるから、社会的責任が重く、したがって、これらを刑事罰の対象とすることには十分な合理性があり、いわゆる「2重のしぼり論」は、違法性の強い・弱いという点の判断基準があいまいであり、かえって構成

要件の明確性を欠き、憲法31条に反するものであるとして、都教組事件判決の論旨を全面否定して、被告人らの有罪を判示した。

> **・安保6・4事件判決と全農林警職法事件判決**
>
> 実は、全農林警職法事件は、憲法判断にまで及ばなくても、全逓中郵事件・都教組事件判決の論理をもって判断することも、可能だったのである。全逓中郵事件判決は、本文で述べたごとく判示し、公労法17条違反の争議行為に労組法1条②項（刑事免責）の適用があるとするとともに、当該争議行為が①暴力を伴う場合、②政治目的を有する場合、③不当に長期にわたる場合は、刑事免責は及ばないものとした。これを受けて、都教組事件と同日に判決がなされた安保6・4（仙台全司法）事件（1960年の安保条約改定につき、総評傘下の労働組合が、1960年6月4日、争議行為をもってその阻止を図ろうとした際、裁判所職員の労働組合＝全司法の仙台支部が仙台高裁の前庭で前記早朝職場集会戦術を取ったことにつき、支部役員と集会で応援演説をした東北大学生が、あおり・そそのかし等の刑事責任に問われた事件）において、最高裁は、①政治目的の争議行為であること、②組合員以外の第3者があおり・そそのかししていることが、「2重のしぼり論」にいう①違法性の強い争議行為を、②違法性の強い手段であおり・そそのかしした場合にあたるとして、刑事責任を肯定した。したがって、警察官職務執行法改定阻止を目的とした争議行為につき刑事責任が問われた全農林警職法事件の場合、（その当否は別として）刑事免責の適用がないものとして、有罪の判断を下すことが可能であったのであり、理論的に見れば、その判断のみをもって足りたし、そうすべきが　裁判所の任務といえる。にもかかわらず、憲法判断にまで踏み込んだところに全農林警職法事件判決の特色がある。それは、全逓中郵事件・都教組事件判決の論理そのものを否定したかったからである。政治的判決と評価される所以である。

全逓名古屋中郵事件は、前に取り上げた全逓（東京）中郵事件とほとんど同一の事件である。すなわち、昭和33年春闘に際し、名古屋中郵で実施された

4時間の時限ストにつき、支部3役等が、郵便法79条違反の刑事責任に問われたというものであるが、最高裁判決の時期が異なるというだけのことで、全く結論を異にする判断が示されることになった。

　この事件においては、最高裁は、まず、全農林警職法事件判決の「国民全体の共同利益」論を引用したうえで、(旧)公労法17条①項が憲法28条に違反してはいないことを結論づける。そして、その具体的論拠として、①同じく全農林警職法事件で論及された勤務条件法定主義の原則についての判断部分をを引用しうえで、したがって、「非現業の国家公務員の場合、その勤務条件は、憲法上、国民全体の意思を代表する国会において法律、予算の形で決定されるべきものとされており、労使間の自由な団体交渉に基づく合意によって決定すべきものとはされていないので、私企業の労働者の場合のような労使による勤務条件の共同決定を内容とする団体交渉権の保障はなく、右の共同決定のための団体交渉過程の一環として予定されている争議権もまた憲法上当然に保障されているとはいえない……」ところ、この理は、3公社5現業の場合についても当てはまること（というのは、5現業の労働者は同じ国家公務員であり、3公社の職員も、「国の全額出資によって設立、運営される公法人のために勤務するもの」であるところ、3公社の「資産はすべて国のものであって、憲法83条に定める**財政民主主義**の原則上、その資産の処分、運用が国会の議決に基づいて行われなければならない」からである）、②3公社5現業の職員の従事する職務はすべて公共性をもつこと、③(旧)公労委（公共企業体等労働委員会）による斡旋・調停・仲裁という「代償措置」があり、生存権擁護のために欠けるところはないこと、を挙げる。

　そして、(旧)公労法17条違反の争議行為と刑事責任の問題についても、①3公社5現業の労働者に対しては争議権の保障はないのだから、争議権保障の法的効果としての刑事免責は、「もとより問題にならない」こと、②公労法3条は、「公労法に定めのないもの」についてのみ労組法を適用する旨定めているところ、公労法17条は争議行為を禁止しており、したがってその争議行為には「正当性」はないのだから、3公社5現業の労働者の行う争議行為に対し労組法1条②項適用の余地はないことを理由に、公労法17条違反の争議行為

に対し刑事責任を問うことに、再び、道を拓いた。

> **・単純参加者と刑事責任**
>
> 郵便法79条①項は、「郵便の業務に携わるものがことさら郵便の取り扱いをせず、郵便業務を遅延させた」場合を刑事罰の対象とする。したがって、争議行為につきこの規定の適用を肯定すると争議行為参加者全員が刑事罰の対象とされることになり、「共謀・あおり・そそのかし」という争議行為の原動力となる行為のみを刑事罰の対象とする公務員法と、著しくバランスを欠くことになる。通例では、「だから、おかしい」となるのだが、最高裁の思考においては、公労法制定の過程からみると、公労法の趣旨は、争議行為の「単純参加者」は「不処罰」とし、あおり・そそのかし等を行って原動力となった者のみを処罰対象とするものであるとの恣意的理屈（公労法の制定過程を見ても、一度もそんなことは論議の対象となったことはないし、そもそも、「２重のしぼり論」は構成要件の明確性を欠き、憲法31条に違反するとして、明示されていない要件の適用を否定したのは最高裁自身ではなかったのか。目的達成のためには、どこにも書かれていない理屈をひねり出す、一度自分が示した論理も平気で覆す―恣意性・政治性の極みという他あるまい）をもって、結論付けてられている。

第4節　労働基本権論再論

1．最高裁の労働基本権思想

以上に見てきた、官公労働者の争議行為禁止規定に関する判断の内に、最高裁の労働基本権についての考え方を見て取ることができよう。それを総括してみるならば、まず、1960年代後半（全逓中郵・都教組事件判決の時代）における基本は、①労働基本権を、労働者の生存権を実現するための、最大限に尊重されるべき重要な権利として捉えたこと、②公務員も「労働者」であることを認

め（それは、公務員の労働関係も、労働者—使用者の関係であることを認めることである）、したがって、民間労働者と同様に、労働組合を通しての生存権実現の道を保障すべきことを前提に、ただ、その職務の公共性のゆえに、争議行為に伴う国民生活への影響の程度を考慮して（「国民生活全体の利益」との比較衡量という、「調整」の論理）、それが著しい場合にのみ争議行為は禁止されるべきであるとして、争議行為の一律全面禁止体制への根本的疑問を投げかけたこと、③「自由」の最大限尊重、「争議行為の自由」を前提に、刑事罰からの解放を図ったこと、であった。

・ドライヤー報告と全逓中郵・都教組事件判決

　全逓、および、それに続く多くの官公労組合の提訴に基づき、ILO結社の自由委員会は審理し、日本政府に対し勧告を発したが、一向に問題が解決しないので、日本に、調査団（ILO結社の自由委員会対日調査団——一般に、委員長の名をとって、ドライヤー委員会あるいは同調査団、と呼ばれた）を派遣し、同調査団の調査報告書（一般に、ドライヤー報告、と呼ばれた）が公表された。これは、争議行為を含む組合活動の自由（国家的抑圧の否定）を主張すると同時に、政府機能について、「政府としての政府」（公権力の担い手・執行機関としての政府機能）と「使用者としての政府」（業務執行のため、公務員労働者を雇い入れ、その労働者の使用者として機能する側面）という言い方で、区分し、前者の機能は守られるべきであるとする反面（あわせて、日本の官公労労働組合の政治主義的傾向について批判をもしている）、政府に対し、後者（使用者としての政府）の機能の点では基本的に民間企業（使用者）と何ら変わるものではないことを認識し、それに応じた労務政策、法制度の展開を図るべきこと強く要求した。争議行為の自由の承認＝刑事罰適用の否定、政治ストの否定、公務員労働関係を、基本的に、民間と同様な「労使関係」として捉える基本的発想等々、ILOというヨーロッパ中道主義の理性がうかがえるとともに、このドライヤー報告の全逓中郵・都教組事件判決への浸透を見て取ることができよう。

ところが、1970年代以降（全農林警職法事件・名古屋中郵事件判決の時代）になると、「人権」よりも、国家の秩序・建前が前面に登場する。その結果、①労働基本権といえども、人権保障の上位に存する「労働者を含めた国民全体の共同利益」によって根本的制約を受ける（これを、人権一般の問題に置き換えて見ればいい。基本的人権の保障という現行憲法の基本原理よりも上位の価値があり、憲法13条がそれを規定しているという、世にも恐ろしい論になる）、②公務員に「労使関係」は存せず（「使用者」は「国民」であるといっても、それは、建前であって、抽象概念である「国民」が公務員を任命するわけではない。「政府」がそれを行うのであって、憲法15条①項は、前に述べたように、「国民主権」の下、その任命権は国民から付託されたものである、というにとどまる。政府による公務員の任命＝雇用、それを前提とした、政府—公務員間の労使関係は、厳然たる事実として存する）、したがって、公務員に、団交権・争議権の保障はない（したがって、官公労働者の争議行為禁止は、もはや、「憲法問題」ではないことになる）、という突き抜けたウルトラ体制主義の論が展開されることになる。

　これはもはや「労働基本権論」ではないばかりか、「法律論」ですら、ない。法律論の「形式」はとるが、その中身は政府発行の解説書たる性格にとどまる。論の内容的当否はともかくとして、たとえば、財政民主主義と労働基本権の調整とか、国民生活と官公労働者の基本権との調整とかいった視点はまったくなく、現行法内容の正当性をムキになって論述するだけだからである。最高裁は、この判決とともに、裁判所としての機能を終えたといわざるを得まい（事実、70年代以降の最高裁判決は、すべての分野において、抑圧的であり、人権や国民生活などといった視点を完全に欠くものとなっている）。ところが、このような判旨が下級審をも支配し、争議行為の一律全面禁止を含む公務員の労働基本権制限・剥奪は疑うべからざるものとされるに至っている。

2．公務員と労働基本権—労働基本権再論

　全逓中郵・都教組事件各最高裁判決は、官公労働法制史上画期的判決であったし、人権史的に見ても、大いに評価されるものであった。しかし、そこでの

労働基本権論は、依然として、経済的地位の向上＝生存権実現のための手段的権利という把握に止まる。そして、70年代以降の判決に至っては、「たかが、労働条件の引き上げ。もっと大事な国益があるよ」という発想が露骨に見え隠れする。

　しかし、すでにみたように、労働組合の登場は、交渉過程（労働条件の決定）のみならず、日々の労働過程における不平等＝支配・服従の関係に対する挑戦であり、したがって、労働基本権の保障は、労働条件の取引と日々の労働過程における自由＝主体性の確保（使用者に対する自由＝「人間の尊厳」の回復・確立）とを目指したものであった。それは、賃金の引き上げや労働時間の短縮という量的に表現される労働条件の確保に止まらず、労働者が、日々、使用者と対等に、生き生きと働くことのでき、人間として「誇り」を持って生きることのできる基盤設定に向けられた権利なのである。労働基本権の100パーセントの保障なくして、労働者の主体的自由＝「人間としての尊厳」の確保はありえないのである。人事院等の「代償措置」があって、代わりに労働条件を上げてくれるからいいではないか、という次元の問題ではないのである。

　全逓中郵事件判決の「最小限原則」というのは、大いに優れた人権論である。ただ、そこで捉えられるべき労働基本権は、上述の意味でのものでなければならない。（手段的権利の保障という意味ではなく）上述のような意味での労働基本権保障を前提とし、それを公務員労働関係の中に生かすにはどのような調整が望ましいのか、という視点からの「最小限原則」こそが労働基本権制限の当否を判断する枠組みでなければならないというべきである。

第Ⅱ章　団結する権利と団結自治

第1節　団結する権利の保障と団結自治

　憲法28条は「団結する権利」を保障するが、その規範的意義は、第1に、「団結の自由」の保障であり、第2に、その当然のコロラリー（あるいはそれと同義の観念）としての「団結自治」の保障にある。

　「団結の自由」とは、団結の結成、団結活動に対する国家的規制からの自由であり、使用者による干渉からの自由である。つまり、労働組合の設立、運営等につき、団結禁止法の時代のごとく、直接禁止されたり、あるいは、制限されたりすることがあってはならないのみならず、あるいは、それにかかわる労働者の行為につき不利益が付与されるという形での間接的規制であっても、それが、実質的に、自由の規制たる性格を持つ限り、「団結する権利」の侵害として、違憲・違法と評価されるということである。わが国の場合、前述したように、労働組合運動の確立→その法的承認という展開がとられず、逆に、第2次世界大戦後、法的承認・設立の奨励→労働組合運動の昂揚という展開であったため、「団結の自由」の重要性に対する意識が必ずしも、高くはない。たとえば、19世紀型自由権が根源的であり、制限がより制約的であるのに対し、「団結の自由」は、後国家的権利であり、制限がより容易であるとする発想があったりする。しかし、すでに詳述したごとく、労働組合の登場は労働者の「自由」の実質化・現実化のためのものであり、したがって、労働基本権の保障は、それを理念内容として含んでいるとするならば、「団結の自由」の保障は、労働者の「自由（基本的人権）」の実質化・現実化を図るためのものとして、同じく「根源的」であるというべく、それに対する一切の制限は、原則として、否定されるべきなのである。この観点からするならば、既述の、一定範囲の公

務員労働者に対する団結禁止、公務員労働組合（職員団体）に対する「登録制度」は明らかに違憲というべきことになる。

　また、この「団結の自由」は、使用者との関係でも、保障されるべきものである。その具体的展開は、主として、後述の「不当労働行為」として把握・論述されることになるが、労働組合の結成・運営に対する使用者の干渉や不利益取り扱いは、「不当労働行為」として違法である以前に、労働者の団結の自由＝基本的人権の侵害として違法であることを絶対的に認識しておくことが重要である。

　団結自治とは、団結の結成・運営につき、組合員メンバーの自由な意思にのみに基づいた運営（労働組合の自立的・自治的運営）が確保されるべきものとする理念であり、したがって、これに対する国家的・使用者的制限・干渉は、すべて、違憲・違法の評価を受けるべきであるということになるが、すでに論じられたことからすれば、これは「団結の自由」とほとんど同義であることがわかる。ただ、一般的に、「団結の自由」は団結の設立がもっぱら組合員労働者の自由な意思に基づいてのみ実現されるという意味において、それ自体自立した概念としては、主として、団結結成の自由として観念され、「団結自治」は、団結の運営が組合員労働者の自由な意思に基づいてのみなされるという意味で、主として、団結運営の自治として観念されることになる（したがって、以下では、むしろ、「団結の自治」を、「団結の自由」をも含む観念として用いる）。

第2節　労働組合の法的地位—
　　　　資格要件と資格審査制度

1．労働組合の資格要件

　「団結の自由」の観点からするならば、労働組合の結成は、基本的に自由であり、「労働者」が「労働組合」を結成した場合には、それは、すべて、労働基本権の主体としての法的地位があたえらるべきことになる（自由設立主義）。ところが、労働組合法5条①項は、労働組合は、労働委員会に対し、証拠を提

出して、労組法2条及び5条②項の要件に適合することを立証しなければ、労組法の規定する「手続」に参加できず、労組法の規定する「救済」を与えられない、と規定している。一般に、この労組法2条及び5条②項の規定を、労働組合の「資格要件」、5条①項が定める、労働委員会に証拠を提出して資格要件に適合しているか否かの審査をうける制度を「資格審査制度」と呼んでいるが、上記「自由設立主義」の原則との関係でこれらを如何に捉えるべきかが、問題となる。

ところで、労組法が規定する労働組合の「資格要件」は、ａ）2条本文、ｂ）2条但書（とくに、1号・2号）、ｃ）5条②項の3つであるが、詳細に読み込んでみると、ａ）と後2者とでは、性格が異なることがわかる。そこで、一般に、「資格要件」に関しては、これに従い、両者を質的に区分し、上記ａ）を「実質的要件」、ｂ）・ｃ）を「形式的要件」とし、法的取り扱いを異にすることにしている。

1) 実質的要件──2条本文

イ） 2条本文は、「『労働組合』とは、労働者が主体となって自主的に労働条件の維持改善その他経済的地位の向上を図ることを主たる目的として組織する団体またはその連合体をいう。」（傍点筆者）と、定義的に規定しているが、これは、つまるところ、労働組合の本質的性格規定に他ならない。そして、但書3号・4号は、それぞれ、「福利事業のみを目的とするもの」、「主として政治運動又は社会運動を目的とするもの」は「労働組合」ではない、とするもので、「経済的地位の向上を図ることを主たる目的」とする団体を「労働組合」とするとの2条本文の規定と実質的に同義であるから、同一に考えてよい。

このように、2条本文を労働組合の本質的定義規定と解すると、この規定に適合しない組織体（団体又はその連合体）は、法的に、いかなる意味でも、「労働組合」とは認められないことになる。換言すれば、2条本文の要件に適合しない組織体（および、但書3号・4号に該当する組織体）は、法的に、「労働組合」とは認められず、一切の法的保護を享受することはできない、ということである。具体的に言えば、2条本文の要件に抵触する組織体は、「労働組合」とし

ての「法主体性」が認められないから、労働基本権の享有主体とはなり得ず、団交権―労働協約締結権、争議権（民・刑事免責）等の保障は一切ないということである。「実質的要件」といわれる所以である。

ロ）ところで、2条本文が定める労働組合の「実質的要件」は、①「労働者」が主体となって、②「自主的に」組織した、③労働者の「経済的地位の向上を図ることを主たる目的とする」④「団体又はその連合体」であること、というものであり、このすべてに適合する組織体でなければ（いずれか、1つに抵触する場合でも）、「法的に、労働組合とは認められない」ということになる。

ハ）「労働者」については、労組法3条が、「労働者」とは、「職業の種類を問わず、賃金、給料その他これに準ずる収入によって生活する者をいう。」とするのみで、どの範囲までを「労働者」とすべきか、必ずしも定かではない。とりわけ、近年の企業合理化に伴う労働力利用形態の多様化といわれる現象の下で、例えば、傭車契約に基づく運転手、いわゆるアウトソーシングに伴う個人事業主・請負人、いわゆるIT革命に伴うSOHO・テレワーカー等、労働形態が多様化するに伴って、その範囲確定が極めて困難化するに至っている。そして、これら領域の人々については、労働組合の組織化努力も及んでいないこと等から、従来、法的には、個別的労働関係法（ことに、労働基準法、労災保険法）が適用されるべき「労働者」にあたるかが主たる関心とされてきたが、労組法領域においても解決されるべき問題であることに変わりはない。

> **・傭車契約**
> 　車を所有する運転者と、特定対象物の輸送を契約する方式の労働力利用形態。形式的には、独立の事業主と輸送契約を締結するという形をとる（それを、あえて「傭車契約」というのは、人を雇ったのではなく、車を雇ったのだ、と強調するためである。人は、やましいところがあると、言い訳け表現を強調するものだ）。従前は、比較的高額の車両（ダンプカー・大型トラック等）の所有者を利用する形態がほとんどであったが、最近では、いわゆる宅配便の世界などでも、配達担当者はこの形態をとるものが多くなっ

ている。

・アウトソーシング

　人的資源を企業外に求める合理化方策を総称した言い方。「労働者」概念との関連が問題になるのは、後記テレワーク・SOHO 利用の場合や、たとえば、営業（販売・リース等）を切り離し、形式的に、個人経営者との請負契約や売買契約によって処理するようなやり方（たとえば、自社商品の販売を個人代理店に委ねたり、自社商品を個人経営者に売り渡し、その個人が販売やリースの業務を行う形式をとるようなやり方）がとられた場合の、テレワーカーや、個人代理店主や個人経営者。

・テレワーカー、SOHO

　電子機器（コンピュータ）を用いた労働に従事する作業者を、広く、テレワーカーという。テレワークには使用者と雇用契約を結び、労務提供の際にネットワークを活用する雇用型もあるが、一方で独立の事業主として自分の家の一室を会社事務所とし、そこで、1人でコンピュータを利用した作業に従事し、出来上がった商品を会社に納入するというように、非雇用型の業務形態をとるものが一般に SOHO と呼ばれる（SOHO とは、Small Office, Home Office の頭文字をとったもので、本来的には、広く会社形式をとるものの、自己の家の1室を事務所兼作業場とし、1人で作業遂行を行うような作業形態をいうが、そのような作業方式がコンピュータの利用と結びついていることがほとんどであることから、テレワークの1形態という言い方をされることが多い）。そして、一言でテレワークといっても、雇用契約に基づく完全な在宅型や、部分的に出社を伴う部分在宅型もあるし、独立事業形式をとっても、完全な独立事業型の場合もある一方で、内職のような非事業型の場合もある。またネットワークの利用形態も様々であり、自宅でネットワークを利用する在宅型、会社や自宅とは別途に設置されたオフィスを利用するサテライトオフィス型、PDA 端末等を用いて一切の場所的拘束を受けずに業務を行うモバイル型といった形態等、様々のものがある。この点からも、「労働者」概念を、雇用契約の有無・契約形式

> や指揮命令の有無という基準で、かつ、一律的に、確定しようというのは現状適合的ではあり得ないことが解る。

　思うに、伝統的労働形態が、直接雇用の下、直接的指揮命令関係として展開されてきたこと、労組法には規定はないものの、労基法11条が賃金とは「労働の対償として支払われるすべてのもの」をいう、としていること等から、従来は、労組法関係においても、指揮命令的関係の下、労働に従事し、その対償として金銭的利益を受領する者を「労働者」とする、というように、「指揮命令的関係」の有無を重要な判断基準としてきたと言える。しかし、上述のような近年における雇用形態の多様化は、直接的雇用形態をとることを回避し、したがって、当該作業者を直接的に業務行程に組み入れることをせず、出来高に応じた対価支給という刺激をテコに、その作業成果のみを受け取る、という形をとる。

　しかし、他方、作業発注者と作業従事者との経済・社会的地位の不平等を基礎に、業務量（それは、作業者にとってみれば、それを処理するための作業時間の長さとして現れる）・対価等は、もっぱら、作業発注者の一方的決定に委ねられ、それゆえに、直接的指揮命令を通じてではないにしても、ここでも、契約内容の強制的実現ということを媒介とした支配服従の関係が成立していくことになる。そして、この側面から考えてみるならば、この作業発注者と作業者との関係は、直接的指揮命令ということがないのみで、①経済的関係を基礎とした地位の不平等、②それを基礎とした両者の権利義務関係（内容）の一方的決定、③それを正当化根拠とした命令服従の支配関係の貫徹という点において、団結を生み出す基礎的関係である、資本（使用者）—労働者の関係とまったく同一である。とするならば、この関係のうちから発生した「団結（作業従事者の地位の向上のための連帯）」も労組法２条本文にいう「労働者の団結（団体）」として認めるべきである。つまり、過去の労働関係形式をモデルに「労働者」概念を演繹し、その要件内容を満たした者の団体を「労働組合」とするのではなく、上記のような（そして、労働基本権論の部分で見たような）労働組合を生み出した経

済・社会的関係に着目し、そのような関係の下で、その改善を目ざして生まれた連帯を「労働者の連帯」とし、労働基本権の主体とする発想への転換である。これらの意味で、上に例示した、傭車契約運転手、アウトソーシング作業従事者、テレワーカー等は、彼らが、「個人」をもって作業発注者と対抗する関係に立つ者である限り、彼らの連帯は、労組法2条本文にいう「労働者の団体」とされるべきことになる。

　ニ)「自主的に」とは、当該団体が第3者（とりわけ、使用者）の支配を受けることなく、もっぱら、構成員の自由な意思に基づいてのみ運営されていることである。したがって、机上の理論的には、構成員の自由な意思が反映されず、たとえば、使用者の完全なる支配下にある労働者団体（いわゆる、御用組合）は「労働組合」ではない、といえるが、現実的には、立証的に、また、存在論的に、そのような組織の存在は難しく、「労働者の団体」である限り、原則として、「自主性」が推定されることになろう。

　ホ) 目的要件に関しては、格別問題になることはない。というのも、「主たる目的」が労働者の経済的地位の向上に向けられていればよく、労働者たちが日々の情況を前提に労働関係に関して設立した組織がこの要件に反するというのは、現実的に考えられないからである。そして、これは、「主たる目的」が「経済的地位の向上を図ること」に向けられていなければならず、「福利事業のみ」を目的とするもの、あるいは、「主として政治運動又は社会運動を目的とするもの」であってはならない（但書3号・4号）というものであるから、労働者組織（労働組合）が、その運動の一環として、政治活動や社会福祉活動を行うことを違法評価するものでないことはもちろん、そのことのゆえに「労働組合」とは認められないことになるものではない。

　ヘ)「団体」であることとは、①原則として、複数人（2人以上）の集合体であること、かつ、②「運動体」として統一的な意思を有し、活動するものであることを意味すると考えられる。そこで、①に関して、よく、「1人組合」はあり得るかということが問題とされるが、実質的原則としては「複数人の集合体」であるべきものであるが、現実的には、実質的にその可能性や広がりを有

するもの、たとえば、従来複数人いた組織が一時的に1人のみとなってしまった場合で、常識的に、複数人組織に復帰する可能性がなお存している期間や、労働組合の下部組織（たとえば、企業別組合の事業所支部や職場組織）や企業を超えた、個人加盟方式の労働組合の企業支部等は、たとえ構成員1人のみの組織であったとしても、その組織自体を独立の「労働組合」と認めるべきものと解される。

②に関しては、その形式的表現として、「規約（明文化された組織規範）と意思決定・執行機関」の存在を要求するのが、一般的である。しかし、1個の運動体として有機的・有効的に活動するためにはそのような形式を併せ持つのが通例であることはいうまでもないが、労働基本権の第一義的主体が労働者個人であること、「労働組合」とはひとつの運動体であること等に鑑みれば、その労働者の集合体が、統一的意思を持って自分たちの地位の改善を達成するための運動を展開していくことが「労働組合」の生命線なのであって、重要なのは、形式なのではない。そのような統一的意思の形成、それに基づく運動展開ということを形式的・制度的に表現するものとして、規約や一定機関の存在が生まれるのである。とするならば、規約や一定機関の存在は「労働組合」と認められるための重要な基準であるとしても、常にそれがなければ、「労働組合」としての法主体性を認めないというのではなく、上記実質、すなわち、構成員労働者の統一的意思に基づく運動展開という実質を有するものと評価・判断される限り、その組織体を、法的に、「労働組合」と認め、権利保障をなすべきである。

ところで、一般的に、「労働組合」は、日常的労使関係における労働者の地位の向上を目指して活動し、労働協約を締結し、その実行を確保していく存在であることからすれば、「恒常的」存在であり、それ故に、規約と一定機関を持った運動体として登場するものである。そこで、論者によっては、この「団体」性の実質的内容として、「恒常性」を要求し、「一時的団結」、あるいは、「争議団」と呼ばれるもの（一定目的、たとえば、被解雇者が、解雇反対、あるいは、解雇条件改善等の目的を実現するための運動体として結集したような場合。その目的が

達成された段階、あるいは、不達成が確定したような段階には、解散あるいは消滅することが予定されている）は、「労働組合」ではないとするものがある。しかし、これらも、「労働者」が「地位の向上」という目的の下に結集し、統一的意思をもってその目的達成のために活動する運動体であるという点においては、何ら変わることはなく、したがって、「労働組合」として、団交権、労働協約締結権、争議権（争議行為についての民・刑事免責）の保障があるものというべきである。

なお、「労働組合」の「連合体」も「労働組合」である。したがって、たとえば、事業所別組合の連合体である企業連や、企業別組合の連合体である「単産」も「労働組合」である。この「連合体」とは、論理的には、労働者の団体＝労働組合の連合体という関係であるから、上記と同一内容において考えればよい。

2) 形式的要件——2条但書1・2号、5条②項

イ) 労組法2条は、単に、「労働組合」とは上記実質的要件を備えたものをいう、とした上で、「但し、1～4号のいずれか1つに該当するものは労働組合ではない」と規定していて、この規定形式に単純に従う限り、法的に「労働組合」と認められるためには、2条本文、および、但書各号の要件をすべて満たさなければならないということになる。

また、5条②項の定める要件についても、5条①項は「第2条及び第②項の規定に適合すること」と、2条本文、但書各号、5条②項の要件を同列に規定し、したがって、そのすべてを満たさなければならないものとしているように読める。

そこで、単純にこの読み方に従えば、労働者団結はそれらすべての要件を満たさない限り、法的に「労働組合」とは認められず、一切の権利保障はないことになる。そして、論者によっては、そのような論を展開する者もないではない。

しかし、2条但書3号、4号は、2条本文と同趣旨であるから、問題はないにしても、2条但書1号、2号、5条②項の定める要件は、2条本文と比べる

ならば、余りに軽薄な規定であるし、当該要件に抵触する組織体を、法的に、「労働組合」とは認めないとする法的根拠も見出しがたい上に、非現実的ですらある。たとえば、但書1号は、企業内において一定以上の地位にある者を組合員メンバーとしている場合をいうが、それに該当する者が組合員メンバーにいたからといって、その運動論的当否は別として、法的地位すらを否定し、基本的人権（労働基本権）を奪うというのは、暴挙という他はない。また、同様に、但書2号は、組合運動に関して使用者からいわゆる「経費援助」を受けるものをいうが、①就業時間中に行われた団交、労使協議に組合側委員として参加した場合に、（それは、就業時間中に組合活動に従事したことになるのだが）使用者が、その者の賃金カットをせず、全額賃金支払いをすること、②福利厚生活動に関し使用者からの寄付を受けること、③最小限の広さの組合事務所の供与（無償貸与）を受けることを除くとあるから、この3つの場合以外の経済的利益の提供はすべて「経費援助」となるものと解さざるを得ないところ、たとえば、組合使用の事務什器、電話・電気設備、掲示板等の無償貸与・利用を受けた組織体の法的存在を否定するというのも、非現実的であり、ファシズム並みの暴挙である。

　さらに、5条②項の要件を同列に考えるに至っては、笑止の限りである。5条②項は、労働組合の規約に記載すべき事項について定めるが、たとえば、当該組織体の規約がこれらのいずれかを欠落させていたからといって、法的に「労働組合」とは認めないというのは、余りにも馬鹿げているというべきだからである。

　これは、実は、本件資格審査制度、および、2条但書1・2号、5条②項は、労働組合法の昭和24（1949）年改正に際し、露骨な政治的意図をもって制定ないし詳細化されたものであることに起因するのであるが、学説は、一般に、そのような政治的ねらいを排除し、理論的正当性を保持するため、2条但書1号、2号、5条②項の要求する要件については、労組法が特別に付加した、労働組合の本質・実質とは無関係の「形式的要件」とし、それに反した場合（無資格組合）の取り扱いにつても、後述のとおり、截然と区別すべきものとしている。

・占領政策の転換と昭和24年労組法改正、労働組合の資格要件

　現行労組法は、米軍占領下の昭和24年、昭和20年12月制定（翌年3月施行）の労組法（一般に、旧労組法、といわれる）を抜本的に改訂する形で成立したものであるが、東西対立の激化の中で、アメリカの占領政策の目的が、日本の民主化・その重要な柱としての自由な組合運動の促進というものから、（労働組合を含めての）アメリカの同盟国化というものに変更され、労組法改正は、露骨に、労働組合をそのような方向に領導するねらいをもって、占領軍・日本政府・経営者、一体となって、展開された。5条①項の資格審査制度、2条但書1・2号、5条②項の各資格要件も、そのひとつである（他の事項については、該当個所で、その都度指摘する）。それぞれについて若干の説明をするならば、①戦後一挙に昂揚をみた労働組合は、超インフレ下、「食えないこと」の共通性を基礎に、企業内の（場合によっては、部長職にある者を含む）相当高位の管理職を包含して組織され、運動展開をしていた。しかし、占領政策転換の下、経営支配の復活・確立を図る経営側にとってみれば、その手兵であるべき管理職が労働組合の影響下にあることはゆゆしき問題である。そこで、政府・経営者、一体となって、経営側—労組側の陣営区分を明確にし、一定職務にかかわる管理職を含むことは労働組合たる資格すら有しないとのイデオロギーを強調すると同時に、政府は、但書1号の詳細化（旧労組法では、「使用者又は其の利益を代表すと認むべき者の参加を許すもの」とのみ、あった）をもってそれを現実化させるとともに、それによって、経営側の後押しをした（但書1号で　非組合員たるべきものとされた管理職の範囲は、本文に述べた通り、限定的である。しかし、現実には、それを超えて、管理職の非組合員化が進んだということが、この規定が果たした機能を示している）。②労働組合運動促進という占領開始当初の占領政策と超インフレという生活環境を基礎に、敗戦直後数年の労使関係は、労働組合優位の下に進展する。その結果、給与支払いを受けたままでの組合運動専従・就業時間内に組合用務に従事するが、その時間分の賃金カットはしないとする労働慣行、掲示板や会社什器の無償利用その他、組合活動にかかわって、使用者の

経済支出を伴うものが多く存在した。しかし、経営側からすれば、企業合理化の観点から、また、組合運動抑制の点から、これら状況は排除したいものであった。そこで、それを後押しする形で、但書2号が立法化された（旧労組法では、「主たる経費を使用者の補助に仰ぐもの」とのみ、あった）。③5条②項の規約記載事項についての規制に関して言えば、当時の労働組合運動は、上記経済状況を反映して、直接民主主義型が多かった。また、若手青年労働者＝青年部を中心とする運動が中核でもあった。そこで、制度化された民主主義、形式化された平等原則によって、これら状況の駆逐が図られたのであった（民主主義は、全員参加という直接性を駆逐され、単なる多数決原理による決定としてのみ制度化されることによって、形骸化し、その生命＝戦闘性を失う。また、「青年」や「女性」が、一般組合の運動・役員選挙等に加え、青年部、婦人部――当時は、そう呼称された――の運動・役員選挙に参加するのは、「平等原則」に反するという形で、民主主義の諸原則が、逆に、人権・運動の抑制のために利用されていく。一見たいしたことにはみえない規約記載事項の規制が、現実的には、大きな抑制力を持ったのであった）。

ロ）2条但書1号の内容は、①役員（当該労働組合が対抗関係に立つ会社の役員に限定されるというべきであろう。1・2号の要件は、対使用者関係における労働組合の「自主性」を確保するためのものと説かれるが、対抗関係にない他社の役員が組合員メンバーにいたからといって―現実的に、およそ考えられない事象ではあるが―、労働組合としての「自主性」に影響があるとは、考えられないことだからである。以下、同じ意味において考えてよいであろう）、②雇い入れ・解雇、昇進、人事異動に関して「直接の権限を持つ監督的地位にある労働者」（人事問題につき「裁量権」を有する監督的地位にある労働者ということであるから―肩書きや名称によらず、実質的に判断されるべきものとされるが―、一般的には、人事課長あたりの地位にある者が該当するであろう）、③会社の労働関係に関する計画・方針に関する機密事項に接し、そのために当該職務上の義務・責任とが組合員としての誠意・責任とに「直接

にてい触」する「監督的地位にある労働者」(要するに、会社の労務政策に直接関与し、その立案・執行に対し責任を負う立場にあり、職務上の権限・責任と組合員としての立場との間でモラル分裂せざるを得ない立場に追い込まれる危険のある管理職的立場の者というのであるから、一般的には、労務課長あたりの地位にある者といえよう)、④会社の利益代表者(会社にとって利益となる者、ではなく、「会社の利益を代表する者」というのであるから、「代表権」を有する者を指すというべきである)の、経営者、高い地位にある管理職を組合員メンバーとしていてはならないというものである。

なお、当該管理職が但書1号の組合員メンバーから除外されるべきものに該当するか否かは、形式上の権限や、名称によって判断(形式判断)するのではなく、その実際の地位・権限が上記①～④のいずれかに該当するか否かという「実質判断」によるべきものとされている。2号、5条②項の場合とは対照的である。

ハ) 但書2号は、組合活動につき、使用者からの「経費援助」を受けてはならないとするものである。前述の通り、その例外として、3つの場合を挙げるから、形式論的にいうと、この場合以外の経費支出は、すべて、「経費援助」にあたるということになる。24年改正当時議論があったように、例外的に、「経費援助」によって会社支配を受ける少数の組合の存在が考えられないではないが、実際は、24年法改正が切り捨てようとした就業時間内組合活動への賃金支払いを含め、大部分の経費支出の実際は、自主的な組合が「勝ち取った成果」であり、経費支出を受ける組合ほどしっかりしているとすら言える。したがって、労委の資格審査の実務は形式審査によっているようではあるが、この要件に抵触するか否かの判断は、当該経費支出を受けることによって労働組合としての「自主性」が失われるに至っているか否かの実質判断によるべきものといえよう。

ニ) 5条②項の定めは、労働組合の「規約」記載事項に関するものであるが、ここでは、公務員法の場合とは異なって、「規約どおりの実行」が要求されてはいないので、一般に、5条②項に適合した規約規定が存在すればよく、現実

に実行されているか否かは問わないものとされている。したがって、格別の問題は存しない反面、この規定の違反ゆえに労働組合としての法主体性を否定することのバカらしさを際立たせるものでもある。

2.「無資格組合」の法的地位
1)「実質的要件」を欠く労働組合

「実質的要件」は、労働組合の本質に関する要件であり、この要件に反するものは、いかなる意味でも「労働組合」とは認められず、法的主体性を否定されるべきものであった。これを具体的にいえば、「労働組合」としての権利保障の対象とはされないというのであるから、団交当事者とはなり得ず（一般の「結社」のひとつとして、会社が交渉・会見に応じることを妨げるものではないが、団交権の行使としての団交当事者にはなれないということである）、労働協約締結権はなく（上記交渉の結果何らかの合意が成立しても、それは、「労働協約」としての法的効力を有しない、ということ）、その行った行為につき、争議行為としての民・刑事免責は及ばない。

ということは、逆に、この「実質的要件」を満たした組織体である以上、それは、「労働組合」として、労働基本権の主体となり得るものであり、労働基本権保障の法的効果の一切を享受し得ることになる。

2)「形式的要件」のみを欠く労働組合

イ)「実質的要件」と異なって、「形式的要件」は、（その立法的当否はともかくとして）労組法が特別に要求・規定したものであり、労働組合としての「本質」、したがって、労働基本権の主体となる資格とは、何ら関係のないものである。したがって、2条本文の「実質的要件」は満たすが、「形式的要件」の全部又は一部に抵触する労働組合（以下、単に、「無資格組合」という）は、労働基本権の保障があり、それに伴う法的効果は享受できるが、労組法5条①項の規定にしたがって、①「労組法の定める手続に参与する資格」を有せず、②「労組法の規定する救済」を与えられない、という不利益のみを受けることになる。

ロ)「労組法の定める手続」とは、①「法人格」取得のための登記手続（労組

法11条)、②労働協約の「地域単位の一般的拘束力」の申し立て手続き (18条)、③労働委員会の「労働者委員」の推薦手続き (19条の12)、の3つであるが、「無資格組合」は上記手続きのいずれにも参与できないことになる。とはいえ、これらは、労働組合の機能・運動にとって、本質的に重要なものとはいえず、これらの手続きに参与できなかったからといって、格別深刻な問題が生じることは、考えられない。

　ハ) 問題は、「救済を与えられない」という点である。この「救済」とは、不当労働行為の救済 (労組法7条→27条) を指すが、不当労働行為制度は、労働基本権の保障を労使間に実質化するために制定されたものである (第Ⅲ章、参照)。とすると、「無資格組合」だからといって、労働基本権の保障がある存在であるにもかかわらず、その実質化のための制度上の救済を受けられないというのは、道理に反することである。また、「不当労働行為」は、労働組合の自主・自律 (団結自治) に対する使用者の侵害行為であり、7条3号は、「経費援助」を、そのような使用者の不当労働行為として禁止する。そして、但書1号・2号に関する立法理由は、労働組合の「自主性」確保、であった。とすると、但書1号・2号の要件を欠いて、「自主性」がない、という理由で、労働組合の「自主性」確立のための不当労働行為救済を拒否するというのは、どう考えても、筋の通らない話である。したがって、これらの点からするならば、この「救済を与えられない」との不利益の発動は、最大限抑制されるよう処理されるべきである。

　そこで、労働委員会は、現実の事務処理にあたっては、「無資格組合」であるということをもって直ちに救済拒否するのではなく (法文の規定に従えば、資格審査→合格→不当労働行為の審問手続き開始という手続きによるべきものとされている、すなわち、資格審査の合格は不当労働行為の審問手続きの前提条件となっていると読める)、資格審査と不当労働行為の審問手続きとを同時進行させ、途中で資格要件の具備に疑問が出てきた場合には、労働組合に対し、「是正勧告」を発し、その受諾・審問終結時までの是正をもって、救済命令を発するものとして、上記矛盾の解決に努めているようである。また、最高裁も、資格審査は、国家法

上労委に課せられた国家に対する義務であるとして、労委が誤って、無資格組合に救済命令を発したとしても、それは使用者との関係での救済命令取消事由とはならないものとしている。

　だが、他方で、但書1号、2号、5条②項に抵触する事実がある限り、「資格要件」を満たさないものとして取り扱うべきだとの考えも根強い。

　しかし、5条②項の規約記載事項に関しては、労委的処理で問題が発生することはないであろうが、2条但書1号、2号に関しては、その問題性の質との関連でみるとき、それは、便宜的、弥縫的に過ぎるというべきである。したがって、但書1号、2号に関しては、このような処理によるのではなく、上に縷々述べた通り、立法政策が余りに非論理的、反正義的であるとするならば、それを実質的に否認するような問題処理が図られるべきである。すなわち、その趣旨が、労働組合の「自主性」の確保にあるとするならば、会社の利益代表者や2号所定の管理職を組合員メンバーとして含むことによって、あるいは、「経費援助」を受けることによって、当該労働組合が労委の救済命令を受けるに値しないほどに「自主性」を喪失していると、実質的に、評価・判定される場合を、「形式的要件」を欠く場合とし、その場合に限って、5条①項の定める不利益、不当労働行為の救済拒否が課せられるとすることである。学説は、一般に、このような考えに立つものが多いようである（ちなみに、細かな事柄につき注意的に指摘するならば、労委命令や判例が、「実質的判断」をいうのは、但書1号の、組合員から除外さるべき管理職に該当するか否かは実質的に判断されるべきだというのであって、上述したような意味で、すなわち、いったん、1・2号、5条②項に抵触すると判断された後も、「自主性」の有無を基軸に「実質判断」すべきであるというものではない）。

　なお、この不当労働行為の「救済を与えられない」のは、当該労働組合が資格要件を満たさないものとして、当該組合に課せられるペナルティーである。したがって、当該組合の組合員メンバーが不当労働行為の救済申し立てをした場合にまで、救済拒否が適用されるものではない（5条①項但書）。また、「無資格組合」といえども労働基本権の保障はあり、不当労働行為は使用者による労

働基本権侵害行為たる性格を持つものであるから、組合が、労働委員会を通じてではなく、司法裁判を通してその救済を求める場合（第Ⅲ章、参照）には、当然に、無資格組合であることを理由に、救済拒否されることはない。

3．管理職組合

上述したように、法的に非組合員化されるべきものとされる管理職の範囲は、限定されたものである。しかし、昭和23年ごろから始まる、管理職を自己の陣営に引き戻し、経営の強化を図ろうとする経営側と、自己陣営を守り抜こうとする労働組合とのせめぎ合いの中で、労働組合が、占領軍と政府に後押しされた経営側の強力に押し切られていった結果、わが国の労働組合のほぼすべてが、労働協約を通して、あるいは、組合規約をもって、企業内において「中間管理職」といわれるものを含めて、一定の地位以上の管理職を一律に、非組合員としてきた。そして、「中間管理職」と言われる者にしても、その地位に就くということは、以後、組合陣営（それは、いわゆるヒラ従業員の陣営でもある）を離れ、経営側陣営に移行・所属し、地位の安定と一層の昇進・昇格可能性を手に入れることを意味したから、歓迎されるべきことであった。しかし、1990年代に入っての（いわゆるバブル経済崩壊後の）企業合理化は、この様相を一変させる。リストラと表現された企業の構造改革は、管理機構を含む「経営構造の改革」として展開され、その結果として、中間管理職の権限は限定され、その地位も安定したものではなくなった。ところが、既存の組合からはすでに排除されていた状況下にあっては、そこに自分たちの権利擁護を求めることはできない。かくして、自らの地位と権利は自らの力で護るべく、中間管理職自らが労働組合を設立することになる。いわゆる「管理職組合」の登場である。

この管理職組合の登場は、およそ40年にわたる労働慣行が「中間管理職」は非組合員である、という現実を常識としてきただけに、社会的に耳目を集めるものであったし、経営側から見れば、以前ほどに重みはないにしても、自己陣営に所属するものから反抗の声があがるというのは、衝撃ではあった。しかし、法的にみれば、問題は単純（とされるべき）である。

「中間管理職」といえども、労働条件の一方的決定と、それを前提に企業の業務機構に組み込まれ、その中での支配・服従の関係にたたされるという点においては、団結の基礎的条件をなす「労働者」(いわゆる部下を有し、それへの管理監督権限を有するがゆえに、一般労働者とは異なるかのごとくである。しかし、それは、「命ぜられた職務」なのであって、一般労働者のそれと質的に何ら変わりはない。なぜならば、管理監督能力＝職務能力が査定され、その行使＝職務内容の当否につき業務運営上の責任が問われる構造になっているのだから) に他ならず、その地位と権利擁護のために組織された団体は、「労働組合」としての「実質的要件」を満たすものであり、労働基本権の主体となるにつき、何ら欠けるところはないからである。

　問題が起こり得るのは、「形式的要件」のうちの但書１号との関係であろう。しかし、これも、上述の通り、「管理職」一般を排除すべきことを求めているのではないから、従来の実務的処理に従うにしても、その実質的権限内容から見て、当該管理職組合メンバーのうちに但書１号で組合員としては排除すべきものとされている地位にある者（人事課長・労務課長といった権限レベルの者）が含まれているか否かによって判断され、含まれていれば、「形式的要件」を欠く「無資格組合」として、含まれていなければ、まったく瑕疵のない労働組合として、それぞれ取り扱われればよいのであって、ことさらに意識されるべきものではない。むしろ、中間管理職を合理化・リストラ対象として冷ややかに処遇し、しかし、労働組合として登場するや一変、経営側陣営の者であり、労働組合員にふさわしくないと声高に主張する経営の論に振り回されることこそ恥ずべきことである。しかし、さらに、上述した私見に従えば、「管理職組合」が、但書１号該当者の組合員としての存在のゆえにまったく「自主性」を喪失していると判断されるのでない限り、「無資格組合」として扱われるべきではないことになる。

第3節　組織強制

1．組織強制の諸態様

　労働組合が、使用者（あるいは、使用者団体）との協定（労働協約）をもって、未だ組合員メンバーでない労働者が当該労働組合に加入せざるを得なくなるようにしていく方策をとることを、労働組合の「組織強制」という。

　一般に、組織強制には、直接強制と間接強制とがあり、前者には、①使用者は、組合員メンバーのみを雇用する旨をもってするクローズド・ショップ (closed shop) と、②雇用段階では非組合員であるが、雇用されて一定期間経過後には当該組合の組合員メンバーとなるべく、組合に加入しなかったり、組合を脱退した場合、あるいは、組合から除名された場合は、使用者は当該労働者を解雇するものとするユニオン・ショップ (union shop) があり、後者には、欧米諸国で、ショップ制（直接強制）が違法評価を受けたことに対抗して、③労働組合の組合費相当額を当該組合に納付するか、それもいやな場合は、社会福祉団体等に当該組合費相当額を寄付すべきものとするエイジェンシイ・ショップ (agency shop)、④非組合員には労働協約により改善された労働条件を享受させないものとする労働協約（適用）排除条項（たとえば、賃上げや労働時間短縮の労働協約を適用せず、従前のままの労働条件に据え置くことによって、労働組合への加入を促進しようというもの）、等の制度がある。

> ・フリーライダーと組織強制問題
> 　欧米諸国においても、労働組合運動の形成過程において、クローズド・ショップ、ユニオン・ショップを要求する運動が強力に展開されたことは言うまでもない。しかし、それらが違法評価を受けることによって、運動は沈静化する。しかし、労働組合運動が定着化した後、再び、組織強制問題が浮上する。それは、いわゆるフリーライダー（ただ乗り）対策である。つまり、労働組合員でなくとも、現実的には、労働組合が

> 獲得した労働条件を享受できる。ところが、もしそうであるとすると、労働組合に加入し、組合費を支払うことをしなくても、労働条件は上がること（ただ乗り）になり、組合組織の停滞化が生じることになる。そうした中、間接強制としてのエイジェンシィ・ショップや協約排除条項の試みが生じた（ある交渉単位ごとの労働者の選挙に基づき１つの組合が排他的交渉権を取得するという制度のアメリカを中心にエイジェンシィ・ショップ制が現れ、ドイツで協約排除条項が生まれたというのは、その国々の特色をあらわしていて興味深い）。しかし、これらの国々では、エイジェンシィ・ショップを除いて、違法評価される傾向にあり、いわゆるフリーライダー対策は、労働組合にとって、なお頭の痛い問題である。

　わが国の場合、従業員一括加入の企業別組合が一般的である（かかる状況下では、労働組合が、職業別あるいは産業別に、労働市場横断的に組織され、雇用に先立つ組合員資格の存在が前提となるクローズドショップはもとより問題にならない）ため、それを直接的に反映させる形で、ユニオンショップの普及率がきわめて高い。もっとも、その場合も、「Ａ株式会社従業員はＡ労働組合の組合員でなければならない」と定めるに止まる「宣言型ユニオン」と言われるもの、ユニオンショップは、一定期間内に組合員になるべきこと、その後も組合員でない者（非組合員に止まる者、脱退した者、除名された者）をいずれも「解雇する」ということを定める制度であるところ、これらの事項が完全に明示されていない「不完全ユニオン」、最後の解雇につき、たとえば、「会社と組合と協議の上、決する」とか、「――解雇するものとする。但し、会社が必要と認めた者については、この限りではない。」とかいうように、会社の裁量の余地を認めてしまっている「尻抜けユニオン」と言われるもの等が多く、組織強制の手段としては不十分なものが圧倒的である。とはいえ、わが国においては、上記普及状況に対応して、組織強制に関する法的問題・論議は、もっぱら、ユニオンショップ（以下、「ユ・シ」と表示する）制（ユ・シ制度は、使用者との協定＝労働協約をもって定められていくものである。したがって、この制度を表現するに際し、「ユ・シ協定」と表

現することもある）をめぐって展開されるから、以下では、このユ・シ制度に限定して論及するものとする。

> **・尻抜けユニオンとショップ制の機能**
>
> 　ショップ制は、組織拡大につき使用者の力を借りるものであるから、本来的に、「両刃の剣」たる性格を持つとされるが、「尻抜けユニオン」ということになると、ショップ制は、まったく異質のものに転化する。すなわち、最後に当該労働者を解雇するか否かの決定権が使用者に留保されているのであるから、使用者は、自己にとって好ましい者を残し、好ましからざる者のみを解雇するという形で、ショップ制を通じて、組合支配・好ましき組合の形成を行い得ることになり、ショップ制は、むしろ、使用者にとっての大きな武器へと転化するからである。

2．ユ・シ協定の法的効力

1) ユ・シ協定の法的効力

　ユ・シ制度は、特定組合への加入を「強制」するものであるがゆえに、①労働者の自由、②とりわけ、団結選択の自由を各侵害するという点において、また、③その強制力に従わない者を解雇し、その職を奪うものであるがゆえに、労働者の労働の権利を侵害するという点において、違法なものであり、ユ・シ協定の法的効力は否定されるべきではないかが、問題とされる。

　しかし、欧米の国々が、上記の点を根拠に、押し並べて、その効力を否定するのに対し、わが国においては、学説、判例ともに、その一般的効力を肯定し、その具体的展開に際しては、その効力を否定するという点で、ほぼ一致をみてきたといえる（但し、近年の有力説につき、後述、参照）。結論的にいえば、「団結することへの強制」を肯定し、「特定団結への強制」を否定することである。それは、前述のような、わが国におけるユ・シ制度の実情にあわせてその果たして来た役割を肯定すると同時に、個々の労働者の利益・権利との調和を図った結果のものであり、妥当なものというべきであろう。

まず、労働者の「自由」を侵害するとの論点については、憲法28条による団結権の保障を論拠に、「団結する権利の優位性」が強調される。ユ・シ制度によって侵害される可能性のあるのは、団結から離れている自由・団結しない自由（一般に、「消極的団結権」と表現される）であるが、第Ⅰ章に詳述したごとく、労働者は団結することの承認を求めて闘い、その結果として「団結権」が保障されたものであって、憲法は、消極的団結権に対する団結すること（団結への権利＝積極的団結権、と表現される）の優位性を規範的内容とするものである。したがって、積極的団結権の現実化に向けられたユ・シ制度は、その適用を受ける労働者の消極的団結権に優先するものとして、適法なものと評価されるべきである、というものである。

　そして、ユ・シ制度は、従業員一括加入ということを使用者の手を借りて実現してきたという、やや安易な側面は否定できないものの、わが国においては、団結権（労働基本権）が保障され、それがユ・シ制度を通して現実的に普及してきた（ユ・シ制度が団結の普及・定着に大いに寄与した）という現実を基礎に、上記論は、そのようなユ・シ制度の果たす役割を法的に積極評価したものに他ならないといえよう。

　たしかに、形式論的にいえば、ユ・シ制度は「強制」の制度なのであるから、その適用を受ける労働者の自由を侵害するものである。しかし、現実的に、当該自由の確保によって、労働者には何がもたらされるのであろうか。労働組合から離れて、社会的に孤立する「自由」を語ることは、虚しいという他あるまい。先に、労働者の権利・自由は、団結（労働組合）を通じて初めて現実化・実体化するものであることを論述したが、その意味で、「団結」こそ、労働者の権利・自由の砦なのであり、むしろ、団結への強制が労働者の自由を侵害するのではなく、「自由」は団結（への強制）を通して実質的に保障され、現実化されるものなのである。団結への強制は労働者の「自由」の確保のため確保さるべき価値なのである。そして、現実的に、ユ・シ制度は、戦後のわが国において、そのような団結の定着に大いに寄与し、労働者の権利・利益の拡大の端緒をなしてきた。その意味で、積極的団結権の規範的優位性を根拠にユ・シ協

定の法的効力を肯定する上記論は妥当なものというべきなのである。

「団結選択の自由」というのは、別角度から見れば、当該労働者の団結の形成・団結への参加＝積極的団結権の発動ということになる。とすると、それが侵害されるということは、憲法上の基本的人権としての積極的団結権が侵害されることであり、法的に許容されるべきものではない。しかし、非組合員である従業員に対し特定の団結への参加を強制するということは、彼が、他団結への参加という形で自己の権利行使を明らかにしない限り、直ちに、積極的団結権の侵害という性格を持つものではない。その意味で、団結選択の自由の侵害という論は、ユ・シ協定の法的効力否定の論拠とはなり得ず、逆に、その局面が現実化した場合においては、異なった結論になり得ることを予定するものでもある。

働く権利との関係でユ・シ制度を否定する論は、1940年代のアメリカで展開されたもので、ユ・シ制度禁止の州法（したがって、一般に、right to work 立法といわれる）の論拠とされた。たしかに、１企業内に複数の労働組合が存在するのが常であるアメリカのような国においては、組合相互の自由な競争を排除して、特定組合への加入を強制することは相当に強圧的といえるし、そのような状況下、加入拒否をした場合に職を失うというのを著しい権利侵害として捉えることも、肯けるところではある。また、産業別、あるいは、職業別の横断的労働組合への加入を拒否して解雇されたということは、同一産業、同様（同一）職種での職は得られないことを結果するわけであって、「職」にかかわる権利侵害には絶大なものがあるとも言える。しかし、わが国の場合、こうした状況は、一切存在しないといってよい。加えて、前述した積極的団結権の価値的優位、団結を通じてこそ労働者の利益・権利は現実化するということ等からすれば、ユ・シ制度の法的効力を承認することは、直ちに、right to work その他の権利の「侵害」になるということはできまい。むしろ、ユ・シ制度を基本的に承認しつつ、アメリカ的状況が生じた時には、別途法的処理を図るというのが適切といえよう。いずれにせよ、1940年代のアメリカというのは、東西対立の激化の中で、労働組合に対する抑圧的政策・立法が展開された時期であって、

その時代の亡霊を再び呼び戻してはなるまい。

2) 労働組合の質的転換とユ・シ協定の効力

　上述のように、積極的団結権の価値的優位を根拠に、ユ・シ協定の法的効力を肯定するのがわが国の伝統的考えであった。そして、それは、ユ・シ協定に基づく団結の広がり、それを基礎とする労働者利益の拡大という事実を実質的基盤とするものであった。ところが、わが国おいては、1960年代以降の技術革新・高度成長の過程で、労使協調を前提とした労働組合の定着化が進むと同時に、協調路線をとる組合執行部と対立的、あるいは、それに批判的見解を持つ少数組合員に対する除名処分→ユ・シ協定に基づく解雇といった形で、あるいは、ユ・シ協定に基づくそのような解雇の脅威をテコとした締め付けという形で利用されることによって、ユ・シ制度は、組合執行部あるいは多数者による少数者支配の道具へと転化していった。すなわち、ユ・シ制度＝積極的団結権の優位的保障が労働者の権利・利益の拡大へつながるという、ユ・シ制度適法論を支えていた原則が必ずしも妥当しなくなったのである。

　そこで、こうした情況を深刻に受け止めた論者は、ユ・シ制度の歴史的使命は終わったとの基本認識を前提に、積極的団結権の規範的優位性は肯定されるにしても、それも、上記のような形での、個人の自由に優先するものではあり得ないとして、ユ・シ協定の法的効力を否定する論を展開するに至る。

　しかし、思うに、1960年代以降の労使関係の情況が上述のようなものであり、ユ・シ制度が、労使一体での労働者支配の道具として利用されることが多いというのは、確かに、現実である。しかし、その事実をもって、ユ・シ制度の歴史的使命が終わったとするのは、速断に過ぎると思われる。というのは、わが国の場合、大企業を中心に、労使協調路線を前提とした安定的労使関係が展開される一方、中小企業や未組織の多い産業分野では、なお、組織の拡大に向けたせめぎ合いが展開され、そのような場では、資本の抑圧に対する積極的団結権の保護、したがって、ユ・シ制度による団結の広がりの承認が重要な意味を持ち続けているのである。

　そうであるとするならば、そのような相反する2つの局面の存在する下にお

けるユ・シ制度に関する理論的課題は、なお、ユ・シ制度の基本的肯定を前提に、上記情況に対しては、ユ・シ協定の効力の限定、後記統制権の強力な限界付けをもって臨むことである。そのような意味合いにおいて、上記論にもかかわらず、今日においてもなお、ユ・シ制度（協定）の法的効力は承認されるべきものと考える。

3．組合分裂・併存とユ・シ協定の効力
1) 新組合結成・加入とユ・シ協定の効力

ユ・シ協定の効力が承認されるといっても、その具体的適用の可否をめぐる問題の起こり方は、決して、そのように平板的なものではない。これまでの事案を類型化してみれば、問題は、①ユ・シ協定締結組合（第1組合、と表現しておく）内の対立が激化し、多数の組合員が当該組合を脱退し、新たな組合（第2組合、と表現しておく）を結成するに至ったという組合抗争に関して、当該脱退者らに対してユ・シ協定は効力をもちうるか（当該脱退者らに対する、ユ・シ協定に基づく解雇は、適法・有効といえるか）（パターン①）、②上記のような組合分裂が一段落し、第1組合（少数派組合）と第2組合（多数派組合）とが併存する状態下で、多数派組合がユ・シ協定を締結していたところ、その組合のメンバーが（多数派）組合を脱退し（あるいは、除名され）、少数派組合（第1組合）に加入した場合、あるいは、新入社員がユ・シ協定締結組合（多数派組合）に加入せず、少数派組合に加入した場合、これらの者に対してユ・シ協定は効力をもちうるか（パターン②）、③企業内に労働組合は1つしか存在せず、当該組合がユ・シ協定を締結していたが、その組合の組合員メンバー（単独又は複数）が当該組合を脱退し（あるいは、除名され）、新たに労働組合を結成（あるいは、個人加盟方式の地域組合に加入）した場合、この（これらの）者に対してユ・シ協定は効力をもちうるか（パターン③）という、きわめて先鋭的な形で、突きつけられることになる。

この場合、判例は、当初、パターン①に関して、当該ユ・シ制度を支える「制度的統一的基盤」が失われるに至ったという、その論拠も具体的判断基準

パターン①

```
┌─────┐  ユ・シ  ┌─────┐
│使用者│ ←協　定→ │第1組合│
└─────┘         └─────┘
                    │
                (集団脱退)
                    ↓
                ┌─────┐
                │第2組合│
                └─────┘
```

パターン②

```
┌─────┐  ユ・シ  ┌───────┐
│使用者│ ←協　定→ │多数派組合│
└─────┘         └───────┘
                    │
                 脱退・加入
                    ↓
    ○ ──新入社員→ ┌───────┐
                  │少数派組合│
                  └───────┘
```

パターン③

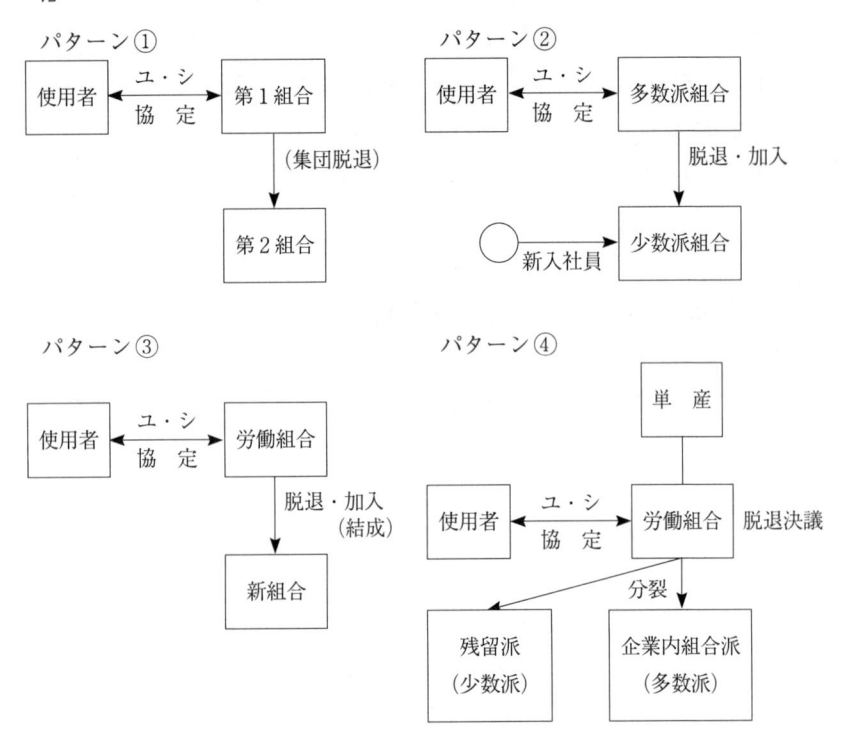

```
┌─────┐  ユ・シ  ┌───────┐
│使用者│ ←協　定→ │労働組合 │
└─────┘         └───────┘
                    │
                 脱退・加入
                   (結成)
                    ↓
                ┌─────┐
                │新組合│
                └─────┘
```

パターン④

```
                              ┌───┐
                              │単産│
                              └───┘
                                │
┌─────┐  ユ・シ  ┌───────┐     脱退決議
│使用者│ ←協　定→ │労働組合 │
└─────┘         └───────┘
                    │分裂
         ┌──────────┴──────────┐
         ↓                     ↓
    ┌─────────┐          ┌───────────┐
    │ 残留派  │          │企業内組合派│
    │(少数派)│          │ (多数派)  │
    └─────────┘          └───────────┘
```

も必ずしも明確ではない理由をもって、その効力を否定したり、パターン②に関し解雇を肯定する判決が現れたりと、適切な対応ができずにいたが、1960年代半ばごろ以降、団結選択の自由と、団結の平等を理由に、パターン①〜③のいずれについても、ユ・シ協定の効力を否定する（ユ・シ協定に基づく解雇の効力を否定する）という点で一致するに至る。

　すなわち、それぞれの場合における脱退→別組合加入（あるいは、脱退→新組合結成）は当該労働者の団結選択の自由という「積極的団結権」の行使であり、それは、法的に等しく保障されるべきである、ユ・シ協定締結組合も非締結組合も、法的には、平等に取り扱われるべき（平等取扱原則）であって、ユ・シ協定の効力を肯定することは、ユ・シ協定締結組合のみを優遇することであって、上記平等取扱の原則に反する、とするものである。最高裁も、こうした考えを

受け入れるに至っており（三井倉庫港運事件・最 1 小判平元・12・14、日本鋼管鶴見製作所事件・最 1 小判平元・12・21、等）、上記見解は、今日、通説・判例の立場を形成しているといってよいであろう。

過去の学説の中には、「脱退」という行為の（積極的団結権に対する）反価値性、ユ・シ制度はパターン①～③の場合の抑制に向けて設定されるもので、その場合に効力が否定されるというのは法的効力承認の意味が没却されてしまうこと等を理由に、上記の場合にも、ユ・シ協定の効力を肯定すべきであるとの見解もないではない。

しかし、既述の通り、団結の権利は、個々の労働者の団結形成へ向けての権利（積極的団結権）を基礎として存在するものであり、労働者が、その権利の発動として、ユ・シ協定締結組合を脱退し、新たな団結へ加入、あるいは、新たな団結の結成へと向かうときに、その行為を否定し、解雇を肯定するということは、労働者の団結権行使を否定することに他ならない。さらに、組合併存下に一方組合が締結したユ・シ協定の効力を肯定し、ユ・シ協定締結のみへの加入強制を肯定することは、非締結組合の将来的消滅をもたらすことであり、団結否認に他ならない。また、前述の通り、ユ・シ制度は団結することの広がり（組織拡張）の促進という価値においてのみ肯定されるべきものであって、特定組合への後押したる機能を持ってはならない。これらの意味において、組合分裂・併存下において、ユ・シ協定の効力は否定されるべきであり、上記通説・判例の立場は妥当なものといえよう。

2) 1960 年代分裂形態とユ・シ協定の効力

1950 年代（前半）の分裂形態はパターン①のような形態をとるのが一般的で、したがって、この時期は、もっぱら、パターン①のような形で、ユ・シ協定の効力が問題となった。ところが、1960 年代に入ると、パターン④のような分裂形態、その下でのユ・シ協定の効力如何が問題となることが多くなる。すなわち、ユ・シ協定締結組合が組合大会等において上部団体（単産等）脱退を決議し、企業内組合として存続することになるが、他方、上部団体脱退に反対する少数の組合員グループが、従来の（上部団体加盟下にある）労働組合の継続を主

張して運動継続をするのに対して、企業内組合派が、これら少数派を、組合決議違反を理由に除名処分とし、使用者が、従前のユ・シ協定に基づき解雇するというものである。

この場合には、①従前のユ・シ協定は、なお、効力を有するか、②当該少数派に対して、ユ・シ協定の効力は及び得るか、の2点が問題となる。①は、従前のユ・シ協定締結組合と企業内組合とは「組織的同一性」を有し、したがって、従来のユ・シ協定（労働協約）を引き継いでいるかの問題であるが、判例は、一般に、それを肯定し、他方、残留主張の少数派は、実質的に、企業内組合を脱退し、新たな団結を結成したものであるとして（すなわち、パターン①の問題であるとして）、ユ・シ協定に適用を否定するという論理をとっている。

上記処理は、脱退決議は多数者の意思であり、従前の組合と企業内組合とは「組織的同一性」を有するという認識を実質的根拠とするものである。たしかに、わが国の場合、企業別組合が自治権を有し、自らの組織的ありようを決することができるものとなっている。この点からすると、パターン④は、実質的にも、組合分裂というより、組合の組織方針変更（単産脱退）に反対した少数派が反対行動をとったと見るのが適切である。その意味で、判例の上記対応は適切といえよう。（なお、同一パターンの組織変動の場合の組合財産帰属問題につき、後述、参照）

3) 団結の広がりの促進とユ・シ協定の効力

以上のように見てくると、ユ・シ協定につき、一般的効力を肯定しつつも、ほとんどの具体的場合につき、その効力は、否定される。先に、「団結することへの強制」を肯定し、「特定団結への強制」を否定すると表現した所以である。しかし、その結果、ユ・シ協定の法的効力が肯定されるのは、ユ・シ協定締結組合の脱退者（あるいは、被除名者）、あるいは、新入社員が、いずれの組合にも加入せず（あるいは、新しい組合を組織することもなく）、非組合員のまま止まる場合のみということになり、現実的に、ほとんどありえない事態である。ということになると、ユ・シ協定の効力を議論したり、その一般的効力を肯定したりすることは無意味のようにも見えてくる。

しかし、先に触れたように、労働組合の結成→ユ・シ協定による組織強制・拡大ということが機能する局面は存在する。ユ・シ協定の締結は、団結承認と拡大の、いわばシンボル的意義を有するのであって、そのもつ意味は決して小さくはないといえる。その意味で、現段階においてもなお、ユ・シ協定の法的効力の承認にこだわる意義があるものと思われる。

第4節　組織統制

1．労働組合の統制権

1)　労働組合の統制機能と統制権

労働組合が、当該労組の決定違反者等に対して、何らかの不利益処分（統制処分）を行い得る権限を労働組合の「統制権」という。

> ・労働組合の統制処分
>
> 労働組合の統制処分としては、反省文（謝罪文）等と言われる文書を提出させるとともに、口頭（あるいは、文書）をもって、今後行動を改めるべきように指導（注意）することを内容とする「譴責」、一定期間（処分対象行為の重大性に応じてその長さが定まる）、組合員メンバーとしての諸権利の行使を強制的に停止させることを内容とする「権利停止」、組合員資格を剥奪する（組合外に排除する）ことを内容とする「除名」、の3つが基本で、中には、制裁金の負荷などの処分類型をもつ労働組合もある。「除名」処分は、最も重い処分であるが、それに止まらず、当該組合が前述したユ・シ協定を締結している場合には、「解雇」されるという絶大な不利益につながる。労働組合としては、「組合決定に違反する等、労働組合としての統一性を乱した場合には、そのような不利益を受けるゾ」ということで、労働組合の統一性を保持しようとするわけであるが、ユ・シ協定の締結されているところでは、労働組合の統制力はきわめて強力なものとなる。

労働組合がそのような「力」をもって組合内部を纏め上げていく側面を、労働組合の統制機能、あるいは、統制力というが、労働組合がそうした機能・チカラを必要とするのは、労働組合が、①組合員メンバーの具体的行動をもって初めて実在し得る、しかしそれ自体独立した、恒常的組織体であること、②労働条件を統制する団体であること、③そのような目的を達成するため、団結の力をもって使用者に対抗し、時には実力行動をも展開する「闘争団体」であること、に基づく。

　すなわち、①労働組合は、形式的存在としては、一定の意思決定機関と執行機関として存在するものである。しかし、実質的には、組合員メンバーの組合活動への参加を通じて存在し得るものである。組合員の参加行為なくして、労働組合は実在し得ない。形式的存在と言っても、それは、たとえば、組合大会による一定の意思形成、執行機関の選出、その活動を支える財政的基盤の形成等、組合員メンバーの参加なくしては、存在し得ないものである。これらは、基本的には、自発的行為の結集としてなされるべき性格のものではあるが、労働組合が労働組合としての行動を展開し、恒常的組織体として存在するためには、時として、メンバーに対する強制力の行使も必要となってくるのである。

　②労働組合は、使用者との取引＝団交を通じて、労働条件基準を設定し、労働市場を統制することを中心的役割とする（第Ⅴ章、参照）。したがって、それに向けて組合員メンバーが統一的行動をとることを必要とする。すなわち、組合員メンバーが、職を得る、あるいは、職を失うことを免れる等、個人的利益達成のため、そのような労働条件基準を逸脱し、自らの労働力を安売りする（いわば、抜け駆けをする）ことを防止しなければならない。そうでなければ、いったん設定した労働条件基準も崩れていってしまい、ひいては、（中心的機能が崩れてしまうのだから）労働組合そのものの崩壊につながってしまうからである。したがって、組合員メンバーをそのような「労働市場における統一的行動」へと纏め上げていくため、組合員メンバーがそこから外れないようにするチカラを不可欠とするのである。

　③労働組合は、上記労働条件基準の設定→貫徹という第１次的機能を、使用

者あるいは使用者団体と、ときには、後述するように、政府とすら、対抗しつつ、実力をもって自らが設定した目的を実現していく「闘争団体」である。そして、現実に争議行為を実施するかどうかは別としても、常に、使用者あるいは国家（政府）に対して、毅然と自立し、組合員メンバーが一体となって行動することによってのみ、そのような団体としてのチカラは発揮される。「本来目的実現のための統一的行動」へと纏め上げていくため、統制力は必要とされるのである。

 2) 統制権の法的根拠

統制処分は、組合員労働者の組合活動上の権利（団結権）に関し何らかの圧迫、制限＝不利益をもたらす一方的権力的行為である。したがって、労働組合は、いかなる場合に、どの範囲での統制処分を行い得るか、その判断基準はいかに立てられるべきか等の問題処理との関連で、労働組合は何ゆえにそのような権限をもち得るのか＝統制権の法的根拠が論点となる。

統制権の法的根拠付けについては、これまで、それぞれ、①社団（団体）固有権説、②折衷的団結権説、③（純粋）団結権説といわれる3通りの考えが主張されている。

①説は、労働組合もひとつの人的結合体＝社団であるところ、社団には、その固有の機能として、構成員をひとつに纏め上げ、当該社団の目的を最大限有効に実現させるため、社団内部の規則・ルールを定め、それに違反したものに対し一定の不利益を課するという方法でそのような規則・ルールを守らせていこうとする機能が備わっている。そして、憲法による「結社の自由」の保障（21条）は、そのような機能をもつ社団の形成を保障しているものであるから、労働組合の「統制権」は、「結社の自由」を淵源とし、「社団固有の権利」として保障されていると考えるべきである、とするものである。

それに対し、③説は、統制機能は労働組合の組織目的達成のため不可欠のものであり、したがって、統制権は、いわば「労働組合固有の権利（あるいは、本質内在的権利）」として、団結権保障の内に含まれていると解すべきである、というものである。

②説については、やや厳密な区分というべきであるが、労働組合も社団の一種である以上、当然に統制機能を有するが、その組織的特質上、憲法28条の団結権保障の効果として、その組織目的達成のため、一般の社団よりも強度の統制権が認められる、とするもので、判例の立場が該当するものと解されている（三井美唄炭鉱労組事件・最大判昭43・12・4、参照）。

しかし、先に見たところから明らかなように、労働組合の統制機能は、人的結合体が統一的行動をとるために、統一的基準を定め、「みんなでそれを守ろう、守らない者にはバツがあるヨ」という領域を越えて、「その本来的機能達成のために不可欠のもの」として存在するものである。それなくしては労働組合としての目的達成はありえないという意味で、統制機能は、労働組合の本質に内在するものである。とするならば、憲法28条による、労働組合の結成とその本質的活動・機能の承認（団結権保障）のうちには、当然、そのような労働組合の統制機能の承認も含まれていると解すべきである。憲法28条による、労働組合に独自・固有の権利としての統制権の保障という点に、統制権の法的根拠は求められるべきである。その意味で、③説を妥当と考える。

2．統制権の限界

労働組合に固有の権利としての統制権が認められるべきであるとして、それは、どのような場合に、どのような限度で行使されるべきか．個々の労働者にも団結権の保障があり、労働組合は、それらを出発点として形成され、活動するものである以上、当然、個々の労働者の諸行動の権利と労働組合の統制権との調整が問題となる。以下、これまでに裁判上争われた問題類型に沿って、検討する。

1）政治活動と統制権

イ）労働組合と政治活動

労働組合の主たる目的が、対使用者（企業）との関係における、経済的・生活的地位の向上を中心とした労働者の地位の向上を図ることにあるのはいうまでもない。しかし、経済と政治とが無関係ではなく、両者の関係が一層緊密に

なっている現代においては、とりわけ、労働組合が、労働者の経済的・生活的地位の向上のため、政治的活動に及ぶことも、法的に、当然許容されるべきである。

そこで、労働組合の本来的目的活動との関連で法的に許容されるべき政治活動の範囲としては、①社会保障システム（制度）にかかわる要求、②労働市場の条件整備にかかわる行動、③市場行動の要件整備にかかわる行動、④労働条件水準の維持・向上と結びついた経済政策にかかわる行動、というものが考えられる。

これらにつき、若干の説明に及ぶならば、①前に言及したように、労働組合運動の出発点は、「相互扶助」であったが、それは、労働組合のみによっては支えきれないこと、一般国民への拡大を不可避としたこと、等に基づき、国家の社会保障制度へと質的展開を遂げた。それ故に、相互扶助、その発展形態としての社会保障にかかわる事柄への関心は、労働組合にとっては、いわば、「3つ児の魂」なのであり、100歳まで（生涯）持ち続けるものである。したがって、こうした経緯からするならば、労働者、あるいは、その家族に対する社会保障のシステムがいかなる水準で、いかに展開されるかは、労働組合にとっての重大関心事であり、その関心、及び、その関心に基づく行動は、労働組合の重要な目的活動の範囲内に属するものとして、法的に保障されるべきことになる。②労働市場の要件整備とは、労働基準法等の最低基準立法による労働条件の法的規制や雇用政策立法のことであるが、それらがどのような内容・水準で、どのように展開されるかは、対使用者（使用者団体）との関係における労働条件の設定・遂行と密接な関係を有し、直接的に、影響をもたらすものである。とりわけ、労働基準法の定める最低基準がストレートに労働者の労働条件水準となっているわが国においては、個別労働関係と労働条件基準立法との関係は一層直接的である。とするならば、この問題領域における労働組合の政治活動も、労働組合の本来的目的活動の範囲内にあるものとして法的に許容されるもののうちに加えられて当然である。③市場行動の要件整備とは、労働市場における労働組合の行動、すなわち、団結活動にかかわる法的規制のことであ

るが、自らの行動（組合活動・運動）につき、どこまでが法的規制の対象となり、それがいかなる内容・水準で展開されるかが重大関心事項であり、したがって、それに基づく行動が法的に承認されるべきは当然というべきであろう。④たとえば、いくら労働組合が頑張って賃上げを獲得しても、それに倍する物価の上昇があっては、賃金は低下することになる。とすると、経済政策一般ではなく、労働組合が獲得した労働条件水準が生きてくるような、要するに、少なくとも、労使関係の場における労働組合の努力の成果を無にしないような経済政策の展開を政府に対し要求することは当然であり、である以上、この領域における労働組合の政治的活動も法的許容の範囲内に属すべきことになるのである。

ロ）労働組合の政治活動と統制権

労働組合が政治的問題について具体的方針を決定し、組合員に対しそれへの参加を要求・指令したにもかかわらず、組合員がそれへの参加を拒否した場合、労働組合は、指令違反を理由に、当該組合員を統制処分に付することができるか、という形で問題が発生する。

これについては、①当該政治問題の性格・内容にかかわりなく、政治的問題に関する考え方を異にする組合員に対し労働組合の方針・考え方を強要することは、組合員の思想・信条の自由（憲法19条、参照）を侵害するもので、許されない（当該統制処分は、公序良俗に反し、無効）とする見解（否定説。なお、この見解も、労働組合が政治活動に及ぶことを否定するものではなく、組合員に対し、「強制」することはできないとするものである）、②逆に、当該政治活動の性格・内容の如何にかかわらず、労働組合の方針・決定に違反したものである以上、統制処分の対象となることが肯定され、労働組合の自治を尊重して、当該処分は有効とされるべきであるとする見解（無限定的肯定説）、③論者により、その判断基準・範囲につきニュアンスの違いはあるが、労働組合の目的活動の範囲に属すると法的に認められる範囲の政治活動については統制権を及ぼし得るが、そうでない領域の行動に関しては、統制権は及ばず、それについてなされた統制処分は違法・無効となるとする見解（限定的肯定説）とに分れる。

前述の通り、一定範囲の政治活動は労働組合の目的活動の範囲内のものとし

て法的に承認されるべきである。とすると、その範囲に属する政治的課題に関する方針については、組合員に対し参加を強制することができ、したがって、その方針・指令に反した組合員に対し統制処分を課すこともできるというべきである。

たしかに、政治的活動の強制は、それとは異なる考えをもつ組合員の思想・信条の自由と抵触する。しかし、考えてみれば、労働組合の方針決定と遂行は、常にそういうものである。労働組合の行動というものが個々の組合員の行動参加をもって形成されるものである以上、労働組合がある方針を決定し、それを遂行しようというときには、常に、それと異なる考え・意見を持った組合員の思想・信条の自由と抵触する。しかし、それが対使用者関係での問題（たとえば、賃上げ要求をする・しない、あるいは、その要求額）であるとすると、労働組合が賃上げ要求を決定し、組合員に対しそれにかかわる行動を要求したが、それと異なる考え（たとえば、いまは、会社の経営が苦しいから、賃上げは要求すべきではないという考え）を持っている組合員がその行動への参加を拒否した場合に、それに対し統制処分を行うことは当該組合員の思想・信条の自由を侵害するから許されないというものではあるまい。それは、当該賃上げ問題は、労働組合の本来的目的活動の範囲内のものであると考えられているからである。

とすると、問題は、労働組合の本来的目的活動として法的に許容される範囲はどこまでか、という問題に帰着するのであり、すでにみたように、政治活動というも、一定範囲のものは、当然にその範囲に加えられるべきものである。それに対し、本問題についての統制処分否定説は、その労働組合の本来的目的活動の範囲を対使用者関係の行動に限定する考えに基づくものであり、余りに限定的に過ぎるというべきである。他方、無限定的肯定説は、政治結社とは異なる労働組合につき、すべての政治課題についての信条的統一を求めようとするものであり、その本質に反した労働組合観に基づくものとして、受け入れ難いところである。

なお、上記とまったく逆の関係、すなわち、組合員の政治活動について統制権を及ぼし得るのかも問題となり得るが、上と同様に、上記政治活動の範囲内

の問題で、組合の具体的方針に反する場合（上記範囲内の問題に関する場合であっても、組合が何ら具体的方針決定しないまま、組合員の活動につき包括的に制約することは許されないというべきである）は統制処分をなし得るが、他は不可というべきであろう。

ハ）政党・候補者支持決議と統制権

わが国の社会・政治運動においては、伝統的に、労働組合と特定政党との結びつきが強く、その政党は、特定政党支持決議に基づく労働組合からの人的・財政的援助をもって成り立っているという場合が多く、さらに、衆・参両院議員の選挙等に際しては、労働組合が特定候補者の支持を決議し、当該候補者の運動につき、人的・財政的援助を行うということが、しばしば展開される。この場合、特定政党・候補者への財政的援助が労働組合の一般財産（組合費）から支出される場合は、統制権との関係での問題が生じることはない。しかし、労働組合が支援決議した政党・候補者とは異る政党・候補者のために積極的に運動する組合員が登場したような場合、選挙運動に際してとりわけ多いことであるが、一般組合員による選挙運動参加（いわゆる、「動員」といわれるもの）、候補者支援のためのカンパ（支援金）の支出を行うことを決議し、それらを組合員メンバーに要求したのに対し、そのような選挙運動参加、カンパを拒否する組合員が現れたような場合、労働組合は、当該支持決議の強要＝別政党・候補者のためにする行為の停止を要求できるか、あるいは、当該運動参加・カンパの方針を強制できるか、すなわち、当該支持決議、方針・指令違反を理由に当該組合員を統制処分に付することができるかが、問題となる。

この問題に関しては、①当該特定政党・候補者支持決議は組合員メンバーの思想・信条の自由を侵害するものとして違法・無効であり、したがって、当該統制処分も無効であるとするもの（決議無効説）、②決議それ自体は事実行為に過ぎず、有効・無効を言う問題ではないから、決議の違法・無効を言うのは適切ではなく、当該決議は、単に、組合員の多数が当該政党・候補者を支持しているという事実の確認たる性格を有するに過ぎず、組合員を拘束すべき性格のものではないから、統制処分は無効となるとするもの（事実確認説）、③労働組

合の政治的課題を実現していくためには、政党との連帯は不可欠であって、政党・候補者支持決議は有効と考えられるべきであり、したがって、そのような必要性からなされた決議に違反した組合員に対する統制処分は有効であるとするもの（決議・処分有効説）、④上記③と同様の観点から、決議それ自体は有効としつつ、しかし、それを強制していくことは労働組合の目的活動の範囲を超えることであって、統制処分自体は無効とすべきであるとするもの（決議有効・処分無効説）、とが対立する。

　判例は、一般に、決議自体の有効・無効を問題にすることなく、そのような統制処分は「組合の統制権の限界を超えるものとして無効」である、とする（前掲三井美唄労組事件最高裁判決、中里鉱業所事件・最2小判昭44・5・2、等）点で一致している。

　これについては、④説をもって妥当とすべきである。

　前述の通り、一定範囲の政治活動は不可欠であり、それは労働者の地位の向上につながるものである。そして、その運動展開にあたって、特定の政党・候補者と連帯することは、十分にあり得ること（いわゆる組織内候補の場合は、─その運動論的当否は別として─当該組合の目標実現はより近くなるのであるから）であり、これを「違法」と否定してしまうのは、適切ではない。また、多数組合員や執行部の当該決議に基づく諸行為を法的に許容していく点から、決議を単なる「事実確認」としてしまうのではなく、むしろ、上記実質に合わせて、より積極的に、決議を「有効」とすべきである。

　しかし、他方、③説は、統制権をもって、労働組合に政党的統一を作り出そうとするもので、労働組合の目的活動の有効的遂行のために認められる統制権の限界を超えるというべきであろう。たしかに、労働組合にとって、政治的課題実現のために、政党と連携することは不可欠である。しかし、他方、政党は、労働組合との関係においてのみ存在するのではなく、一定の政治綱領を掲げ、その実現のために活動する主体であり、選挙は、それらから生まれた諸政策の選択が争われるものである。とすると、選挙と労働組合の政策課題との結びつきは、間接的という以上に縁遠いものである。したがって、労働組合の政治課

題実現ということをもって直ちに、統制処分までをも肯定することはできないといわざるを得ない。

なお、直接的争点（当該統制処分の効力）についてのみ判断するのが裁判所の役割である点からすれば、判例が、政党・候補者支持決議の効力について云々することなく、当該統制処分の効力についてのみ判断する態度を貫いているのは適切である。ただ、前掲最高裁判例が、政党支持決議等に基づき「説得又は勧告」（判旨は、それを統制権行使のうちに含ましめて考えているのは明らかで、その妥当性が問題になるとはいえる）に及ぶことを肯定している点からすれば、少なくとも、決議＝違法・無効説に立っていないことは確かと解される。

2) 違法（争議）指令と統制権

労働組合の行動は、時として、国家法の枠を超えて展開されることがある。そのとき、組合は、組合員メンバーに対して、当該行為への参加を強制できるかが、問題となる。すなわち、労働組合の方針・行動が国家法上違法と評価されるような場合、組合員がそのことを理由に当該方針に従うことを拒否したのに対し、組合は、彼を、統制処分に処することができるのか、の問題である。

これは、大日本鉱業発盛労組事件において、秋田地裁が、会社のロックアウト（作業所閉鎖）通告に対し組合が強行就労を指令したが、当該行為は違法であるとして行動参加しなかった組合員を組合が除名処分としたという事案につき、「組合としてかかる違法の行動に従うことを組合員に強制することはできないことは勿論たとえ指令に違背したものがあっても不就労の責任を追及することは許さるべきでない」として、当該除名処分を否定した（秋田地判昭35・9・29）ことにより、注目されるに至ったものである。また、裁判上直接の争点になる形で登場したものではないが、すでに見た通り、公務員労働者の争議行為は一律全面禁止され、その争議行為は一律に違法とされるところ、これら公務員労働者の労働組合が争議行為を実施しようとした場合、組合員に対しそれを強制できるか（争議行為不参加を理由になされた統制処分は有効か）、という問題が、強く意識されてきた。

これについては、①何人も国家法上違法とされる行為を強制することはでき

ず、強制されることもありえないとして、統制処分の効力を否定する前掲判例に代表される（処分）無効説、②行為の違法性が明確になるまでの段階は強制できるが、明確になった段階以降は強制できないとする限定的有効説、③統制処分を肯定する有効説とが対立する。

「違法」行為というと、きわめてセンセーショナルな響きを持つが、前掲事例に見る通り、ここでは、社会的犯罪行為や直接的暴力行為が問題とされているわけではない。法の適用をめぐって見解の対立があり、有権的解釈（公務員の争議行為禁止規定に関する解釈のように、この有権的解釈すらが、政治の狭間で大きく揺れ動く）によって、とりあえず「違法」と評価されているが、それをめぐって争いがあり、労働者・労働組合の意識・論理においては、なお、自己の見解（解釈）の正当性が強く意識されている領域における問題なのである。そして、第Ⅰ章に見た通り、そのような正当性の確信に支えられた労働者・労働組合の運動によって、違法とされていた行為・領域の法的承認＝合法化がなされてきたのであり、労働組合は、そのような「確信」を共にする者の連帯なのである。したがって、そのような労働者の連帯が、自分たちの確信に基づき、その権利・利益の拡大を目指して行動展開するとき、そのような確信を共にできないとする者に対して、その仲間の論理に従うべきこと、従えないのであれば仲間とはなし得ないとすることは肯定されるべきであろう。本章の冒頭、団結する権利の保障は労働組合の論理に基づく自主・自律＝団結自治の承認を意味すると述べたが、まさに、この場合においてこそ、団結の自治に基づく統制権の行使を肯定すべきものと考える。すなわち、労働組合活動・運動に関連して、労働者、あるいは、労働組合の権利・利益の拡大のために展開される行動に関しては、それが有権解釈上違法と評価される行動指令である場合であっても、労働組合による統制処分を肯定すべきである。

なお、細かなことではあるが、労働組合の統制処分が除名であり、ユ・シ協定が締結されている場合には、除名の肯定→解雇、ということになる（前掲大日本鉱業発盛労組事件は、まさにそのような事案であった）。しかし、この場合の除名処分の肯定は、仲間の論理に基づく連帯からの排除という趣旨においてであ

った。とすると、この場合にでき得るのは、いわば「仲間はずし」を限度とし、使用者の手を借りた職の剥奪までいくべきものではない。したがって、そのような場合においては、統制処分内容が「除名」であっても、ユ・シ協定の効力は及ぼすべきではないと考えられる。

3) 団結活動の自由と統制権

労働組合の統制権は、労働組合としての目的・機能を強化し、闘争団体としての力を強化するためのものであった。ところが、その法的承認の拡大を基盤に、労働組合が社会的に定着し、労働組合の存在を前提とした制度・秩序が確立していくと、統制権は、「現体制維持のための武器」へと転化する。とりわけ、わが国の労働組合運動は、1955年以降の技術革新・高度成長の過程において、使用者との協力関係の下で経済的利益を得るという道を選んだ（それは、労使協調というより、「癒着」と言っていいほどのすり寄り方であり、その結果としての企業内対抗勢力・チェック機能の消滅は、1990年代以降、多くの企業不祥事を生んでいく）。その結果、統制権は、労働組合の団結を守るとの大義名分の下、そのような協力関係への批判・抵抗を抑え、企業利益・秩序の維持へと向けられる。そして、そのような統制権の機能がユ・シ制度と結びつくとき、悲劇的とすら言える事態を結果することになる（こうした状況の下、今日、ユ・シ協定の法的効力を否認する見解が有力に主張されていることは、前述のとおりである）。

このような現実下においては、大事なことは、原点に返ることである。

第Ⅰ章に、労働組合は労働者の主体的自由の確立に向けられたものであることを述べた。そうである以上、労働者は、その労働組合内において、第一義的に、根源的に、自由でなければならない。言い換えれば、組合員メンバーは、そのすべての側面において、「自由」が保障されるということである。組合のあり方、その方針のあり方をめぐって自由にその意見を構想し、開陳し、それに基づいて行動する「自由」である（その状態こそが労働組合というものの実存形態なのである。したがって、団結の自由が保障されるということは、そのような自由が保障されるということなのだ）。したがって、それが組合執行部や多数派のそれと異なったとしても、何ら責任を問われるものではない。それら相異なる意見・

行動をまとめあげ、一つの力に結集していくことこそが執行部の任務なのであって、多数決による方針決定→統制権に基づく強制という形式的な民主主義に基づく支配であってはならない（そのような形式性がどれほど組合運動を形骸化し、無力化してきたことだろうか）。1人、1人の組合員が生き生きと活動し、組合全体が躍動的に存在し、活動する状態、それが日常的に保障された状態＝実質的に民主主義が生きづいている情況（組合民主主義）の保障こそがすべての基盤でなければならない。

　以上の意味において、組合員メンバーの批判活動の自由を含めた団結活動の自由を全面保障すること（組合民主主義）がすべての基礎であり、それを実現するために行使されるべきが統制権なのである。言い換えれば、労働組合の統制権はそのような場合にのみ、行使されるべきなのである。

　以上を踏まえて、個別組合員の団結活動の自由との関連で、統制権行使が許される場合に関し具体的なものを示すならば、本節冒頭に、「統制権」の淵源についてふれたが、それらがここでの基礎になるべきである。

　まず、第1に、労働組合の「団結形成へむけての組合員の基本義務」違反の場合である。具体的には、組合員が、団結の財政的基盤形成のための組合費の納入（もっとも、わが国の場合、ほとんどの組合がチェックオフ形態をとっており、イヤでも組合費は給料から天引きされるので、この義務違反ということはほとんどあり得ないが）、組合大会への参加（活動主体としての労働組合の実質たる組合意思形成への参加）、執行部・代議員等選出のための各選挙への参加（意思決定機関・執行機関の選出への参加）という労働組合が「団結体」として実在し、活動していくために不可欠の諸行動への参加を怠る場合である。それらこそが組合員の団結活動の内実なのであり、それなくしては、労働組合は実在し得ないのであるから、それらを怠ることは組合員としての重大な義務違反として、当然に、統制権の対象となろう。

・組合費のチェックオフ
　使用者が、労働組合から通告された率（あるいは、定額）に基づいて組

> 合員各人の組合費を計算した上で、それを各人の給与から天引きし、それらの総額を労働組合の預金口座に振り込むという形式の組合費徴収方式を、(組合費の)チェックオフ制度という。わが国の労働組合の圧倒的部分がこの方式によっている。使用者との協定(協約)に基づいてなされるのが基本であるが、そのような協定に基づかず、労使慣行として実施されている場合も少なくない(なお、労基法24条の定める賃金全額払いの原則との関連で、チェックオフ協定は過半数組合とのみ結ばれねばならないとした済生会中央病院事件(最2小判平成元・12・14)、および、それをめぐる論議、参照)。もっとも、これによると、労働組合は、いわば、なんの企業努力をしなくとも、収入が確保されるわけで、かえって、日本の組合運動を形骸化させているとの批判もある。

　第2は、労働組合の労働条件基準の定立・実行という、その本来的機能に対する阻害行為である。その定立を妨害したり、いったん定立された基準以下で働いたりする行為に対してである。

　第3には、闘争団体としての本質に反する行為、すなわち使用者・政府等の対抗者を利し、労働組合としての力を弱めるような行為(直截的に言えば、利敵行為)である。

　これらは、先に統制権が必要とされる根拠について述べたところに対応するものである。要するに、これも先に述べたように、原点に戻って、労働組合の統制機能が不可欠とされる局面に限定してのみ統制権の行使を認め、他は組合員全員参加の、納得づくの運営という「組合民主主義」の確立をめざすべきものである、ということである。

4)　統制処分の手続き

　統制処分というのも、労働組合という、労働者個人を超える主体＝権力による一方的処分である。そして、労働組合の内部運営はもっとも民主的でなければならないと論じた。したがって、統制処分も、組合民主主義として要求されるデュープロセスに従うべきものである。具体的には、第1に、内部規範とし

ての組合規約の遵守であり、第2に、組合員個人の権利尊重のため、慎重な事実確定（客観的な事実の確定、その過程での組合員個人の意見開陳＝弁明の機会の付与）と、組合員の意思に基づく決定（組合大会等、最高意思決定機関での最終決定）、である。この点は、組合規約等に規定があるか否かにかかわりなく、前記組合民主主義の要求に基づくものとして、常に遵守されるべき規範である。

　なお、統制処分の事由・種類、手続きに関し、前もって組合規約に定めるべく、その定めのない場合は統制処分不可とする見解もあるが、すでに論じた通り、統制権は労働組合の本質から要求されるものであり、統制処分の種類も類型化されていることからすれば、規約に定めのない場合であっても、前記限定された場合につき、統制権の行使を認めても問題はないものと思われる（同時に、いくら規約に定めのある場合であっても、前記3つの場合以外に統制処分を行うことは、当然、「できない」と言うべきである）。

第5節　組　合　費

1．組合員の組合費納入義務

　組合員が納入する組合費には、一般に、毎月、定期的に納入する組合費（一般組合費、といわれる。定額又は基本給に対する定率、というのが通常である）と、組合大会の決定に基づいて特別に徴収されるもの（臨時組合費）とがある（なお、「闘争積立金」という特殊な拠出金につき、次節・3、参照）。

　この組合費納入をめぐる法的関係については、あえて整理すれば、①労働組合を法的な関係とは見ないイギリス的考え方を受け継いで、組合というひとつの私的団体内における約束的関係に基づく自然債務と見る（すなわち、裁判所を通じてその支払いを請求できるような法的関係とみない）考え方、②組合費支払いに関し定めた組合規約を内容とする、組合員・労働組合間の契約的関係と見る考え方、③組合員の労働組合の団結権展開（統制機能）に対するあるいは団体法上の組織的義務とする考え方、などがあるが、必ずしも詰めた論議がなされているわけではなく、また、定説が存するというわけでもない。ただ、（後記、臨

時組合費についてではあるが）裁判上の組合費支払請求を肯定するのが支配的であるから、少なくとも、上記①の考え方はとらず、また、わが国では、労働組合を契約的関係と見る考え方は強くはないから、現状を肯定しつつ、③的な発想が支配的であると考えられる。

判例は、臨時組合費に関してではあるが、「労働組合の組合員は……組合が正規の手続きに従って決定した活動に参加し、また、組合の活動を妨害するような行為を避止する義務を負うとともに、右活動の経済的基礎をなす組合費を納付する義務を負う……（以下、『協力義務』という。）」とするものの、その法的根拠について論及されてはいない（国労広島地本事件・最3小判昭50・11・28、同旨・国労四国地本事件・最2小判昭50・12・1）。

これについては、①説に魅力を感じつつも（つまり、労働組合の統制機能による強制を超えて、法的強制力までをも肯定することに疑問を覚えつつも）、前記労働組合の統制機能に対応する組合員の組織的義務と考えておきたい。

2．臨時組合費の徴収

臨時組合費は、特別の必要が生じた場合に、労働組合（多くの場合、組合大会）の特別決議に基づき、一般組合費に加えて、特別に、臨時的に徴収されるものである。

これについては、①その法的根拠、②徴収を強制できる費目の範囲、等が問題とされる。

①は、具体的には、前記法的関係の把握如何と関係するところであるが、臨時組合費徴収に関する組合規約の定めがあって始めてそれが可能であるとするか否かの問題である。上記②説の立場を前提とすれば、組合規約に定めのある場合に限って、その定めの範囲・手続きの限度で徴収可能ということになろうし、③説の立場を前提とすれば、次の問題と同様、当該徴収が、労働組合の目的活動との関連で、強制しうるものといえるか否かによって定まるものといえよう。

②は、臨時組合費は各種名目で徴収されるが、いかなる名目までを徴収可能

と見るかの問題である。これにつき、〈イ〉各種闘争資金（国労の場合は、争議行為が禁止されていたから、そのために支出されるものは、違法行為のための資金徴収の強制ではないかが問題となる）、〈ロ〉他労組・単産への闘争支援カンパ、〈ハ〉政党向けカンパ、〈ニ〉安保闘争資金、〈ホ〉水俣病患者支援カンパ、等の徴収が問題となった前記国労広島地本事件・同四国地本事件において、最高裁は、現代における必然的結果として、労働組合の活動が、本来の経済活動の領域を超えて、政治・社会・文化の各領域にまで拡大していることを前提的認識とした上で、「組合活動の内容・性質、これについて組合員に求められる協力の内容・程度・態様等を比較考量し、多数決原理に基づく組合活動の実効性と組合員個人の基本的利益の調和という観点から、組合の統制力とその反面としての組合員の協力義務の範囲に合理的な限定を加えることが必要である。」との判断のための視点に基づき、上記イ・ロ・ニ・ホにつき納入義務を肯定し（ただし、イ・ニについては、「犠牲者（被処分者・被逮捕者等）救援」という労働者連帯のための資金カンパであったとの観点から肯定──したがって、この点を批判する向きもあるが、たしかに、目的・機能の限定という点では批判のとおりではあるが、「労働者連帯」（犠牲者救援）を組合機能として認め、かつ、個人の利益に優先するとした点は、大いに評価されるべきであろう）、ハについてのみ、不可とした。

　すでに述べてきたところからすれば、労働組合の目的活動との関連でその統制力の範囲を確定しようとする視点はきわめて適切であり、結論的にも、（犠牲者救援という視点を除いて考えれば）ニ・ホにつき肯定した点（労働組合の政治活動として組合員に強制しうる範囲につき、前述参照。また、ホについては、道義的側面としては、十分に理解できるが、法的強制力まで肯定する根拠はどこにあるのか、疑問である）を別とすれば、妥当なものと考えられる（なお、イに関しては、前述違法争議指令と統制権の問題と同様に考えるべきである）。

第6節　組合分裂と財産帰属

1．組合財産の所有関係

　労働組合には、組合員メンバーの拠出に基づき、金銭的形態において（たとえば、預・貯金、等）、あるいは、物的形態において（たとえば、什器、組合事務所・会館、等）、経済的価値＝財産が蓄積されていくことになるが、その所有にかかわる法的関係をどのように捉えるべきかが問題となる。

　この場合、労働組合が法人登記をし、法人格を取得している場合は、問題ない。当該法人＝労働組合が単独の所有者となるからである。

　問題は、現実的に圧倒的に多いパターンで、法人登記がなされていない場合である。

　この場合については、2つの考え方がある。第1は、市民法の論理に従って、労働組合も人的結合体＝社団であることを前提に、「権利能力なき社団」としての所有とし、内部関係的には、「社団を構成する総社員（この場合は、全組合員）の総有」と解するものである。これは、最高裁がいち早く示したものでもあり（品川白煉瓦事件・最1小判昭32・11・14）、通説的見解といってよい。

　これに対し、いまひとつの説は、その場合も、労働組合の単独所有と見る見解である。

・総　有

　1つの物を複数人で所有する共同所有の制度には、大きく分けて共有、総有、合有の3つの形式がある。共有の場合、所有の対象物に対して個人がそれぞれ管理・収益権能と持分権を有しており、分割請求も原則として自由に行うことができる（民法249条以下）。複数人による所有の近代的所有形態とされる。これに対して総有とは、封建（制度）的所有関係とされ、ゲルマン村落共同体の所有形態が典型といわれるが、管理権能が集団そのものに帰属しており、個々の構成員はその収益権能を有するに過ぎない。そしてその構成員資格を喪失することによって、対象物の収

> 益権能も消滅する。構成員に持分権がないことから、所有に対する団体的性格が非常に強いのが特徴である。入会権を、この総有の形態として説明することが多い。なお合有は、共有と総有との中間的形態であって、共同体の目的の範囲内で個人の持分処分権能が制限されている。合有の例としては、分割前の共同相続財産があげられることがある。

　労働組合の財産は労働組合の活動のためのものである。その意味で、当該組合の①目的活動を達成するために用いられる、②「みんなのもの」である。上記見解の相違は、これらの性格を法的枠組みにのせるときの「のせ方」の違いであって、本質的に相反するものとは思われない。したがって、「総有」というのは、やや古すぎるきらいはあるが、他方、労働組合の「単独所有」という観念は、その主体と所有の両面に関して、従来にない観念であることからすると、とりあえず、前記最高裁判例に従っておいてよいと思われる。

　ただ、ここで重要なことは、組合財産の所有関係の上記性格と、上記いずれの見解に従っても、組合員個人の「持分権」は認められないこと、の2点を確認しておくことである。

2．組合分裂と財産帰属

　従来単一（1つ）であった労働組合が、運動路線上の対立等から、2つ以上の労働組合に分かれていく社会的現象を「組合分裂」という。この組合分裂をめぐっては、さまざまな法的問題が発生したが、とりわけ、後述するような特殊的展開に関連して、元の組合に帰属していた経済的価値＝財産の帰趨はどうなるのかが関心を呼んだ。

1）　組合分裂の諸形態と問題の所在
イ）1950年代分裂と問題の所在

　わが国の労働組合は、敗戦後の経済的混乱と占領政策の後押しとに基づいて飛躍的展開を示したものであることはすでに何度も触れてきたが、その段階においては、基本的に、「1企業1組合」の原則をもって出発した。ところが、

これも先に触れた占領政策の転換とその下での経営側の確立・強力化によって、1950年代に入ると、日本の労働組合運動は、重大な試練の場に立たされることになった。
　ことに、朝鮮特需で復活した生産基盤を基礎に戦後経済体制の確立を図るための再編政策（たとえば、電力や重工業を中心とした企業再編・整備）の下、職（それは、企業別組合にあっては、組合の存立基盤でもある）と（その存在基盤を含めての）従来の権益を守ろうとする組合と、企業閉鎖・大量人員整理等をもってしてでも上記政策を貫徹させようとする経営側とが正面からぶつかり合うということとなった。その結果、1950年前半（昭和20年代後半）の時期には、大規模・長期争議が噴出していくことになる。そして、組合分裂は、そのような争議の過程において発生した。
　もとより、組合内に、執行部・多数派の方針と意見を異にする者が存在するのは当然であるが、争議の長期化は、そうした者たちの周りに集まるものを増やすことになる。すなわち、争議の長期化は生産の停止あるいは低下をもたらすが、そのことは当該企業が企業間競争において遅れをとる可能性を生む。そのことは、当該企業の将来への不安を醸成することになり、たとえば、直接人員整理の対象になっていない者らや、会社側から目や声をかけられた者らは、そのような危機感をテコに、争議反対を叫び出す。しかし、その段階では、彼らは、組合内において、なお少数派である。そこで、彼らは、争議組合（一般に、第1組合、と呼称された）を脱退し（集団脱退）、新たな組合（一般に、第2組合、と呼称された）を結成する。そして、（もともと争議反対だったのだから）会社と話をつけて、就労を開始する（そこで、その就労を阻止しようとする第1組合員と、それを打ち破って強行就労しようとする第2組合員との間で、会社構内入り口での衝突が発生する——第Ⅵ章中、ピケッティング問題、参照）。そうなると、第1組合の争議は敗北したも同然であり、そのような組合に見切りをつけ、また、第2組合は（会社に協力して、争議を敗北に導いたのだから）会社に気に入られていて、自分の将来を考えれば、第2組合のメンバーであった方がいい（という、会社側の脅し・勧誘も入る）ということで、第1組合を脱退し、第2組合に加入する者

が続出し、きわめて、短期間のうちに、第1組合と第2組合の組合員数は逆転し、第2組合が圧倒的多数派を形成するに至る（1：10、あるいは、それ以上の比率になることも珍しくない）（後記分裂パターン①）。

一方、組合財産は、というと、当然、第1組合が所有・独占を続けるし、前記見解を前提とする限り、組合員に持分権はないから、脱退組合員からの分割・返還請求も成り立ち得ないことになる。

しかし、第1組合の財産といっても、現在は第2組合に所属するとはいえ、これら元組合員を含めた組合員の拠出によって形成されたものである。それをごく少数の者がすべてを独占してしまう、それは余りに不合理ではないか、上記のごとき情況変化に対応した問題処理がなされるべきではないのか、という問題意識が登場し、それに応じた理論形成がなされることになる。すなわち、法的にも「分裂」なる概念を認め、組合財産の分割処理を認めようとする理論の登場である。

ロ）1960年代以降の分裂と問題の所在

1950年代前半における労使の前記攻防は、使用者側の勝利をもって終わり、そのような基礎の下、1950年代後半以降、わが国労使関係は安定期に入る。また、1950年代前半時期に形成された経済・経営基盤を基礎に、1955年以降、わが国経済・企業は、技術革新→高度成長の時代に入る。かくして、各企業では、労使一体で、技術革新・合理化とそれに基づく高度成長競争が展開されていくことになる。これにより、企業内において労使が争うのではなく、労使が一体となって、ライバル企業と争うのが労使関係、労働組合運動の基本となった。そして、個別企業レベルでは、ほとんどがそのような流れになっていった。

ところが、それらの人たちから見ると、労働運動の指導者などの中には、なお、労使の対立を前提に方針を立てたり、技術革新に抵抗したりする者が存在する。そのような運動方針には参加できない、ということになる。そこで、そのような運動方針グループからの離脱が強行されていく。

具体的には、個別企業別組合が、加盟している単産の運動方針等を受け入れられないものとして、当該単産からの脱退を組合大会決議し、完全な企業内組

分裂パターン①

(第1) 組合 → □
集団脱退
組合結成
加入 → 第2組合

分裂パターン②

組合本部
│
支部 ── 本部脱退決議 →（新）組合
 ↓
（旧支部維持派）（支部）

分裂パターン③

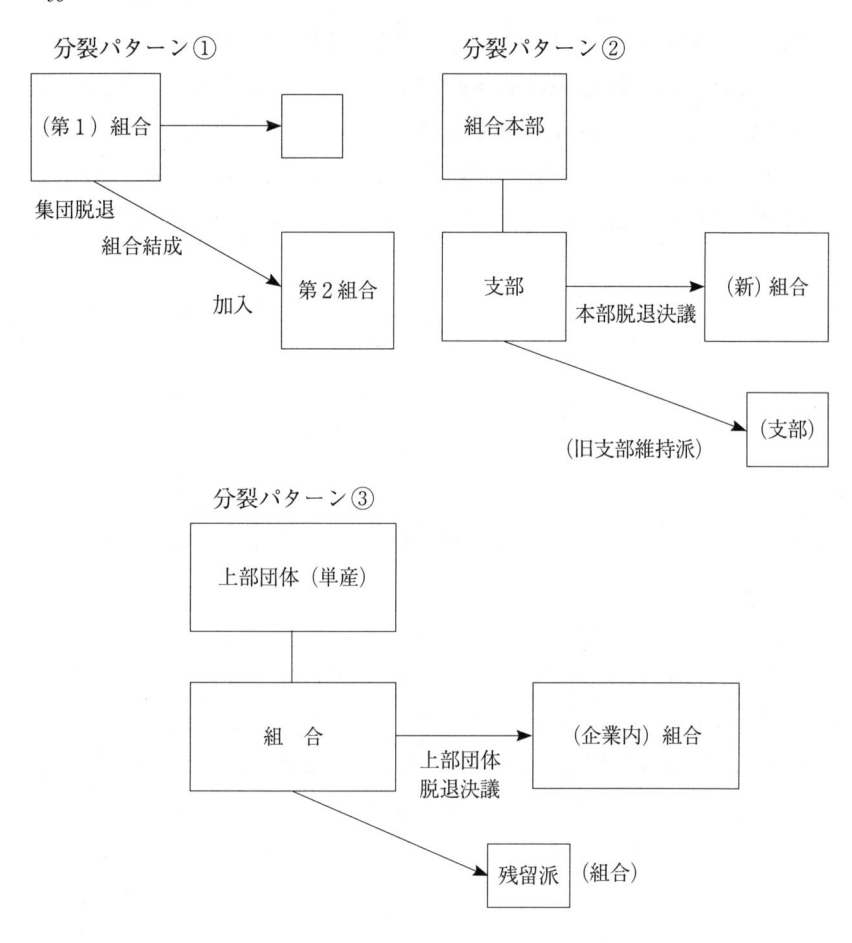

上部団体（単産）
│
組 合 ── 上部団体脱退決議 →（企業内）組合
 ↓
残留派（組合）

合化したり（分裂パターン③）、全国規模の大労組の場合には、1地方あるいは1工場（事業所）の支部（組合）が、支部大会決議をもって、支部全体で（丸ごと）、本部（当該大労組）を脱退することを決めてしまったり（分裂パターン②）、という形で、事は現象する。

　しかし、これらいずれの場合についても、そうした脱退決議に反対するグループが登場することになる（大会決議に反対するグループなのだから、当然、少数派である）。彼らは、脱退決議に反対するとともに、多数決による決定をもって単

産離脱を強制できないとか、組合の機構の一部である支部が自らの決議をもって本部（組合）脱退を決めるなどということはできないと主張して、独自に大会を開き、新執行部を選出し、従来の運動を引き継ぐ形で運動を展開する（分裂パターン②・③、参照）。

となると、ここに、従来の支部、あるいは、（単産加盟）労組の財産を引き継ぐのはいずれか、の問題が登場することになる。

（なお、勿論のこととして、それぞれの時代の分裂が、すべて、必ず、上に示したパターンをとった、というわけではない。ただ、大勢として、①長期争議に伴う分裂型の1950年代、②平常時における、＜とくに、会社の技術革新・合理化に対する＞方針対立に伴う分裂型の1960年代以降と、特色付けることができる、ということである）

2）「分裂」肯定説と「分裂」概念

法的にも、「分裂」なる概念を肯定し、第1組合の財産の分割を認めようとする説（以下、「『分裂』肯定説」という）は、①組合内の対立抗争によってその統一的な運営・活動が不可能となり、それにより、②相当多数の組合員による集団脱退が行われ、③その結果、旧組合と残留集団との間に、「社団としての組織的同一性」が失われるに至った状態を、「分裂」と規定し、それにより旧組合（第1組合）は消滅するに至ったものとして、旧（第1）組合組合員の出資額に応じた各人への分割、あるいは、新（第2組合）・旧（第1組合の継続体）各組合への2分の1ずつの分割により問題処理しようとする。

> ・離脱説と消滅説
> 　「分裂」肯定説も、第1組合の「消滅」の法的性格についての把握の違いにより、2説に分かれる。1説は、多数者の離脱によって第1組合は「消滅」するが、それは、法的には「解散」と同一性格のものであり、したがって、第1組合財産は組合員の出資額に応じて分割されるべきであるとし（離脱説）、いま1説は、第1組合は、文字通り、「消滅」し、そこから新たに2つの労働組が成立したのであるから、各組合に半分（2分の1）ずつ分割されるべきであるとする（消滅説）。

これに対し、争議継続中の脱退→第2組合結成という行為は、労働者としてアン・モラールな行為であるとの基本認識を前提に、「分裂」否定説が多数を形成する。理論的には、「統一的な運営・活動が不可能となった」というが、多数派が争議方針決定・支持をし、それに基づいて第1組合は統一的に活動中であるからこそ、自己の意見が受け入れられない少数派が集団脱退し、第2組合の結成に至るものであって、集団脱退→第2組合結成というのは、かえって、「統一的な運営・活動」が行われている証拠である、また、その後の過程も、継続する、多数者の順次の脱退、第2組合への加入という現象が存するのみで、第1組合は、消滅せず、厳然として存在し、活動しているものである等々、と主張する。

　一方、判例の立場については、後記国労大分地本事件地裁判決が「分裂」肯定説を採り、財産分割を肯定した（大分地判昭42・3・28）ため、当該理論が一躍注目されるに至ったものの、高裁・最高裁と当該結論を否定し、さらに、その後、最高裁が、名古屋ダイハツ労組事件（最1小判昭49・9・30）において、「旧組合の内部対立によりその統一的な存続・活動が極めて高度かつ永続的に困難となり、その結果旧組合員の集団的離脱及びそれに続く新組合の結成という事態が生じた場合に、はじめて、組合の分裂という特別の法理の導入の可否につき検討する余地が生ずる」のであって、「労働組合において、その内部に相拮抗する異質集団が成立し、その対立抗争が甚だしく、そのため、組合が統一的組織体として存続し活動するすることが事実上困難となり、遂に、ある異質集団に属する組合員が組合……から集団的に離脱して新たな組合……結成し、ここに新組合（第2組合——著者註）と旧組合の残留組合員による組合……とが対峙するに至るというような事態が生じた」というだけでは、「旧組合（第1組合——著者註）がいわば自己分解してしまったと評価することはできず、むしろ、旧組合は、組織的同一性を損なうことなく残存組合として存続し、新組合は旧組合とは組織上まったく別個の存在とみなされるのが通常であ」るとしたことにより、判例は、「分裂」という法概念が理論的に措定される可能性を一応は肯定しつつ、しかし、その実際的適用には否定的であると評価してよ

いものと思われる。

　すでに何度か述べたように、労働組合は、人的結合体という点では、社団の一種であるが、そのもっとも本質的特色は、「運動体」という点にある。そして、組合財産というのは、そのような運動体としての運動の用に供されるために徴収され、蓄積されたものなのである。したがって、労働組合が消滅し、現存する組合が旧組合と「組織的同一性」をもたないといえるかどうかは、社団としての人数の多寡によって判断されるべきものではなく、「運動体」として「組織的同一性」があるか否かによるべきなのである。そして、その「運動体としての同一性」というのは、当該組織体の基本的考え・方針・組織原理等（それは、一般に「綱領」といわれる）、組織系列（どのような組織原理・考え方のナショナルセンター・単産に加盟しているか、等）、会社への対抗方針の内容・傾向等によって判断されるべきなのである。したがって、「分裂」肯定説の出発点的発想はわからなくはないが、構成メンバー的にいかに「見る影もない」存在になろうと、その運動体としての「内実」に変更がない限り、組織的同一性を有するものとして、組合財産はそのものの用に供される、すなわち、当該組合による財産の継続的利用・所有が認められるべきなのである。したがって、「分裂」肯定説は、採りがたいものというべきである。

3)　本部・単産離脱と労働組合の組織的同一性

　「支部」というのは、労働組合の組織機構上の1機関である。それが、決議をもって、勝手に、組織変更を決定できるはずはありえない。それができ得るのは、当該労働組合の組合大会の意思決定機関のみである。したがって、分裂パターン②のような場合においては、最高裁の言うごとく（国労大分地本事件・最1小判昭49・9・30）、そこに所属して運動を続けようとする者が「1人でもいる限り」、当該支部は、「組織的同一性」を保って、存続し続けており、支部財産はなおそれに帰属するというべきである（理論的に、厳密に言えば、たとえ、当該支部の構成メンバーがゼロになったとしても、組織機構としての「支部」は存在し続け、財産は当該支部に帰属するというべきである）。それに対し、分裂パターン③の場合については、逆の結論になろう。第Ⅰ章に論及した企業別組合において

は、産業別の結集を行いつつも、各企業別組合が完全な自治権をもっている。単産—企業別組合の関係は、図化すれば、上記組合本部—支部の位置関係とまったく同一である。しかし、現実的には、両者は質的にまったく異なっているのであって、そのキーポイントは、企業別組合の自治権なのである。したがって、いかなる単産に加盟しているか、まったく加盟していないか等は、前述の通り、組合の性格付けにとって重要なポイントとなるが、それを決定し得るのも、各企業別組合自身である（単産によっては、個人加盟方式をとり、その組合員が企業単位に支部を形成するという形をとるものがあるが、それらも、「支部」とは言うものの、それはまったくの形式であって、単一の企業別組合たる実質を有していることに変わりはない。以下の論述は、そのような場合を含めて妥当する）。

　このような関係の下においては、単産からの脱退を決議するというのは、企業別組合の自治権に基づく方針決定であり、そのような決定に基づいて当該企業別組合が活動している限り、その運動論的当否は別として、従前の（単産加盟下の）組合と（単産脱退後の）組合とは、「組織的同一性」を有し、それに反対するグループは、組合を脱退し、別組合を結成したものであり、組合財産は、単産脱退を決行した（企業内）組合に帰属することになるものと考えられる。

3. 闘争積立金と返還請求

　労働組合が争議（ストライキの実施）に備えて用意する資金は、一般に、闘争資金と呼ばれるが、これには、大きく分けて、それを実行するために組合にとって必要な費用に向けられるものと、参加組合員への金銭的補償（たとえば、ストライキを実施すれば、その欠務については、当然、賃金を支給されなくなるから、それに代わる金銭的補償を行うことが不可避となる）に分かれる。わが国の労働組合の場合、前者については、一般組合費から積み立てられていくが、後者については、前者と区別されて、組合員個人名義の預金として積み立てられ、その通帳を組合が保管・管理するという形式をとることが多い。そうなると、前者については、組合分裂にあたっては、前述したところにしたがって処理されるべきことになるが、後者については、組合員個人の預金を組合が保管している

という性格をもつことから、組合脱退の場合に限らず、退職・非組合員となる管理職への昇格、解雇等、当該組合の組合員資格を喪失したすべての場合につき、返還されるべきことになる（全金大興電機支部事件・最3小判昭50・2・18、参照）。

第Ⅲ章　不当労働行為

第1節　不当労働行為制度

1．不当労働行為制度

1)　不当労働行為と不当労働行為制度

　労働組合法は、「使用者」に対し、一定の行為（労組法7条1号～4号所定の、①不利益取扱、②団交拒否、③支配・介入——これらの行為を、不当労働行為と呼ぶ）を「してはならない。」として、禁止する（7条本文）とともに、「労働委員会」という特別の機関によって、不当労働行為を受けた労働者・労働組合に対し救済を図る（同27条）制度を設けている。これを不当労働行為制度という。

・労働委員会

　労働組合法に基づいて設置された特別の行政機関。船員法の適用を受ける労働事件を扱う船員（地方・中央）労働委員会と、労組法の適用を受ける労働事件を扱う通常の（地方・中央）労働委員会とがある。後者に即して言えば（前者も、基本的に同一である）、都道府県単位に設置される「地方労働委員会（地労委）」と、全国に1つ設置される「中央労働委員会（中労委）」の2種類のものがあるが、①行政機関ではあるが、労働者委員・使用者委員・公益委員の「3者構成」であること、②労働関係にかかわる判定機能と調整機能の2つをもつこと、が特色である。①については、地労委の場合は、当該都道府県所在の労働組合・使用者団体から推薦された者の中から、都道府県知事が労働者委員・使用者委員を各任命し、公益委員については、それらの者が協議の上作成した公益委員候補者名簿の中から、都道府県知事が任命する（人数は、東京都の場合は各13

名、大阪府の場合は各11名、他の場合は、各9・7・5名のうち、政令で定める人数）（労組法19条の12）。中労委の場合は、所轄が厚生労働省であり、任命主体が厚生労働大臣となることを除けば、基本的に、同様な方法により各委員が選出される（人数は各15名）（19条の2、19条の3）。②の判定機能としては、前章に論及した資格審査と本章における不当労働行為についての判定・処分であり、調整機能というのは、労働関係調整法に基づく、争議行為の斡旋・調停・仲裁に関する権限（第Ⅵ章第5節、参照）である。

2) 救済の仕組み

不当労働行為の救済は、一般に、次のような過程で行われる。①まず、不当労働行為を受けたと考える労働者・労働組合が所轄の労働委員会（一般に、当該労働組合が所在する都道府県の地方労働委員会、船員法の適用を受ける労働組合については船員地方労働委員会、国営企業の労働関係にかかわる事件の場合・2以上の都道府県にわたる事件の場合・全国的に重要な問題にかかわる事件の場合については中央労働委員会）に対し、不当労働行為救済申立を行う。なお、当該事案が司法的救済になじむ性格のものである場合には、不当労働行為制度によらず、また、それと並行して、司法的救済を求めることも、可能である。②申立を受けた地方労働委員会（以下、「地労委」と略する）は「遅滞なく調査を行い、必要と認めたときは、当該申立が理由があるかどうかについて審問を行わなければならない。（労組法27条①項）」ただ、事件は、審問手続に移行するのが一般である。審問手続は中央労働委員会（以下、「中労委」と略する）が定める規則に基づいて行われるが、基本は、当事者（申立人＝労働者又は労働組合と、被申立人＝使用者）双方（あるいは、それらの代理人・弁護士）が出頭・在席する場において、双方が証拠・証人を提出し、相手方証拠・証人に対し反論・反対尋問を行う等して、それぞれの主張を展開するというもので、司法裁判における口頭弁論に類似する。③上記審問が十分であると判断された場合、労働委員会は審問を終結し、「事実の認定」を行った上で、救済申立が認容されるべきか否か（全部認容か、一部

認容・一部棄却か、全部棄却か)、いかなる内容の救済命令が発せられるべきか、について判断し、救済命令(あるいは、一部救済・一部棄却命令、棄却命令)を発する。当該救済命令は当事者双方に交付される。なお、審問手続きの終結まではすべての委員が参加するが、不当労働行為の成否の認定、救済命令の作成は、「公益委員」のみで行うものとされている。

　救済命令の内容は、当該不当労働行為の内容・程度に合わせて、労働委員会が、不当労働行為によって労働者が受けた不利益、組合活動への打撃を回復させるにはどのような措置をとることが適切かを判断し、決するものとされているが、一般的には、＜１＞不利益取扱の場合は、当該取扱を取り消し、原状に復帰さすべき旨の命令、＜２＞団交拒否の場合は、団交拒否を禁じ、団交に応じるべき旨の命令(団交応諾命令)、＜３＞支配・介入の場合は、禁止命令、というのが基本パターンである。なお、いずれについても、ポスト・ノーティスといわれる特殊な内容の命令も(とくに、＜２＞・＜３＞に付随して)よく用いられている。

・**直罰主義から原状回復主義へ**
　旧労組法では、労働組合結成・加入に対する妨害(不利益取扱)を禁止するとともに、当該行為を行った使用者を処罰するものとしていた(労働委員会が書類送検→検察による起訴→裁判、の仕組み)(1946年施行の労働関係調整法＝旧労調法においてもこのような「直罰主義」がとられていた)が、1949(昭和24)年改正(それがもった歴史的意味・機能については、前述参照)により、占領軍の強い指導の下、アメリカの不当労働行為制度に近づけ、標題そのものを「不当労働行為」として、団交拒否、支配介入を禁止対象に加え、現在のような「原状回復主義」といわれるものに変わった。また昭和27年の労組法・労調法改正により、報復的不利益取り扱いが労組法7条4号として設けられた。労働基本権保障の具体化・不当労働行為の抑制のために旧労組法時代の直罰主義・形式がもっとも適切といえるかについては、なお検討の余地はあるにしても、この制度変更により、不当

労働行為制度そのものが「軽く」なり（不当労働行為を社会的悪としての犯罪行為とする立場から、労使関係上の不公正行為とする立場へと転換したのだ）、労働基本権保障の実効性が弱まったことは否めない。

・ポストノーティス

会社構内に掲示される、使用者名義の、不当労働行為についての謝罪掲示。

「被申立人は、本命令交付後、速やかに下記の文書を縦1メートル、横1.5メートルの白紙にかい書で大きく明瞭に墨書し、八王子事業本部、市ヶ谷事業所および駿河台研究所の見やすい場所に、き損することなく10日間掲示しなければならない。

記

当社が、貴組合組合員の賞与査定を低位にとどめたこと、賞与査定を低くしたこと又は研修において不利益に取り扱ったことは、東京都地方労働委員会において労働組合法第7条第1号に該当する不当労働行為であると認定されました。

今後、このような行為を繰り返さないようにいたします。

　　　　平成　　年　　月　　日
　　　中央サービス従業員労働組合
　　　　執行委員長　甲山乙男殿
　　　　　　　　　　　　　　　中央サービス株式会社
　　　　　　　　　　　　　　　　　代表取締役　丙川丁子」

という形で命令される。

④地労委の命令が不服である当事者は命令の交付を受けた日から15日以内に（その期間内に再審査申立てをしなかったことにつき、天災事変その他やむをえない理由があるときは、その理由がやんだ日の翌日から起算して1週間以内）、中労委に対し、再審査の申立をすることができる（27条⑤・⑪項）。一方、地労委を被告として、当該地労委命令の取消しを請求する行政訴訟を提起することができるが、

第Ⅲ章　不当労働行為　107

同一当事者が、再審査申立と同時に、行政訴訟を提起することはできない（27条⑦・⑪項）。⑤再審査の申立を受けた中労委は、審問手続をとり、⑥それに基づき、地労委命令を承認すべきか、取り消すべきか、変更すべきかを判断し、それに応じた命令（再審査申立棄却、地労委命令取消し、一部棄却・一部変更、の各命令）を発し、当事者に交付する。⑦この救済命令に不服である当事者は、中労委を被告として、当該命令の取り消しを求める行政訴訟を提起すること（使用者については、命令交付の日から30日以内、の規制あり—27条⑥項）ができる。

　このように、不当労働行為の救済過程は、きわめて煩雑である。その結果、労働事件にとっての重大な価値である解決の迅速性、および、実効性という点で、本質的問題をはらんでいる。

　第1に、労委による救済過程そのものが2審制となっている（ちなみに、労組法がかなりの程度に真似たアメリカの制度は1審制であり、それも、命令段階までいくことは少ない。また、同様にアメリカの制度を真似た独禁法違反事件に関する審査は公正取引委員会のみである）。中労委審査は、やや、屋上屋を重ねる嫌いがあることは否定できまい。

　それ以上に深刻な問題として、第2に、行政訴訟との関連である。行政訴訟については、何らの制限規定等は存しないから、命令に不服である者は、なんの制約もなく、地方裁判所に対して、労委命令の取り消しを求める行政訴訟を提起することができる。そして、裁判所は、何に拘束されることもなく、独自の立場に基づいて当該事件を扱うことができる。

　ここに、3重の問題が生じる。まず、地労委から始まって最高裁までいくと

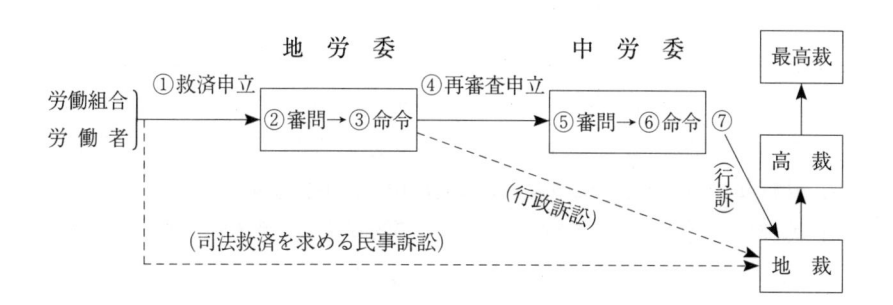

```
                    地　労　委              中　労　委           最高裁
                ┌──────────┐       ┌──────────┐       ↑
労働組合  ①救済申立│②審問→③命令│④再審査申立│⑤審問→⑥命令│⑦    高　裁
労働者  ─┤     └──────────┘       └──────────┘       ↑
         │              ╲                          │(行訴)
         │               ╲(行政訴訟)               ↓
         └──（司法救済を求める民事訴訟）─────→地　裁
```

すると、実質、5審制となる。自己の不当労働行為を認めようとしない悪質な使用者ほど、時間をかけて解決を遅らせ、実力世界での強行突破を可能にさせ、国家的コスト（支出）を高めるという結果を生むものである（ちなみに、アメリカの制度は、司法判断は連邦高裁からであるし、わが国においても、公取の処分に対する行政訴訟は、東京高裁からとされている）。さらに、裁判所レベルでの審理は、一からの出発である。行政訴訟、民事訴訟の類型的相違に基づく違いはあるものの、なんのことはない、労委での審査をすべてもう1回白紙に戻して、当初から司法上争われたと同様に、裁判所は審理、判断するのである。そこで、裁判所は、一切、労委での審理・判断に拘束されることはなく、尊重すべきことすら要求されていないのである。これは、結局、労委による救済制度を設けながら、現行法制度・国民の人権救済制度の中に不当労働行為制度・労働基本権の保障はまったく組み込まれていないことを意味する。深刻な欠陥というべきである。3番目に、裁判所は、質的にも、労委の判断をよく覆す。ここに、人権救済にあたって、行政機関よりも司法機関のほうが保守的・抑制的であるという逆転現象が生じる。わが国司法制度の本質的欠陥を如実に示す好例であり、前掲同様、悪質な使用者ほど行政訴訟を利用するという結果へと結びつくものでもある。

・緊急命令

使用者が、地方労働委員会命令に対し、取消請求の行政訴訟を提起した場合、当該労働委員会の申立に基づき、当該受訴裁判所が、使用者に対し、判決確定に至るまでの間、当該命令の全部又は一部に、とりあえず従うように命じる命令（労組法27条⑧項）。使用者がこの緊急命令に違反した場合は、10万円（当該命令が作為を命じるものであるときは、その命令の不履行の日数1日につき10万円の割合で算定した金額）以下の「過料」に処せられる（同32条）。これは、行政訴訟中も、不当労働行為事件の解決・処理は迅速にされねば意味がないという要請を生かすためにある唯一の制度である。しかし、現実の裁判所のこの制度に関する対応上の問題点

を別としても、制度的に、本文に述べた問題状況に対応するために、これのみをもって足りるかは、大いに疑問といえる。

・労委命令と司法審査

　法制度的にも、実質的に（つまり、裁判所の姿勢・考えにおいて）も、労委の審問・判断が尊重されることはない（ここでも、ちなみにいえば、アメリカの場合、行政機関たるNLRBの命令が法的効力をもつためには、連邦高等裁判所の承認を得なければならないが、その場合、裁判所は、NLRBの事実認定を前提とすべきものとされている）。たとえば、最高裁は、寿建築研究所事件（最2小判昭53・11・24）において、「労働委員会はその裁量により使用者の行為が法7条に違反するかどうかを判断して救済命令を発することができると解すべきものではなく、裁判所は、救済命令の右の点に関する労働委員会の判断を審査してそれが誤りであると認めるときは、当該救済命令を違法なものとして取り消すことができるというべきである。」としているが、これは、不当労働行為に対しいかなる内容の救済命令を出したら適切かは労委の「裁量」に委ねられるべきだが、不当労働行為の有無の認定・判断は「裁量」の余地はなく、裁判所が、当該判断の適法性について（当該事実関係の下、たとえば、労委が「不当労働行為」を認定したことが適法か否かの評価・判断ではなく）、裁判所が認定した事実関係（したがって、使用者が、労委段階では提出しなかった新たな証拠に基づき、新たな主張を展開することも許容される）に基づき、まったく新たに裁判所が不当労働行為の有無を判断し、その上で労委の判断が合っていたか否かを判断する、というものである。司法上、労委による救済システムの存在・趣旨は、まったく無視されているわけである。

　第3は、「実効性」の問題である。原状回復主義への転換、上記煩雑さ、上記2つの欠陥の必然的結果としての救済の遅延等が不当労働行為事件の実効的解決を妨げているという「実質」の側面は別として、制度的な側面のみから見ても、救済命令違反に対する制裁が弱く、実効的解決という点への担保が不十

分なのである。すなわち、使用者が労委命令に対し取消訴訟を提起しなかった場合には、当該労委命令は確定する（労組法27条⑨項）が、確定した労委命令に違反したとしても、10万円（当該命令が使用者に対し何らかの「作為」を命ずるものである場合は、その不履行の日数1日につき10万円の割合で計算した額）以下の「過料」という、「行政罰」に止まる。労委命令が裁判所により支持され、その確定判決に違反した場合のみ「刑罰」（1年以下の禁こ若しくは10万円以下の罰金）対象とされる（同28条）に止まる。労委という行政機関による行政命令なのだから、それに対する違反は「行政罰」というのは当然、というわけだが、このような仕組みそれ自体に、労働基本権確保への軽視が伺える。旧労組法形式の直罰主義が適切か否かはともかくとして、違反に対する制裁の制度的・質的変化が大いに批判されるべきところである。

2．不当労働行為制度の趣旨

この不当労働行為制度が、昭和24（1949）年の労組法改正に際し、占領軍の強力な指導の下、アメリカの不当労働行為制度に倣って設定されたものであり、従来（旧労組法）の制度とは質を異にしていることから、アメリカのそれと同様、不当労働行為制度は、労組法が予定する労使関係秩序（労組法1条①項、参照）の形成、維持に向けられたものである、とする論（秩序維持説。もっとも、その、実現さるべき「秩序」として説かれる内容は、論者によって異なってはいるが）が登場する。

たしかに、現行制度が、直罰主義から原状回復主義といわれるものへの転換に見られるように、占領軍の、したがって、アメリカの不当労働行為制度からの強い影響を受け取りながら形成されていることは事実である。しかし、アメリカのそれは、たしかに、労働組合運動の法的承認の制度として確立したものではあるが、New Dealという、1929年の世界恐慌に対処するための経済政策の一環として、成立したものである。それは、単に、有効需要創出・拡大のための手立てに過ぎないものである。

それに対し、わが国の場合、旧労組法→憲法28条と、現実的展開の順序は

逆ではあったけれども、第Ⅰ章に詳述したごとく、わが国憲法は、労働者のおかれた経済的地位に基づいて不可避的に登場し、その「人間としての復権」をめざすための労働組合の結成とその活動を「基本的人権」として保障し、労使間にそれを実現させていこうとするものである。そして、それを具体化するための具体的法として労働組合法が存しているものである。とするならば、労組法は、憲法28条の前記労働者理念を前提に、労働基本権の労使間での実現を目指すための法であり、不当労働行為制度は、そのような労組法の目的を受けた制度として、労働基本権（団結権）保障を労使間に具体的化させるための制度というべきなのである。

憲法28条を頂点とした（労組法を含む）法制度という観点から、不当労働行為制度は、労使間に団結権を具体化させるための制度であるとする論（団結権保護説）は支配的見解であり、判例の立場でもあるが、以上の意味において、適切な結論というべきであろう。

> **・New Deal 政策と Wagner 法・不当労働行為制度**
>
> 使用者の一定の行為を不当労働行為（unfair labor practice）として禁止し、特別の行政機関（NLRB = National Labor Relation Board）を通じて救済を図るという制度は、アメリカにおいて、1935年、National Labor Relation Act（全国労働関係法―Wagner 法、と通称されることが多い）によりはじめて成立したものであるが、それは、当時のフランクリン・デラノ・ルーズベルト大統領の下展開されていた、1929年世界恐慌への対応策＝ New Deal 政策の一環として制定されたものであった。では、不当労働行為制度と経済政策とは、いかに結びつくのか。
>
> 1930年代までのアメリカにおいては、一般の労働者について、労働組合の権利承認はまったく存しなかった、と言ってよい。法制度的には、前述した「放認」の時代にあったとはいえるが、争議行為等の労働組合の活動は、「自由な州際取引」を妨害するための違法な「共謀（conspiracy）」として、「差止め命令（injunction）」の対象とされ（その違反に対しては刑事罰が科せられる）、完全な抑圧下にあった。

一方、New Deal 政策の基本は、過剰生産恐慌から脱出するための、巨大な国内有効需要の国家的創出にあった。そして、労使関係についても、以下のような考え方がとられた。つまり、上記のような状況は、労働市場での労働条件決定のための労使の交渉における交渉力（Bargaining Power）の著しい不平等を生み、不利な労働条件を結果している。そこで、労働組合の権利承認を通して交渉力の平等化を図り、もって、労働条件（賃金）の向上→購買力の増大→有効需要の拡大とすべきである、というのであった。考えてみれば、「経済不況と減税政策」のようなイデオロギーである。それらの意味で、労使の本質的不平等という認識を前提に、労働組合活動の諸権利を「基本的人権」として保障する憲法28条、それを前提としたわが国不当労働行為制度とは、まったく質を異にするというべきである。

　（なお、この Bargaining Power の論理は、労働組合運動への Sympathy に基づくものであることは言うまでもない。東西対立が激化する下、それが後退あるいは消失・悪化すると、組合保護の結果、Bargaining Power が逆転してしまったから、労働組合の活動を抑制し、使用者を保護すべしとの論が強まる。そのような論に基づき、「労働組合の不当労働行為」の創出をはじめ、労働組合活動への抑制的性格をもって制定されたのが、1947年の全国労使関係法＜National Employer and Emplyee Relation Act―タフト・ハートレー法と通称されることが多い＞であった。）

3．労組法7条の私法上の効力

　不当労働行為制度は、当初に要約したように、使用者の一定の行為を「不当労働行為」として禁止し、労働委員会という特別の行政機関を通して救済しようという、労組法上、特に定められた制度である。したがって、労組法7条所定の行為（不当労働行為）については、労働委員会による処理、救済は当然であるが、問題は、それのみに止まるのか、私法上（したがって、司法上）も、法的処理、救済が可能といえるか、である。

　以下、従来、具体的に問題とされてきた論点につき、若干、論及するが、その前提として、「不当労働行為の（法的）本質」の内実に関し、見ておきたい。

　大まかに整理すれば、不当労働行為制度の趣旨につき、①団結権保護説と、

②秩序維持説とに大別されることは先に述べたとおりであるが、これに対応して、不当労働行為の法的本質に関しても、①団結権侵害と把握する説と、②秩序侵害と把握する説とに分かれていくことになる。そして、上に、①の団結権保護説によるべきことを述べたから、ここでも、①の団結権侵害説を是とすべきことになる。しかし、問題は、その内実である。

　第Ⅰ章に、労働組合は、労働の場における労働者の主体的自由（人格・尊厳性）を回復・確立させるための運動体として登場し、そのような理念・目的をもった労働組合の結成・運動の権利が基本的人権として、労働者と、労働組合とに保障されたものであることを、縷々述べた。したがって、不当労働行為は、そのような内実をもった労働基本権（団結権）を侵害する行為なのである。労働者と、労働組合と、双方の団結権の侵害であり、主体的自由（人間としての人格・尊厳）を回復しようとする営みへの侵害なのである。それらは、したがって、労組法7条によって禁じられるまでもなく、労働者の人間としての尊厳性（人格）を傷つけ、労働組合の存在性を否認する、反憲法的違法行為というべきものである。

　1) 法律行為の効力

　従来、特に、不当労働行為としての解雇（組合結成・加入・組合活動を理由とする解雇）の私法上の効力に関して論議された。判例を含めて（医療法人新光会事件・最3小判昭43・4・9）、当該解雇を「無効」とする点では一致しており、支配的見解は、その根拠を労組法7条による不当労働行為禁止を強行規定と解する点に求めている（ただし、上記最高裁判例は、必ずしも、その論拠を明示してはいない）。しかし、上述したところよりすれば、不当労働行為としての解雇の意思表示（その他の法律行為）は、より直截的に、労使間においても効力を有する、労働者の労働基本権行使を侵害する違法行為として、あるいは、憲法28条をもって構成される公序良俗に反して、違法・無効と、構成されるべきであろう。

　2) 不当労働行為と不法行為

　イ) 以上のように、不当労働行為を労働者あるいは労働組合の労働基本権侵害と把握することは、それは、同時に、労働基本権侵害として、私法上、不法

行為を構成するものと把握することにつながる。したがって、不当労働行為は、基本的に、常に、不法行為を構成し、労働者あるいは労働組合（不利益取扱の場合は、双方）による損害賠償請求その他、不法行為についての法的救済の対象とされるべきものである。

ロ）以上に関連して、差止請求について、論及しておきたい。前述のごとく、不当労働行為の救済の遅延が、制度の実効性を失わせていること、不当労働行為は、労働基本権侵害という反憲法的行為であること、不当労働行為の真の救済は、事柄の本質よりして、その停止・排除によるべきこと等の諸点からするならば、その緊急度と必要性とに応じて、差止請求の認容による処理がなされるべきものと考える。

3）その他

以上の他、不当労働行為と司法救済という点で従来から論議されてきた問題としては、団交拒否に関して、団交応諾の仮処分命令の認容の可否という問題があったが、それに関しては、後述する。

第2節　不当労働行為の主体

1．問題の所在

1）労働力利用形態の多様化と「使用者」概念

労働組合法7条が明定するように、「不当労働行為」を「してはならない」ものとされ、したがって、不当労働行為をした場合の責任（不当労働行為責任）を負うのは、「使用者」であるが、その「使用者」とはいかなる範囲のものをいうのかについては、制度発足からしばらくの間は、後記帰責問題を除いて、ほとんど問題となることはなかった。というのも、企業別組合にあっては、労働条件の取引や集団的労働関係につき対抗的関係に立つのは、組合員メンバーの雇用主＝「労働契約の相手方」に他ならなかったからである。いわば、形式と実体との一致である。したがって、この時期においては、不当労働行為責任を負うべき主体としての「使用者」とは、組合員メンバーの「労働契約の相手

方」を言うとする点で、暗黙の了解があったといえる（労働契約関係説）。

> ・「契約の相手方」と「使用者」概念
>
> 　労組法7条の「使用者」とは「労働契約の相手方」をいう、とする論をめぐって、まったく問題がなかったわけではない。歴史的展開に則して言えば、①被解雇者が組織した労働組合との関係で、従前の使用者（雇用主）は「使用者」たり得るか、②日産自動車とプリンス自動車工業との合併（1966年）に関し、合併契約が締結されたが、未だ合併が実行される前の段階において、一方会社の労働組合（プリンス自工労組）に対する関係で、合併の相手方会社（日産自動車）は「使用者」たり得るか、の問題が存した。しかし、これらについては、①解雇の効力につき争いがあり、契約関係の終了が未確定である間は従前の使用者（雇用主）は「使用者」とすべきであるとして（たとえば、日本鋼管事件・最3小判昭61・7・15等）、また、②「近い将来労働契約関係の成立することが明らかな場合」は、未だ契約関係が成立していなくとも、「使用者」たる地位に立つとして（日産自動車事件東京都地労委命41・7・26）、労働契約関係の存在という判断基準を基軸としつつ、いわば、それを、前後に引き伸ばすことによって問題処理がなされた。しかし、もはや、このような論理操作をもってしては処理しえなくなったところに、「使用者」概念をめぐる問題が登場することになる。
>
> 　ところで、この日産とプリンス自工の合併に係わっては、その後、プリンスの労働組合が分裂、会社合併後、約98％を組織した多数派組合が日産労組と合併、残りの少数派が合併後も、日産内に併存することになった。これに関連して、会社（日産）のこの少数派組合に対する差別が、後日、不当労働行為問題として、再び登場することになる（本章第6節、参照）。

　ところが、1960年代以降、新たな情況展開が生まれる。すなわち、1950年代後半（昭和30年代）に始まる企業の合理化・技術革新は、新たな労働関係──

直接的な契約関係はいかなる意味でも存しないが、労働力の利用、労働条件内容・決定等への現実的支配等を内容とする労働関係が存するという関係、いわば、形式と実体との乖離を生み出すに至る。そして、それに引き続く企業合理化の一層の進展は、先に、「労働者」概念に関し、労働力利用形態の多様化として言及したような事態を生むことによって、上記乖離を一般化させていくことになる。

　これらの具体例は枚挙に暇がないが、歴史的・類型的に若干の例を示せば、①高度成長の過程での多角経営化に際してのリスク・経済負担等の回避策としての分社化、成長部門の独立企業化、いわゆるキャラバン商法（労賃の安い地域に工場・会社を設立し、そこが高くなってくると、それを閉鎖し、別地区に移っていくやり方）、企業間競争の中での勝ち組による吸収合併や企業基盤の強化等のための系列化等によって、いわゆる親会社―子会社の関係が成立する。この場合、法形式的には、子会社は、製造会社として売買契約に基づき親会社に製品を供給し、あるいは、請負契約に基づき一定の作業を供給するものであり、親会社は、他社から、製品やエネルギー、作業の供給を受けるとまったく同様に、子会社から製品あるいは作業の供給を受ける。そして、取引会社の従業員に対しては、法的に何らの関係も責任も存しないように、子会社の従業員に対しては、法的に、何らの関係も責任も、存しないことになる。となると、不当労働行為責任についても、同様ではないのか。しかし、他方、親・子会社といわれる所以は、子会社は資産的に（多くの場合、子会社と言われるものは、親会社の出資によって設立されている）、人員構成的に（社長をはじめとする経営陣等が親会社からの出向であったり、実質的に、その選任であったりすることが多い）、あるいは、営業的に（もっぱら、親会社が使用する製品の生産・役務の提供のみを行う等、いわゆる専属的下請けである場合が多い）、親会社の強い影響力下にあるのがほとんどで、したがって、労働条件や労働組合関係の問題については、親会社の方が実質的決定権限・力を有していることの方がほとんどである。とすれば、子会社従業員によって組織された労働組合は、親会社と団体交渉して問題処理を図った方がより合理的、有効的といえる（たとえば、典型的例として、親会社の100％出資で設立

された子会社が倒産し、子会社従業員は全員解雇となった場合を想定してみると、形式的には、一般の倒産の場合と同様、子会社は、経営が行き詰まって倒産したのであるが、実質的には、親会社により倒産させられたことになる。このような場合、子会社従業員の労働組合は、解雇反対について、いずれの会社と団体交渉することが有効的かを考えてみれば、当然、親会社となるはずである）。このような形式と実質との乖離—労働契約関係の存否という「形式」をもってしては処理できない問題群の登場である。(この、親・子会社関係での問題類型を、第１類型と表示する)

②（旧）職業安定法による「労働者供給事業」の禁止に伴って激減していた「間接雇用」は、1950年代後半以降の合理化の過程において、鉄鋼・造船・化学等の重・化学工業分野の生産現場を中心に、「社外工」として増大し、1960年代以降、「派遣労働」という形で、他産業現場、あるいは、間接部門・事務部門へと増大していく。社外工・派遣労働者の特色は、注文主・派遣先企業の構内で、多くの場合直接の指揮命令を受けて労働に従事しながら、これら企業と直接的な契約関係下にはないことである。しかし、先に見た通り、労働組合の重要な機能が、日々の労働過程における処遇をめぐって、労働者の権利・自由の回復にあるとするならば、注文主・派遣先企業の業務過程に直接組み込まれて労働に従事するということは、当然、労働組合運動の登場・活躍する局面下にあるということである。しかし、注文主・派遣先企業との間の労働契約関係の不存在という「形式」の欠落のゆえに、それらとの関係での労働組合運動の承認という「実質」が否認されることになるというのであろうか。(この、「派遣労働」型労働力利用関係分野での問題を、第２類型と表示する)

・間接雇用—社外工・派遣労働者
　第３者が雇用した労働者を利用する形態を「間接雇用」というが、この間接雇用方式は、1947年制定の職業安定法が、自己が雇用した労働者を他人に提供し、労働に従事させる「労働者供給事業」を禁止した（44条）ことにより、激減する。しかし、下請企業の労働者（下請工）で、元請あるいは注文主企業の構内で労働に従事する労働者を、一般に「社外

工」と呼んでいた（ときには、事業場内下請労働、と表現されることもある）
が、この社外工は、「請負契約」に基づく労働という名目で、1950年代後
半以降の合理化の過程において、鉄鋼・造船・化学等の重・化学工業分
野の生産現場において増大していった。1960年代、この間接雇用方式は、
ほとんどの産業の現場労働分野（たとえば、放送産業における膨大な下請企業
労働者の存在を見るがいい）に、さらに、その間接部門分野（警備業務、建物
の保守・管理＝清掃・エレベーター・空調管理等のいわゆるビル・メン、等）へ
と拡大し、1970年代以降の事務の機械化、1980年代以降の情報処理化
（コンピュータ化）によって、事務労働分野への拡大と、一層の広がりをも
たらした（間接労働は、この頃から、重化学工業分野での現場労働イメージの強
かった「社外工」に代わって、「派遣労働」と表現されることが定着していく。し
かし、少なくとも、1985年の「労働者派遣法」の制定までは、その底意には、社
外工＝請負＝適法＜事実は、決して、そうではなかったのだが＞、派遣＝労働者
供給事業＝違法の意識が存した）。さらに、1990年代後半以降、リストラ
という日本的表現が流行となったが、そのリストラの最大の武器は、正社
員労働の派遣労働化であった。そして、この流れは、「社外工」という違
法な存在の黙認→「派遣」への拡大という無法状態の容認→「派遣」の
一部容認（1985年）と無法状態の引き続く放置→「派遣」の一般的容認
（2000年）という、間接労働に対する国家政策（労働政策）と不可分に結び
ついているものである。

③企業のコストの論理は、1970年代ごろから、たとえば、「傭車契約」方式
による運送業務の活用等、今日、アウト・ソーシングと総称される労働力の利
用形態を生んでいく。この場合、労働力の提供者は、独立の個人事業主として
あるいは名ばかりの会社の代表者・従業員として登場する。ここでは、労務提
供者は、形式的には、自己の計算と責任において業務契約を締結し、同じく自
己の責任と計算に基づいた業務の執行を行い、その結果としての対価の支払い
を受ける。直接的契約関係は存するものの、それは、事業主として締結された
業務契約であり、その契約内容の履行に関して、相手方の支配を受けることは

ほとんどない。ただ、もともとは雇用労働者による企業内処理されるはずの（あるいは、されていた）業務が外部発注されたという事実と市場における力関係を前提に、提供すべき商品（役務、あるいは、製品）の内容とその価格の一方的決定という現実が存するのみである。そこは、労働をめぐる実質的支配関係が存在しながら、業務過程への直接的支配の欠落（直接的指揮命令関係の欠如）のゆえに、「労働者」概念に関して論及したように、労働者—使用者の関係の存在すらが疑われる領域なのである。しかし、彼らが「団体」を組織して、運動を展開しようとしたとき、それを、市民団体あるいは「業者団体」と変わらないものとして取り扱うことが果たして適切といえるか、「労使関係」の枠組みの中での業務内容と対価の決定を容認していくことの方が適切といえるかは、根本的に問われるべき問題といえよう。（この、アウト・ソーシング型労働力利用関係での問題群を、第3類型と表示する）

　これら新たな問題との関連で、不当労働行為制度上の「使用者」とはいかなるものをいい（「使用者」概念）、上記問題状況のどこまでをカバーすべきなのか、が鋭く問題提起されている。労組法は、「労働者」に関しては一定の定義規定を置いている（それとても、今日、その適用をめぐって深刻な問題が生じていることは前述のとおりである）が、「使用者」については、それすらも置かれていないことから、不当労働行為制度の趣旨、労働基本権保障の趣旨と関連付けて理論的に解明することが求められているものである。

2）　行為者と「使用者」—内延的関係と「使用者」概念

「使用者」概念をどのように捉えようとも、個人企業を別とすれば、「法人」企業にあっては、「使用者」は「法人（会社）」そのものである。ところが、不当労働行為の類型によっては、「法人」以外の具体的行為者によって行われることになる。たとえば、不当労働行為類型である「支配・介入」とは団結自治に対する使用者の侵害行為（およびそのおそれのある行為）をいう（本章第5節、参照）が、そのような侵害行為は、企業内・外の具体的個人（多くの場合は、企業の末端職制—以下、そのような企業内における行為者の問題につき、企業の「内延的関係」と表現する）によって行われることになる。そのような場合については、

伝統的には、そのような行為者の行為を「会社の行為」とみなして、「会社の不当労働行為責任」を問うことができるか、という「帰責」の問題として、論議されてきた。しかし、「使用者」概念に関する論議の延長線上で、「使用者」概念の捉え方いかんによっては、そのような行為者をも「使用者」とみなし、「会社」と並んで、「行為者」の不当労働行為責任をも問うべしとする論が展開された。ここに、従来は「帰責」の問題とされていた、企業の内延的関係についても「使用者」概念の拡大を図るべきかが、いまひとつの問題として登場するに至った。

2．「使用者」概念

上記問題状況から伺える通り、「使用者」概念の問題は、契約責任や、私法上の権利義務関係の確定が問題となっているわけではない。当該救済申立人—被申立人の関係は、不当労働行為制度による救済の対象とすることが適切な法的関係といえるか否かを判断するための指標あるいは前提として、当該被申立人が「使用者」として、不当労働行為責任の主体といえるか否かの確定が求められているものである。

このような問題状況は、1960年代、アメリカでも、同じく登場し、立論されていて、それを受ける形で、不当労働行為制度上の「使用者」とは、労働関係上の諸問題につき「実質的支配力・影響力」を有する者をいう、とする説（実質的支配力説）が主張され、上記問題認識を共通的基礎とする、学説と労委の判断基準（必ずしも、それと明示しないものも多かったが、「労働契約関係」説によらず、実質判断をするという点も含めて）とに受け入れられ、支配的見解となるに至った。学説の中には、当該労働組合と「対抗関係にあるもの」との表現をもって説くもの（対抗関係説）もあるが、「対抗関係」の意味内容が必ずしも明らかではないこともあって、なお、実質的支配力説が通説を形成していると言ってよいであろう。

・アメリカ団交制度の特色―交渉単位制・排他的交渉権

「使用者」概念問題をはじめとして、アメリカ不当労働行為制度上の論議が参考にされるのは、前述の通り、わが国制度がそれに習って作られた点が最大の理由であるが、団体交渉の行われる次元の形式的類似性にも少なからず関連しているものと解される。というのも、1910年代頃より新たな産業あるいは新たな生産技術のもと飛躍した産業、たとえば、自動車、鉄鋼、電機等の産業においては、前述したことがあるように、多数の不熟練・半熟練労働者の登場の下、労働組合は産業別組織として形成された。ところが、当時のアメリカでは、同時に、その組合運動を承認させるため、個別企業レベルでの運動を不可避とした。それにより、産業別組織のナショナルセンターであったCIO（Congress of Industrial Organization）(現在のAFL-CIOは、1955年、このCIO、と後記AFLとが合同したものである）傘下の労働組合は、産別組織を取りつつも個別企業レベルでの団体交渉をはじめとする運動展開が中心となった（現在でも、旧CIO系の労働組合の多くは、産別組織と個別企業との団交方式を取っている）。ところが、この運動は使用者の激しい抵抗と同時に、1880年代より続いていた旧AFL（American Federation of Labor）傘下の職業別組合との対立を生み出した。そこで、労働政策・労働立法の担当者としては、この2つの問題、つまり、労働組合運動の承認・定着化と、組合間対立の解決という2つの問題に対処せざるを得なくなった。そこで生まれたのが、交渉単位制と排他的交渉権というアメリカに独特の制度である。それは、会社の組織機構の中で、団体交渉が行われるべき「単位」をNLRBが決定する（たとえば、会社単位、工場・事業場単位、職場単位、というように。その決定基準は、必ずしも明確とは言えず、労使関係の実情にあわせて、フレキシブルに決定されているようである）、その後、同単位に所属する従業員全員がいずれの組合に交渉権を委ねるかについて、投票をする（この場合、NON-UNIONの選択肢もあって、しかし、それが第1位にならない限り、いずれかの組合が交渉権を取得するから、労働組合の承認・団体交渉制度の導入は成功することになる）、そして、当該投票で第1順位となった組合がその単位に所属するすべて

の従業員の労働条件について優先的に交渉する権限（排他的交渉権）を取得する、というものである。

　これに対し、最高裁は、当初、第2類型（社外工問題）の油研工業事件（最1小判昭51・5・6）において、注文主企業（会社）は、社外工に対し、「雇用関係上の使用者に準ずる支配力」を有し、支払われた対価も「賃金」に相当すること等を理由に、注文主企業が「使用者」にあたるとした下級審判決に対し、その部分をそのまま肯定することはなく、しかし、格別の論議を展開することも、一般的基準を示すこともなしに、ただ、会社は、外注業者（下請）の実態についてはまったく無関心で、社外工本人の技能、信用に着眼して人間本位で受け入れを決定していたこと、社外工は、会社従業員と同一の時間拘束され、会社従業員と同一の設計室で、会社の用具等を用いて、会社職制の指揮監督の下で、従業員と同一の作業に従事していたこと、会社から請け負い業者に対して請負代金名義で対価の支払いがなされてはいたものの、それは、各社外工につき労働時間又はその出来高に応じて計算された額を合算したもので、これを社外工がその作業実績に応じて分配していたこと等を認定した上で、「右のような事実関係のもとにおいては、……両者の間には労働組合法の適用を受けるべき雇用関係が成立していた」ものとして、会社は、社外工らとの関係において、「同法7条にいう使用者にあたる」とした。しかし、その後、特殊な事案ではあるが、形式的には、第3類型に属する（独立事業主形式ではあるが、専属契約に基づき、もっぱら、注文主企業の業務にのみ従事しているという意味で。ただ、本件の場合は、注文主企業の支配下で業務従事していたという特殊性があった）と評価できる、キャバレー経営会社とそれとの契約に基づきそのキャバレーに出演しているバンドマンとの関係につき、キャバレーの営業組織に組み込まれ、包括的指揮命令下にあったことを理由に、キャバレー経営会社が「使用者」にあたることを肯定し（阪神観光事件・最1小判昭62・2・26）、再び、第2類型の、事業場内下請労働者（社外工）と注文主企業との関係が争点となった朝日放送事件（最3小判平7・2・28）においては、「一般に使用者とは労働契約上の雇用主を

いうものであるが、同条（労組法7条─著者註）が団結権の侵害に当たる一定の行為を不当労働行為として排除、是正して正常な労使関係を回復することを目的としていることにかんがみると、雇用主以外の事業主であっても、雇用主から労働者の派遣を受けて自己の業務に従事させ、その労働者の基本的な労働条件等について、雇用主と部分的とはいえ同視できる程度に現実的かつ具体的に支配、決定することができる地位にある場合には、その限りにおいて、右事業主は同条の『使用者』に当たる」との見解を示すに至った。

これらは、第2類型、第3類型といっても、労務提供につき、注文主企業への組み込みの度合いが高い事案であったことにも強く関連していると思われるが、最高裁は、当初は、労働契約関係説は適切ではないことを認識する一方、しかし、一般的基準の設定につき幾分の迷いがあったところ、次第に、「実質的支配力説」に接近しつつ、しかし、「労働契約の相手方（雇い主）と同程度の具体的支配力」という形で、それに枠をはめたものと解される（折衷説）。その意味で、学説・労委命令・判例ともに、「労働契約関係説」を否認しつつ、労働条件決定等への「具体的支配力」の程度をもって「使用者」概念を捉えようとする点では共通するものの、判例は、学説・労委命令ほどには、「労働契約関係」を基軸に考えようとする視点をフッ切れてはいないといえよう。

とはいえ、大勢は、「具体的支配力」という道具概念を基軸に「使用者」概念を構成しようとするものといえる。これは、もはや前記問題状況に対応できなくなった「労働契約関係説」と訣別した点では、妥当なものといえよう。しかし、問題点は、2点ある。第1は、「具体的支配力」とは、いかなるものをいい、何を、どの程度に「支配」している場合に、「使用者」に当たるとするのか、なぜ、そのようにいえるのか等について、まったく明らかではないという点である。

第2は、より根本的な問題点であるが、それをもってした場合に、前記第3類型の問題状況に対応できるか、という大いなる疑問である（第1類型の場合は、子会社を通じての労働者支配、第2類型の場合は、派遣労働者の直接的使用＝支配という現実があるので、比較的対応しやすい）。阪神観光事件の場合、その事案の特殊

性の故に問題処理できたが、たとえば、傭車契約運転手の団体、あるいは、SOHO の事業主の団体等が契約先会社（注文主）に契約代金引き上げ等に関し交渉を申し入れたような場合につき、これを不当労働行為制度上の問題として捉えることが妥当かが争われるとき、上記第1の問題点と深く関連してはいるが、「実質的支配力」基準をもってしては、（注文主は、製品あるいは提供された役務の品質結果と価格のみに関心をもち、「労働」に関し何らの直接的支配は及ぼしてはいないのだから）問題処理できないように思われるからである（実は、「実質的支配力説」が1960年代の登場であるということは、アメリカの理論状況を含めて、主として、第1類型問題を念頭に構築されたものであったといえる）。

では、いかなる基準をもって「使用者」概念を構築すべきなのであろうか。

先に、「使用者」概念の問題は、当該関係が、「労働基本権」保障を基軸とした集団的労働関係法の適用を受けるべき関係と評価できるかどうかの問題であると述べた。そして、不当労働行為制度の基礎にある労働基本権保障の趣旨は、「労働力商品」の取引をめぐる「不平等」を基礎とした価格（労働条件）の一方的決定と労働過程における支配に対抗する団交→協約システムとその構築のための運動に対する権利保障にあった。とすれば、「使用者」に当たるか否かの問題は、そのような権利保障が必要な関係か否か、によって判断されるべきであり、具体的には、①当該業務が、本来的には企業内（雇用）労働力利用としてなされることが可能であるが、企業合理化目的から、企業外労働力として利用している性格のものであること、②その労働力利用関係が当該企業の企業活動（利潤増殖の再生産過程）に不可欠のものとして組み込まれていること、③当該企業と労働力提供者との間に、経済構造に根ざした（構造的）不平等の関係が存することの3点が、判断基準とされるべきものと考える（問題構造の把握に関する上記視点を踏まえて、一応、集団的労働関係説と呼んでおく）。

3．内延的関係と帰責

「使用者」概念論議における「実質的支配力説」においては、そのような支配力を持ったものは、企業の内外に「重畳的に」存するとして、企業内の職制

上の地位・権限を有し、それを用いて不当労働行為に及んだ者も「使用者」として不当労働行為責任を負い、救済被申立人となり、救済命令の名宛人となり得る旨が主張された。これにより、従来、もっぱら「帰責」の問題として処理されてきた問題領域がにわかに注目されるに及んだ。

これに対し、組合運動において、個人の責任追及に及ぶことに躊躇があるためか、これまでのところ、上記問題を直接取り扱った労委命令・判例は存しないようではあるが、最高裁は、「使用者」概念が直接的に問題となった事案においてではないものの、労組法7条の「使用者」とは、「法律上独立した権利義務の帰属主体」をいい、「企業主体である法人の組織の構成部分に過ぎない者」は「使用者」たり得ないとして、医療法人の経営する病院の院長は「使用者」には当たらないとして、当該院長を名宛人とする救済命令を取り消した（済生会中央病院事件・最3小判昭60・7・19）。この点からすると、最高裁は、「実質的支配力説」の上記見解については、否定的なものと評価できる。

集団的労働関係の実体的存在性を基軸に「使用者」概念を捉えようとする上記見解からするならば、現実的に、病院長との間で団交→協約締結が行われていたにもかかわらず、この実体的関係を無視して「形式」にこだわった最高裁も問題であるし、他方、職制をも「使用者」と捉える「実質的支配力説」は、職制上の権限と会社の持つ支配権とを同一平面上に捉えるものとして、賛同し難いところである。

なお、従来、会社への帰責については、当該行為者が、①会社職制上の地位・権限を利用して当該行為を行った場合、②会社＝使用者と意思の疎通の下に当該行為を行ったとされる場合（その判断は、客観的事実関係から、客観的に推認される意思のつながりがあったか否かの客観的判断であるとされる）に、当該行為者の行為につき、会社の不当労働行為責任が肯定されるものとされてきた。上記最高裁判例を前提とすれば、今後とも、内延的関係については、従来どおり、上記基準に基づき判断されていくことになろう。

第3節　不利益取扱

1．不利益取扱の成立要件

1) 成立要件

　労働組合法7条1号の、不当労働行為としての「不利益取扱」があったと判断されるためには、①労働組合の組合員であること、労働組合を結成しようとしたこと、労働組合に加入しようとしたこと、又は、「労働組合」の行為をしたこと、②当該行為が「正当」なものであること、③使用者が、解雇、その他「不利益取扱」をしたこと、④正当な組合活動をしたことを「理由として（故をもって）」当該不利益取扱が行われたこと（因果関係の存在）の4つの要件が満たされるべきものとされる。以下、従来、それぞれにつき問題となった事柄につき、若干、論及する。

　なお、4号は、労働者が労働委員会に対し不当労働行為の救済申立・再審査申立をしたこと、労委の調査・審問、争議行為の調整に対し協力したこと等を理由として、「不利益な取扱をすること」も、「不当労働行為」の独自類型として規定しているが、これは、「組合活動」の権利と並んで、不当労働行為制度上の救済を受ける権利の保障を図ったものであるという点では、独自性をもつが、行為の「類型性」という点では、1号の不利益取扱と基本的に同一のものといえる。そこで、ここでは、4号は1号「類型」に属するものとした上で、1号に関する論述からその論点等につき類推してもらうことにして、格別に触れることはしない。

・黄犬契約、ユ・シ協定と不当労働行為

　労働組合法7条1号は、「労働者が労働組合に加入せず、若しくは労働組合から脱退することを雇用条件とすること」を、不当労働行為として、禁止している。この、雇い入れに当たってこのような条件内容で契約を締結し、労働組合の浸透を防止しようとする試みは、1880年代のイギリ

ス・アメリカで用いられ、相当の効果をあげた。そのような契約は、一般に、黄犬契約（Yellow-Dog Contract——黄色いシマの犬は、臆病で、卑怯者であるという言い伝えに基づくようである）と言われた（もっとも、それはアメリカ的表現で、イギリスでは、一般に、Document と表現された）。そこで、そのような歴史的経緯に鑑み、不当労働行為の典型的1類型として、禁止規定に含まれているわけである。

　ところが、7条1号は、上記黄犬契約禁止の但書として、労働組合が事業場従業員（労働者）の過半数を組織している場合には、「その労働者がその労働組合の組合員であることを雇用条件とする労働協約」、すなわち、ユニオンショップ協定「を締結することを妨げるものではない。」と規定している。これによれば、ユ・シ協定は本来「不当労働行為」に該当するが、「過半数組合」が締結する場合には許される、ということになる。この結果、論者の中には、ユ・シ協定は、本来的に不当労働行為であり、「過半数以下組合」はユ・シ協定を締結できないものと論ずるものもある。しかし、この規定は歴史的機能と、実体ともに異なるものを、形式的に同列に捉え、ユ・シ協定締結の抑制を図ろうとした、それ自体が政治的意図に基づく規定であって、法的意味としては、ユ・シ協定は不当労働行為には当たらないことの確認と、「過半数以下組合」が締結した場合には不当労働行為とされる「可能性」があることの注意的規定であるに止まると解すべきであろう。

2)　「労働組合」の活動

　この点に関しては、イ) 政治活動・社会活動・文化活動等のうち、いかなる範囲の活動までを「労働組合の活動」とすべきか、ロ) 組合員労働者が「自発的に」行った行為を「労働組合の活動」となし得るか、の問題が論議された。

　イ) は、詰まるところ、労働組合の「目的活動」の範囲をどこまでとするかの問題であり、前に、「臨時組合費問題」について論及したところに従うべきものであるが、①学説の中には、団体交渉の対象となり得る問題領域にかかわ

る行為に限られるとするものもあるが、②一般的には、広く、労働者の地位の向上、あるいは、団結強化のために行われる一切の行為を含むとして、特定政党のために行われる選挙活動その他の政党活動を除いて、「労働組合の活動」の意味を極めて広く解している。

　また、ロ）についても、①労働組合の機関決定に基づく、執行委員等組合の「機関としての活動」に限られるとする見解もあるが、②たとえ、機関決定に基づかない、組合員個人の独自行為であっても、一般的に、「組合メンバーとして行うのが当然と考えられるもの」、あるいは、「組合または組合員の利益のために行う活動」も「労働組合の活動」と評価されるべきものとされている。労働組合の活動は組合員メンバーの行為をもって組成されること、労働基本権の第1次的主体は組合員個人であること等からすれば、労働組合の目的活動の範囲に属する性格領域の組合員の行為は、すべて、ここでの法的保障の対象たる「労働組合の活動」とされるべきである。

　なお、いうまでもないことではあるが、以上は、不当労働行為制度上救済されるのは、「組合活動」を理由とする不利益取扱である、というに止まる。たとえば、特定政党や政治団体等への所属や、特定政党のための活動（たとえば、選挙活動や署名・資金集め）を理由とする不利益取扱の問題は、司法裁判所において、労働基準法3条（国籍・信条・社会的身分を理由とする不利益取扱の禁止）違反、あるいは、憲法19条・民法90条（公序良俗）違反等の問題として争われ、違法・無効の判断がなされることはいうまでもない。

　3）　組合活動の「正当性」

　これは、上記労働組合の活動は、「正当」なものでなければならないとするもので、一般的に問題となる「組合活動」に関しては後に項を改めて論及するが、ここでの判断は、争議行為・組合活動の刑事免責（労組法1条②項）、民事免責（同8条）における「正当性」とは異なって、使用者の行う「不利益処分」が正当なものと評価されるかどうかとの対抗関係での「正当性」問題である。言い換えれば、いかなる範囲までの行為を使用者は「受忍」すべきか、いかなる程度・範囲を超えたとき使用者は労働者に対し不利益処分を課することが許

されるかの問題である。したがって、個別・具体的事案に即した判断とならざるを得ないが、上記刑事免責・民事免責との関連での「正当性」よりは範囲が広く、使用者に回復しがたい損害をもたらすものでない限り、原則として、「正当性」が肯定されるべきである。

4）「不利益取扱」

後記「支配・介入」が、団結自治に対する侵害の「おそれ」を以っても、成立するのに対し、「不利益取扱」は、現実に、（組合活動を行った）その労働者に対して、不利益取扱いが行われることが必要とされる（「不利益取扱」の現実性・直接性）。

「不利益取扱」とは、第3者と比較したとき、その者よりも不利益に、つまり、差別的に取り扱われることを意味する（このことから、7条1号については、「差別待遇」と表現されることもある）。問題は、「不当労働行為」と認定される、不利益取扱の範囲である。労働組合法7条1号は、「解雇し、その他これに対して不利益な取扱をすること」としており、歴史的に「解雇」が労働組合抑圧の典型的手段であったことに鑑み、それが「例示されたもの」であることは明らかであるが、「その他」の不利益取扱として、どこまでを含み、救済対象とするかの問題である。

これについては、大浜炭鉱事件最高裁判決（最2小判昭24・4・23）が、「単に経済的待遇に関して不利益な差別待遇を与えるのみではなく、精神的待遇等について不利益な差別取扱をなすことを含む」として以来、「不利益取扱」の中には、「経済的不利益」のみならず、「精神的不利益（精神的苦痛を与える行為）」、「私生活上の不利益（をもたらす行為）」が含まれるとする点は、およそ異論がない。したがって、組合活動家である「その労働者」に「直接」経済的な不利益をもたらすことのない場合、たとえば、その妻に対して処分を行った場合や、賃金カットを伴わない出勤停止処分・休職処分が行われたような場合であっても、「精神的苦痛」・「私生活上の不利益」をもたらしたものとして、「不利益取扱」を構成するものとされる。

過去、問題となったのは、昇格・栄転等、経済的不利益・精神的苦痛（それ

は、一般に誰もが苦痛を感じるであろう場合を言うとされている）をもたらすことはないが、（たとえば、栄転・昇格に伴って、地理的・時間的に、あるいは、非組合員化されることによって）組合活動ができにくくなる、あるいは、できなくなるというように、組合活動についてのみ不利益が生じるような場合も、不当労働行為に該当するのかという問題であった。

　これについては、①労組法7条1号は、個別的労働関係上の不利益を通じて組合活動を抑制させようとする行為のみを対象とし、したがって、栄転・昇格等、個別的労働関係上の不利益とならない行為は、1号の不当労働行為を構成しないとする見解、②それは、当該労働者の「精神的苦痛」となるから、1号の不当労働行為を構成するとするもの、③組合活動に対する不利益も、禁止された「不利益取扱」に該当するとするものと対立したが、①の否定説も、当然、組合活動上の不利益取扱は7条3号の「支配・介入」となる点は肯定する。したがって、7条3号に基づいては、個別救済（栄転・昇格の否定）をなすことはできないとしない限り、7条1号違反として救済しようと、7条3号違反として救済しようと、結果に差が生じるものではない。その意味では、否定説が言うように、1号は個別的な差別待遇を通しての組合活動妨害の禁止、3号は組合活動への直接的妨害の禁止という両者の質的相違に着目し、したがって、組合活動にかかわる不利益取扱は3号を通して救済を図ることが妥当であると思われる。

5）　因果関係

　労組法7条1号の不当労働行為が成立するためには、正当な組合活動をしたこと等を理由として上記不利益取扱が行われたこと、組合活動と不利益取扱との間に一定の因果関係が存することが必要とされる。現実的に、不当労働行為であることを明示して処分を行う使用者はほとんど存在しえず、他の処分理由をもって不利益取扱が行われるのが常であって、いずれが真の理由かを確定せねばならないから、実務上は、最も厳しく争われ、最も判断の難しいところである。とはいえ、救済申立人（労働者・労働組合）の側で、使用者の真の意図が不当労働行為であることを余すところなく立証し、労働委員会も、採証法則等に則って、厳密に処理・論証するというものではなく、使用者の労働組合に対

する従来からの態度、処分の時期・内容、処分理由と処分内容とのバランス、他の事例との対比、組合活動への影響等、客観的諸事実の中から総合的に処理・判断されるものである。

ところで、この要件を、使用者の「不当労働行為意思」として捉え、当該意思の存在を成立要件とする見解（意思必要説）と、あくまでも、この因果関係は客観的因果関係として把握すべきだとする見解（意思不要説）とが対立した。とはいえ、意思必要説も、使用者の主観的意思を問題とするのではなく、客観的事実関係から推認される客観的意思をいうものであって、実質的には、上記「客観的因果関係」と変わるものではなく、両者の対立は本質的なものではない。

この要件に関しシビアーに論議された問題は、一般に「動機の競合」と表現されたもので、不当労働行為と判断される要素（不当労働行為意思）が存在する一方、使用者が当該不利益取扱（懲戒処分等）の処分事由とする事実が単に形式に止まらず、現実に存在している場合に、いかに問題処理すべきかの問題であった。

これについては、①常に、処分を有効と解する処分有効説、②いずれが当該処分の決定的動機（原因）であったと判断されるかによって決定すべきものとする決定的動機（原因）説、③不当労働行為要素が決定的理由になっているとまではいえないものの、その要素がなければ当該処分までいくことはなかったであろう場合には不当労働行為と判断すべしとする相当因果関係説、④不当労働行為の要素が幾分かにせよ当該処分に寄与している限り、不当労働行為となすべきものとする因果関係説との4説がしのぎを削った。判例は②説を取り、学説の多くは④説を取ったが、憲法違反という前記不当労働行為の重大性・反社会性に鑑みるならば、いかなる意味でも不当労働行為的要素を認めないという意味で、④説を妥当とすべきであろう。

2．復職命令とバックペイの範囲

労働者に対する処分内容が「解雇」で、それが不当労働行為と認定された場

合には、当該解雇を取り消し、原職に復帰させるべき旨（復職命令）と、被解雇期間中労働者が得られなかった賃金の遡及払い（バックペイ）とが命ぜられるのが常である。この場合、労働者が、被解雇期間中、生活維持のため、他に職を求め、収入を得ていた（これを、一般に「中間収入」と呼ぶ）場合、上記バックペイ命令にあたっていかに扱うべきかが、後記最高裁判例との関連で、大きな問題となった（というより、最高裁が問題を作り、1人でこだわったのだが）。

　最高裁は、出勤停止処分とその後の解雇の無効確認訴訟（全駐労山田支部事件・最2小判昭37・7・20）において、当該出勤停止処分及び解雇を、不当労働行為として、違法・無効とし、民法536条②項に基づき、出勤停止処分後の賃金支払いを命じるとともに、「労働者は、労働日の全労働時間を通じ使用者に対する勤務に服すべき義務を負うものであるから、使用者の責に帰すべき事由によって解雇された労働者が解雇期間内に他の職について利益を得たときは、右の利益が副業的なものであって解雇がなくても当然取得できる等特段の事情がない限り、民法536条2項但書に基づき、これを使用者に償還すべきものとするのを相当とする。」として、中間収入は、民法536条②項但書にいう「自己の債務を免れたことにより得た利益」に当たることを理由に、使用者に償還すべきこと（簡便な処理として、遡及払い賃金から中間収入を控除すべきこと）を判示し、さらに、「労働基準法26条が『使用者の責に帰すべき事由』による休業の場合使用者に対し平均賃金の6割以上の手当てを労働者に支払うべき旨を規定し、その履行を強制する手段として附加金や罰金の制度が設けられている（同法114条、120条1号参照）のは、労働者の労務給付が使用者の責に帰すべき事由によって不能となった場合に使用者の負担において労働者の最低生活を保障せんとする趣旨に出たものであるから、右基準法26条の規定は、労働者が民法536条2項にいう『債権者ノ責ニ帰スヘキ事由』によって解雇された場合にもその適用があるものというべきである。そして、前叙のごとく、労働者が使用者に対し……解雇期間内に得た利益を償還すべき義務を負っている場合に、使用者が労働者に平均賃金の6割以上の賃金を支払わなければならないということは、……その控除の限度を、特約なき限り平均賃金の4割まではなし

うるが、それ以上は許さないとしたもの、と解するのを相当とする。」として、中間収入の控除に当たっては、平均賃金の4割までとした。

・民法 536 条②項と労働基準法 26 条

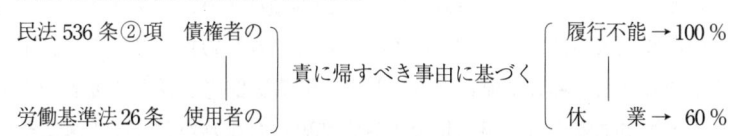

民法 536 条②項　債権者の ⎫
　　　　　　　　　　　　　⎬　責に帰すべき事由に基づく　⎧　履行不能 → 100％
労働基準法 26 条　使用者の ⎭　　　　　　　　　　　　　　⎩　休　　業 → 60％

　民法536条②項は、「債権者」すなわち「使用者」の「責に帰すべき」「履行不能」の場合は、「債務者」すなわち「労働者」は、「反対給付」を受ける権利を失わない、すなわち、100％の賃金請求権を有するものと規定し、労働基準法26条は、「使用者」すなわち「債権者」の「責に帰すべき」「休業」（労働者にとっては、「履行不能の一種」）の場合は「労働者」は平均賃金の60％の休業手当を請求できるものと規定する。しかし、要件内容は同様なのに、40％の格差が存するのはなぜか、という疑問が生じるはずである。これは、民法536条②項にいう「責に帰すべき事由」とは、債権者（使用者）の「故意又は過失」に基づく事由について言い、一方、労基法26条にいう「責に帰すべき事由」とは、天災事変その他それに匹敵する事由で、いわば人為的不可抗力を主張できない一切のものを言う（たとえば、経済不況に伴う経営の行き詰まり等に基づく休業もこの「責に帰すべき事由」にあたる）ものとされる。それは、労基法26条は、特殊な場合を除いて、労働者に対する最低限の生活保障として、最低でも、通常収入の60％までは、労働者に保障しようとするためであると解されている。最高裁のいう趣旨も、同一である。したがって、民法536条②項と労基法26条とは、法条競合であるから、民法536条②項の要件が充足される場合には、100％の賃金請求権が発生することはいうまでもない。

・平均賃金とボーナス—中間収入控除の度合い

　「平均賃金」は、「これを算定すべき事由の発生した日以前3箇月間にその労働者に対し支払われた賃金の総額を、その期間の総日数（暦日日数＝通常は、91又は92—著者註）で除した金額をいう。」（労働基準法12条①

項)しかし、「3箇月を超える期間ごとに支払われる賃金」、たとえば、ボーナス（賞与）等は、その算定基礎額から除外される（同④項）。したがって、労基法26条の休業手当の算定基礎額からは、ボーナスは除外されることになる。そこで、最高裁は、賃金の遡及払い、バックペイに際しての中間収入の控除は4割を限度とするという制約は、最低でも、平均賃金の6割は労働者に保障すべしとする労基法26条に基づく要請から生じるものであるから、平均賃金の算定基礎に含まれないボーナスについては、右制約は及ばない、つまり、ボーナスについては、100％が控除対象となる、とした（あけぼのタクシー＜民事＞事件・最1小判昭62・4・2）。法違反者に対する、実に行き届いた心遣いである（実は、当該事件は、不当労働行為としての解雇に関する民事訴訟であるが、当該会社は不当労働行為を繰り返し、当該労働者についても2度目の解雇であった。そのためや、日常的差別もあって、当該労働者の賃金は抑え込まれ、受領予定のボーナスも多くはなく、ために、アルバイト的に勤務したタクシー会社でのボーナスの方が多くなった。それで、全額が控除対象となった結果、不当労働行為をした会社は、1銭のボーナスも払わずに済むことになった。本文に述べたように、まさに、悪い奴ほど得をする最高裁理論の真骨頂であった）。

　さらに、その直後の、バックペイの範囲が直接争点となった（つまり、不当労働行為救済命令取消請求訴訟である）在日米軍調達部東京支部事件（最3小判昭37・9・18）において、上記判決に基づき中間収入は控除されるべきであることを前提に、一方、不当労働行為制度は不当労働行為を排除し、それがなかったと同じ状態を回復させること＝原状回復を目的とするものであるところ、中間収入を控除せず、全額のバックペイを命ずべきものとすると、「救済命令は原状回復という本来の目的の範囲を逸脱し、使用者に懲罰を科することとなって違法たるを免れない」として、中間収入を控除せず、全額バックペイを命じた労委命令を取り消した。

　これに対しては、学説の多くと、過去全額バックペイ命令を出しつづけてきた労働委員会が猛烈な反発を示した。労働者が他で労働に従事するのは違法解

雇によって生活の糧を絶たれたやむを得ざる結果であって、中間収入を控除するということは、労働者が自己や家族の生存のため汗して得た収入で違法行為をした使用者が利を得ることになるわけで、それでは、不当労働行為の抑止・防止は夢物語に終わるからである。

こうしたことに基づき、以来10数年、全額バックペイ命令を出しつづける労働委員会と裁判所との対立状態が続いていった。

この対立状況は、第2鳩タクシー事件（最大判昭52・2・23）で、一応の収束を迎えた。

同事件において、最高裁は、労組法が「正当な組活動をした故をもってする解雇を特に不当労働行為として禁止しているのは、右解雇が、一面において、当該労働者個人の雇用関係上の権利ないしは利益を侵害するものであり、他面において、右の労働者を事業所から排除することにより、労働者らによる組合活動一般を抑圧ないしは制約する故なのであるから、その救済命令の内容は、被解雇者に対する侵害に基づく個人的被害を救済するという観点からだけではなく、あわせて、組合活動一般に対する侵害の面も考慮し、このような侵害状態を除去、是正して法の所期する正常な集団的労使関係秩序を回復、確保するという観点からも、具体的に、決定されなければならない」ところ、前者の、被解雇者個人が受ける経済的被害の救済という面から見ると、中間収入を控除しないことは、「実害の回復以上のものを使用者に要求するものとして救済の範囲を逸脱するものと解される。」ので、許されないが、後者の、解雇がもたらす組合活動一般に対する侵害の救済という点からみると、「この侵害は、当該労働者の解雇により、労働者らの組合活動意思が萎縮し、そのため組合活動一般に対して制約的効果が及ぶことにより生ずるものであるから、このような効果を除去するためには、解雇による被解雇者に対する加害が結局において加害としての効果をもち得なかったとみられるような事実上の結果を形成する必要がある……。中間収入の控除の要否とその金額の決定も、右のような見地においてすべきである」として、中間収入の控除をするかしないか、どれだけのバックペイを命じるか等は、団結侵害行為の排除、という局面からの労働委

員会の裁量に委ねられるべきものとした。これにより、最高裁は、とりあえず、労働委員会の判断を尊重する立場を取ったと評価していいであろう。

・**最高裁とバックペイ判決のその後**

　本文に述べたように、一般に、第２鳩タクシー事件判決をもって、一件落着と考えられた。しかし、喜劇の幕は完全には下りていなかった。それは、あけぼのタクシー＜行訴＞事件（最１小判昭62・4・2）に関してであった。当該事件において、別に言及したように、会社の悪質性や度重なる不当労働行為による組合への打撃等を考慮して、労委は、中間収入を控除することなく、全額のバックペイを命じた。ところが、最高裁は、第２鳩タクシー事件判決で、不当労働行為としての解雇によって生じた組合活動一般に対する侵害の除去のためにバックペイについての労委の裁量を言った趣旨は、「当該労働者の解雇により組合活動意思が萎縮し、そのために組合活動一般に対して制約的効果が及ぶことの排除」という意味であるところ、そのような制約的効果は「当該労働者が解雇によって受ける打撃の軽重と密接に関連」しており、したがって、労働委員会の裁量は「再就職の難易、就職先での労務の性質・内容、賃金の多少等を基準とすべき」であり、「解雇の事情を考慮に入れることは妥当を欠く」として、全額バックペイ命令を取り消した。要するに、被解雇労働者が中間的に就職していたのは同じタクシー会社で、賃金等もかえって解雇前よりよかったほどであるから、当該労働者が解雇によって受けた打撃はそれほどではなく、したがって、組合活動一般に対する侵害の程度もさほどのものではなく、全額バック命令を出すような事件ではない、使用者の、したがって、不当労働行為の累犯・重大性を考慮に入れるのは妥当ではない、というものである。本文において、あえて、これを取り上げることなく、労委の判断で収束するであろうとしたのは、本件はあまりに特殊的であり、労委の裁量を違法とさせる、このような好条件（？）がそろうことは、通常はありえないであろうから、一般に労委の判断が肯定されることになるであろうと予想されるからである。

> しかし、それにしても、ここまで不労働行為常習者に配慮する必要があるのか、最高裁においては、「人権」とか、解雇された者の「人格・尊厳」といったものへの配慮はあり得ないというのか、腹立たしさすらを覚えるところである。

　この問題は、もともとが、最高裁の一人相撲であった。
　まず、第1に、中間収入が民法536条②項但書の「債務を免れたことにより得た利益」に該当するとしたことに無理がある。確かに、労働者が他で働くことになったのは、解雇されたからではある。しかし、中間収入は、収入の道を絶たれた労働者が、自分とその家族の生活を維持するために、また、多くの場合、解雇反対闘争と組合運動のための資金とするために、労働者が労働に従事した結果、得たものであって、債務を免れたことから直接生じた利益ではないし、上記生活と闘争のために（それは、債務を免れたことの結果生じたものである）費消されてしまっていて、「利益」として存するものではないのである。
　そして、こうした問題点のすべては、そもそも、民法536条は、商品交換（商取引）における「危険」の配分に関する規定であって、このような、労使関係における特殊的問題に適用されるべきものではなかったという本質的問題に起因するというべきである。
　第2に、「原状回復主義」が幻想にすぎないことへの無理解と、そのことゆえの悪用である。「原状回復主義」というのは、先に見たように、直罰主義を否定するための対極概念として政治的に作られたスローガンに過ぎない。なぜならば、いったん不当労働行為が行われ、組合運動（労働基本権）への侵害が発生してしまえば、不当労働行為のなかった元の状態に戻すなどというのは絶対的に不可能であることは、少し知恵を働かせれば、すぐにわかることだからである。それを看過して、「原状回復主義」という幻想を使って世の中を振り回したのは、明らかに、その「悪用」に他ならないし、ある意味、労使関係への無理解と評してもよいほどといえよう。
　第3には、上と関連することではあるが、「原状回復主義」を論拠としなが

ら、使用者を利していることであり、そのことのもつ重大性である。先に言及したような理由から、労働者が労働に従事して、汗して収入を得た結果、不当労働行為という反憲法的・反社会的行為をした使用者が、いわば、「濡れ手に粟」的に利益を得ているのである。まさに、不当労働行為の「やり得」である。このような反道義的・反法治国家的結果を生んだことに気づくべきであり、そのことを踏まえた理論構築をすべきものと考える。

これらの点からすれば、「中間収入は控除されるべし」とする論の不当性は明らかであり、第2鳩タクシー事件最高裁判決の論旨は、なお「原状回復主義」に拘泥し、回りくどい論をもってしているという点で、不十分さは免れないとはいうものの、通常の事件に関しては、労委の判断が尊重されていくことになると思われるので、結果的には、是と評価さるべきものといえよう。

第4節　団交拒否

1．団交権の保障と団交応諾義務

労働基本権保障の中核は、労働関係が組合との関係において律せられること、すなわち、団交→協約システムによる労働条件決定にあること、団交権を含む労働基本権は労使間にも適用されるべきであることは先に述べた。その意味で、団体交渉が「現実に行われること」、それが労使関係の中核に置かれること、そのような内実が労使間に確保されていくことが不可欠であるといえる。したがって、団体交渉権保障の結果として、使用者は、労働組合の存在（団結承認）を前提に、現に団交を実施する（形式）と同時に、その労働組合との関係を通じて上記内実を持った労使関係の形成（内実）に向けて努力すべき義務を負うことになるいうべきである。すなわち、有効な団交の場が設定されること、団交→協約システムの確立に向けた真摯な対応がなされることである（誠実団交応諾義務）。

したがって、「団交拒否」という不当労働行為類型に関しても、上記内容を踏まえた問題処理がなされるべきである。現実的にも、労働委員会の実務は、

たとえば、単に交渉（会見）の機会が設定されたというのみでは足りず、「交渉」といえる内実を伴うこと、すなわち、労働組合の意見・要求に充分に耳を傾け、それを受け入れられないというのであれば、その理由を、客観的根拠をもって、説く等、真摯に対応すべく、そうではなく、単に「会った」というに過ぎないような場合は、「団交拒否」となるとしている。上記誠実団交応諾義務の一端である。

2．団交の当事者と担当者

イ）団交の「当事者」とは、団体交渉権の主体として、当然に団交を要求し得る地位にある者＝労働組合と、誠実団交応諾義務を負う主体として、現実に団交に応じなければならない地位に立つ「使用者」である（理論的には、「使用者団体」も含まれるべきではあるが、わが国の場合、企業別組合と企業別交渉がほとんどである一方、「使用者団体」の形成もほとんどない。ここでは、「使用者」に限定して論及する）。

後者の「使用者」の範囲に関しては先に論及したとおりである。前者の「労働組合」については、労組法2条本文の要件を満たすものでなければならないことは明らかであるが、現実に存在する組織のいずれがそれに当たるかが問題となる。各企業別の労働組合がそれに該当することはいうまでもないが、歴史的には、1950年代、労働組合運動の職場闘争を基軸とした運動強化、春闘路線の開始に伴う産業別闘争中心への移行のための単産の機能強化という展開との各関連で、それぞれ、各企業別組合の下部組織としての職場組織、および、単産の各「当事者」性が論争となった。肯否両説が熱く論争されたものの、春闘路線の定着と形骸化、民間労働運動を中心とした運動の変容、合理化過程での職場組織の崩壊等の状況変化の中で、忘れられた論題となった。

しかし、あえてなお、それらにこだわるとするならば、組織体や制度というものは、人間と同様、ひとりでに1人前になるものではないし、観念界で作り上げられた形式的制度の中に閉じ込められるべきものでもない。合憲法的、合正義的理念の中で、要するに、労働基本権保障が描く理念型（労働基本権が包摂

する理念の実現にとってふさわしい型態)を措定する中で、形成的に認識、理論形成されるべきであろう。この観点からするならば、労働基本権の第１義的主体である労働者を基点とした現場主義・直接性、労働市場における確固たる地歩の確立という合労働基本権的観点からするならば、基本的に、いずれについても、「当事者」性が肯定されるべきものと考える。

> **・産別強化の試みと団交方式**
>
> 　1950年代前半の企業整備（人員整理）反対闘争等が、組合分裂等により、ほとんど組合側の敗北に終わったことから、1950年代後半には、春闘路線の開始と共に、企業別組合の弱点克服・産別機能の強化がうたわれた。その中で、単産が単独で、直接、個別使用者（企業）と交渉する「対角線交渉」、企業別組合の交渉担当者と単産の交渉担当者とが一緒になって個別使用者（企業）と団体交渉を行う「共同交渉」、各企業別組合の交渉担当者と各企業の交渉担当者が、数社、および、単産と使用者団体の各役員とが一堂に会して（賃上げの統一基準等について）交渉を行う「集団交渉」などが模索されたが、一部（たとえば、私鉄総連大手や、ゼンセン同盟における集団交渉、等）を除いて、定着を見ることなく終わった。なお、単産と使用者団体との間の交渉方式は、「統一交渉」と呼ばれたが、これはほとんど表現上の問題としてあるに止まった。

　ロ）団体交渉の「担当者」とは、交渉権限を有する者のことで、現実的に団交を執行する地位にある者のことである。具体的には、それぞれの側において交渉権限を付与された者、一般的には、会社機構の中で権限を付与された地位にある者、労働組合の代表者（3役）である。

　いずれの側についても（もっとも、現実的には、圧倒的に労働組合側おいて生じるものである）、「当事者」から交渉権限の委任を受けた者も「担当者」となり得る（労働組合法6条）。誰に委任するか、しないか等は、「当事者」のまったくの自由ではあるが、これも歴史的に問題となったことであるが、労働協約に、「労働組合は、交渉権限を第3者に委任することはしない」といった趣旨の

「団体交渉権限（第3者）委任禁止条項」が存した場合、使用者は、それを理由に第3者の団交関与を拒否できるかが問題となる。

実は、これは、使用者が、団交に当たって、地域組織の活動家（一般に、オルグと呼ばれる）が組合への指導的役割をもって関与することを嫌って、予防的に、当該条項を協約化したことに端を発するものである。形式論からいえば、労働協約で定められた以上、労使共に協約遵守義務を負うのであるから、それに違反した組合側に非があるということになるが、組合を追い込むために、力関係上の優位を利用して使用者が組んだミエミエの目論見（それ自体が不当労働行為性を持っているのだ）をそのまま通させてしまうことを、労働法理論として、いわば「潔し」とするかどうかの問題である。このような問題本質と、そのような本質的関係を克服することに労働法と労働法理論の役割があること、使用者の前記団交応諾義務を実体化させていくのが労組法7条2号の、したがって、労委の任務であること等からするならば、たとえ協約規定があったとしても、そのような協約規定を持ち出すことに相当の理由がある場合は格別、単に協約規定があるというだけをもっては団交拒否理由とはできないものというべきであろう。

3．団交拒否の「正当理由」

不当労働行為を構成するのは、労働組合の団交申し入れに対して「正当な理由がなく」拒否すること（7条2号）であるから、労働委員会での実務上は、使用者の主張する拒否理由が「正当理由」に当たるかをめぐって、争われることになるが、結論的に言えば、正常な団交の実施が不可能であることが明らかであるといった特殊な事態が存するような場合を除いて、原則として、「正当理由」とされる場合はないといってよいであろう。というのは、団交というのは、労使関係形成の入り口なのであって、団交のやり方等をめぐって問題があるのであれば、それは「団交」において決すべきが原則（労使自治）で、そのような原則が妥当しない局面においてのみ、労働委員会の関与がなされるべきだからである。とはいえ、以下、問題とされることの多い事項について、2、

3、言及する。

イ）団交の「担当者」を誰にするかは（誰に委任するかの問題を含めて）、それぞれの側が自主的に決し得るところである。したがって、「担当者」のいかんを団交拒否の理由とすることは、特別の場合（「団交渉権限委任禁止条項」の存する場合について、前述参照）を除いて、不当労働行為を構成する。

ロ）最も争いが多いのは、団交の態様をめぐる問題である。使用者が、適正な団交を実現すると称して、時刻・場所・参加人数・出席者・所要時間等について、制限、あるいは、自己が定めた条件に従うべきことを求め、労働組合がそれに応じないときは、団交にも応じないといった対応をめぐる争いである。しかし、こうした団交ルールに関する争いも、団交において決せられるべく、使用者が、それがいかに合理的内容に見えようとも、自己の主張するルールに固執することは、団交システムの否定に他ならない。その意味で、使用者による、団交ルールへの固執は、不当労働行為と考えられている。

また、団交態様に関してしばしば問題となるのは、組合員が多人数参加しての団交方式（大衆交渉方式）である。それは、使用者の態度が無責任あるいは逆に頑なに過ぎるために組合員の怒りが団交参加となったとか、組合ができて間もなく、会社経営者に対する組合役員の心理的引け目をカバーするため等々の理由で、発生することが多い。団交の制度化は重要なことではあるが、参加人数が多いということから直ちにその方式を否定するのではなく、むしろ、団体交渉システムを労使間に制度化させるために、大衆交渉方式となった背景事情・理由を見極め、使用者の対応の修正を求める等、それに応じた処理がなされるべきである。

ハ）前記、組合運動の側における単産機能の強化政策の中で、過去、組合の求める団交方式の拒否をめぐる問題が注目を集めたことがあったが、今日では、ほとんど論議されることもなくなった。ただ、あえて言えば、いかなる団交方式を基軸とした運動を組むかは、団結自治に属する問題である。したがって、労働組合の選択した団交方式について、使用者がアレコレ言うことそれ自体が不当労働行為というべく、使用者に特別の損害を与える等の特段の事情が存し

ない限り、使用者は応じなければならないというべきであろう。

　ニ）団交対象事項に関しては、「労働条件」その他、労働関係に、直接あるいは間接的に、関係のある事項については、すべて、団交対象となりうるという点では、一致しているといってよい。その意味では、現実的には、（組合がそれらに関係なく団交要求するなどということは通常考えられないから）団交事項については格別の限定はないと考えてよい（なお、団交対象事項に限定を加えるがごとき国労法8条の問題性につき、前述参照）。

4．団交拒否と司法救済

　前述のように、労働委員会による救済に時間がかかることから、団交拒否のような解決に緊急を要するような事件については、ことに機能し得ないことになる。そこで、使用者の団交応諾義務の存在を前提に、裁判所に対して、使用者に、「団交応諾を命じる仮処分」の発令を求める試みが登場した。

　これに対しては、これを肯定する理論構築が行われる一方、団交拒否事件は、司法救済にふさわしくなく、もっぱら、労働事件の専門的処理機関として設置された労委による救済に委ねられるべきこと、団交応諾命令というのは、「不代替の作為義務」を命じるもので、司法的救済にはなじまないこと、強制手段が存せず、実効性が期待できないこと等の理由から、反対論も有力に展開されていって、判例も、肯定・否定相半ばする状況が続いた後、1970年代ごろには、否定説が優勢を示すかのごとき状況に及んだ。

　そうした中で、国労が、旧国鉄に対し、「団体交渉応諾義務確認請求」としての訴を提起したところ、東京地裁が、国労が「団体交渉を求める地位」にあることを「確認する」旨を判決し（東京地判昭61・2・27）、高裁、最高裁共にこれを肯定した（東京高判昭62・1・27、最3小判平3・4・23）。これによれば、件数としては1件のみであるが、判例としては、上記確認訴訟で問題処理することで固まったと評価してよいであろう。

　思うに、この訴訟それ自体が精神的意味合いを持っていて、使用者の頑な態度を押し切るだけの力が労働組合になく、状況打開あるいは運動強化の精神的

支柱として裁判所の判断を求めようとしたものであること、応諾命令と言おうと、地位確認と言おうと、使用者の「団交応諾義務」の存在が前提となっていること等からすれば、あえて異を唱える必要はないようにも思われる。

しかし、「地位確認」というのみでは、紛争解決の方向性と強制性が不十分に終わる。先に論じた使用者の誠実団交応諾義務の内容からするならば、直截的に使用者に団交応諾を命じ、間接強制をもってする強制力付与を試みるべきものと考える（先に触れたように、労組法32条は、十分な強制力を持ち得ないものではある。しかし、労委命令を間接的強制のままにおいて、間接強制は「強制力」がないからふさわしくないとするのは、論理矛盾である）。

第5節　支配・介入

1．団結自治と支配・介入

労働組合法7条3号は、「労働者が労働組合を結成し、若しくは運営することを支配し、若しくはこれに介入すること」を「不当労働行為」として禁止しているが、これらは、一般に、まとめて、「支配・介入」と表示される。

なお、3号は、それと並列させる形で、「又は、労働組合の運営のための経費の支払いにつき経理上の援助を与えること」（これは、一般に、「経費援助」と表現される）も不当労働行為を形成するとして、「経費援助」が独立の不当労働行為類型を形成するかのような規定形式を取っているが、一般に、「経費援助」は「支配・介入」の1類型をなすものと把握されている。このような表示形式になっているのは、先に、「資格要件」に関して論及しておいたように、在籍専従者の給与負担を含む時間内組合活動に対する賃金保障をいわば「目の敵にした」24年労組法改正の経緯に基づくものである。

ところで、労働基本権保障のうちには、労働組合の運営は自主的・自治的に行われるべきで、国家、あるいは、使用者による侵害があってはならないことが含まれていること（団結自治の保障）については、先に述べたとおりである。そして、この団結自治の保障を、対使用者との関係で実体化するために、「不

当労働行為」として禁止されたのが、「支配・介入」であると解することができる。言い換えれば、「支配・介入」とは、使用者による、「団結自治に対する侵害行為」、もしくは、「侵害のおそれのある行為」の意である。

したがって、「支配・介入」というのは先述した「経費援助」等を含む、きわめて包括的概念であり、典型的には、使用者の、組合の活動・方針に対する妨害行為や、組合活動を自己の支配下・影響下におこうとする行為があげられるが、要するに、労働組合の活動に何らかの影響をもたらす可能性のある使用者の行為は、すべて、不当労働行為としての「支配・介入」を構成するものと考えてよい。

2．成立要件をめぐる問題

上述の通り、「支配・介入」はきわめて包括的概念で、多種多様な使用者の行為がこれに包摂されることになるが、その成立につき、1号の「不利益取扱」と同様、格別の要件が必要かについては、若干の論議が存した。

まず、1号の場合と異なって、「支配・介入」については、「組合活動への影響」という「結果」発生を要件とはしない、その「おそれ」のある行為であれば「不当労働行為」を構成する、という点に関しては異論がない。

ここでも、その成立のためには意思（支配介入意思）の存在を要するか、という点につき争いがある。しかし、ここでも、「客観的に組合活動に対する非難と組合活動を理由とする不利益取扱の暗示を含むものと認められる発言により、組合の運営に影響を及ぼした事実がある以上、たとえ発言者につきこの点につき主観的認識乃至目的がなかったとしても、なお労働組合法7条3号にいう組合の運営に対する介入があったものと解するのが相当である。」（山岡内燃機事件・最2小判昭29・5・28）というように、「主観的意思」の問題ではないとする点では、一致している（実は、上記最高裁判決については、意思不要説、必要説の双方が、それぞれに自己正当化の論拠とするという現象がある）。したがって、ここでも、意思必要説というも、客観的事実関係から推認される意思関係というものであるから、不要説が問題にする行為の性格判断（組合活動に対する侵害

の可能性のある行為か否か)と基本的に変わるものではない。ここでも、両者の相違は、理論構成上の問題に止まるものといってよい。

3. 使用者の「言論の自由」と支配・介入

上述のように、「支配・介入」はきわめて包括的概念であり、組合活動に対し影響をもたらす可能性のある使用者の行為は、広く、「支配・介入」と判断されるが、それが「言論」をもって(直接、言葉的表現をもって、あるいは、文字的表現をもって)行われた場合、行為者、したがって、使用者の「言論の自由」との関連で、当該言論行為は違法行為(不当労働行為)としての評価を受けるべきものかが、問題となる。すなわち、行為者は「言論の自由」の行使として当該行為を行った(単に自己の見解を述べたに過ぎない)ものであり、たとえ、それによりたまたま組合活動に影響が発生したとしても、それが Intentional なものでない限り、それにつき責任を問われることはありえないのではないか、というものである。

先に、1940年代のアメリカは、労働組合にとって逆境のときであったと言及したが、そのような中で制定されたタフト・ハートレー法(全国労使関係法) 8条(c)項は、上記 Intentional かどうかの指標として、使用者の言論は、それが「報復または暴力の威嚇もしくは利益の約束を含まない限り不当労働行為は構成しない」と規定することによって、使用者の「言論の自由」に軍配を上げたのであった。

これに対し、わが国の場合、アメリカ法にならって、上記 Intentional な要素(一般に、プラスファクターと呼ばれる)が存しない限り不当労働行為を構成しないとする見解も存するが、「使用者だからといって憲法21条に掲げる言論の自由は否定されるいわれがないことはもちろんであるが、憲法28条の団結権を侵害してはならないという制約をうけることは免れず、使用者の言論が組合の結成、運営に対する支配介入にわたる場合は不当労働行為として禁止の対象となると解すべきである。これを具体的にいえば、組合に対する使用者の言論が不当労働行為に該当するかどうかは、言論の内容、発表の手段、方法、発表の

時期、発表者の地位、身分、言論発表の与える影響などを総合して判断し、当該言論が組合員に対し威嚇的効果を与え、組合の組織、運営に現実に影響を及ぼした場合はもちろん、一般的に影響を及ぼすか可能性のある場合は支配介入となるというべきである。」とするもの（プリマハム事件・東京高判昭56・9・28. なお、最2小判昭57・9・10は、この点につき、格別に論及することはないが、同高裁判断を結論的に支持しているから、基本的に同一見解と解してよいであろう）を代表として、上記プラスファクターの有無によって判断するのではなく、諸般の事情を考慮した「総合判断」であるべしとする見解が支配的であり、その結果、一般的・具体的には、労働組合活動の基本的あり方や、団交・争議に関する自己の見解、企業運営の基本方針の表明等、自己の考え方の一般的表明に止まる場合には不当労働行為を構成するとはされないものの、組合の結成・加入や役員人事、組合員の範囲、上部団体への加盟問題、具体的活動・争議方針等、本来労働組合の自主的決定に委ねられるべき事項についての発言は、不当労働行為を構成するものとされる。

　思うに、「言論の自由」というも、言論の行われる「場」と当事者の「関係」を抜きにしては、その範囲、当否は決しがたいものである。もともと、労使関係というのは、本来的に、一方の優位性の下に関係が形成されるものであるがゆえに、対等性への接近のために労働基本権が保障され、それを実体化させるために不当労働行為制度が形成されたものであった。それを、再び、形式的に使用者の「自由」を持ち出してくるのは、不当労働行為制度そのものの否定に他ならない。労使の実体的関係の中で、両者の権利をいかに調整し、実体化させるか、という視点から問題は考えられるべきなのであって、形式的な権利・自由の対置は、契約の自由、営業活動の自由があるのだから、組合活動家の首を切ってもいいのだというたぐいの議論に過ぎない。その意味で、労働組合の権利の前に使用者の権利・自由は一定程度限定されるものであることを前提に、労働基本権の定着化という不当労働行為制度の目的を生かすという観点から見たとき、当該使用者の言論は当該労使関係においていかなる機能を果たしているのかが総合的に判断されるべきことになるのである。したがって、この

ような視点を前提とした上で、という条件の下において、前記判例の説くところは妥当と判断してよいであろう。前述したような、日本とアメリカのそれぞれの不当労働行為制度を支えるものの質的な相違が端的に現れた結果の1つといえよう。

4．組合活動保障と支配・介入

　7条3号は、「経費援助」を「不当労働行為」と規定した上で、労働組合の「資格要件」に関する規定（2条但書2号）の場合と同様に、①使用者との団交・協議の場合に限っての、就業時間内組合活動への賃金支払い、②組合の行う福利活動への寄付、③最小限の広さの組合事務所の供与の3つの場合を例外とする。したがって、これを形式論理的に反対解釈すれば、上記3つ以外の組合活動保障は「不当労働行為」を構成することになる（そこで、組合活動保障の反価値性の思いを込めて、それらを、「便宜供与」と表現する向きも少なくない）。しかし、考えてみれば、労働組合の要求・運動に基づき、協約上あるいは慣行上保障された、たとえば、就業時間内組合活動の権利や、掲示板・会社什器・電気・電話設備の無償利用等が「不当労働行為」を構成するなどと観念したり、それらについての組合要求や運動に対し、使用者が、「不当労働行為になるからできません」と答えることに道を拓くなどというのは、組合活動の定着化を目指す不当労働行為制度の観点からして、バカげたことである。これも、先に触れた昭和24年労組法改正の政治性に起因することである。したがって、「資格審査」に関して論及したと同様、ここでも、「組合活動保障」たる性格の事象か、「不当労働行為」としての「経費援助」と評価されるべき事象かの判断は、実質的になされるべきである。もっとも、この点が、労委での救済手続きの過程上、あるいは、裁判上、直接争点となることはないではあろう。労働組合が、自らの運動をもって「獲得」した「組合活動保障」を、「不当労働行為」です、といって救済を求めるなどということはありえないからである。にもかかわらず、ここで、敢えて上述の言及に及んだのは、上記3つ以外の組合活動保障＝「経費援助」とする迷論や、「便宜供与」イデオロギーに惑わされてはな

らないことを明確にせんがためである。

　以上のように、上記3つ以外の組合活動保障は直ちに不当労働行為となるものではないのみならず、かえって、場合によっては、保障をしないことが不当労働行為となる場合があると考えるべきである。判例は、一貫して、「保障義務なし」との観点から（最高裁の「受忍義務」否定論については、次章参照）、その可能性を否定しているが、たとえば、企業内組合として、企業内に組合事務所が存するのが恒例となっているわが国労使関係の現実の中で、格別の支障がないにもかかわらず、使用者が敢えてその「貸与」を拒否したり、組合活動に関し、合理的理由もなく、「在籍専従」は認めない一方で、組合活動のための休業（欠勤）や緊急事態等に際しての就業時間内活動（職務離脱）も認めない、というのは、明らかに、行きすぎである。

　使用者において、労働組合が、司法裁判所に対して、組合事務所等の「組合活動保障」（貸与）請求をなし得る、保障をしない使用者を相手に、損害賠償請求をなし得るといった意味での「（法的）義務」があるというものではないことは確かではある。しかし、労働基本権の実体化、すなわち、労使間に団交→協約システム＝組合運動の定着化を図ることが不当労働行為制度の趣旨であるとするならば、それを妨げる、わが国の労使関係上常識化されたあるいは不可避とされる事象に反する使用者の「依怙地な行為」は、広く、不当労働行為と評価されてしかるべきであろう。

第6節　組合間差別をめぐる問題

1．問題の所在と構造

　1企業1組合の原則で開始された労使関係が、「組合分裂」を経験し、1つの企業に2つ以上の労働組合が存在するに至った状態を「組合併存」と呼んでいるが、1970年代半ばごろ以降、①賃上げあるいは一時金の率・額という賃金面を中心とした労働条件に関して、②組合事務所・掲示板の貸与等の組合活動保障に関して、併存する組合間、あるいは、その組合員間で、格差が生じる現

象（組合間差別）が目立ってきた。そこで、差別を受けた労働組合が、これを不当労働行為であると主張して、労働委員会に対し救済を求めたことにより、「組合間差別」は不当労働行為を構成するものかが困難な問題として提起されるに至った。

というのも、①賃金等の労働条件は、本来、「取引」によって決まるものである。とすると、その結果を左右するものは、当事者の交渉力と決断である。交渉力の強い者は当然に有利な条件を獲得できるであろうし、弱い者は、その逆となる。したがって、併存組合間に労働条件で「差」が発生したのは、それぞれの交渉力の強・弱に基づくものであって、不当労働行為としての差別の問題ではないのではないか、ということになるからである。また、当然、ここでも「取引の自由」は貫徹しているわけであるから、それぞれの主体的決断に基づいて、労働条件や組合活動保障について決定していくことになる。使用者は、2つ以上の組合があるからといって、それらに常に同一基準での労働条件を保障、あるいは、同一内容の組合活動保障をしなければならない義務はなく、諸般の事情を考慮した総合的・政策的決断として、まったく自由に、態度決定をなし得るはずである。したがって、併存組合間に「差」が発生したのは、使用者に保障された自由な決断の結果であって、「不当労働行為」とされるいわれはないとされる余地があるからである。

②さらに、わが国の場合、賃金決定にかかわる慣行として、「査定」の問題がある。つまり、わが国の場合、個別賃金は、使用者による「成績査定」に基づいて決定されるものであって、その結果、組合員間に「差」が発生したとしても、それはいわば「合理的差別」であって、不当労働行為に基づくものとはいえないのではないか、との主張も存するからである。（以上を、「不当労働行為性否定論」と呼んでおく。）

とすると、組合間差別が不当労働行為に該当するか、それとも、取引の自由・労働組合の交渉力等の次元の問題に止まるのかの問題は、実体的に、組合間差別は上記のような論理が妥当する性格の問題局面なのか、それとも不当労働行為性が問題となり得る局面に属するのかを見極めることに帰着するといえよう。

2．組合併存の構造と分析の視点

　労働組合「分裂」の背景、実体等については、先に論及したが、検討を広げつつ、ここでの問題考察のポイントとなる事柄につき、今一度確認しておくならば、①もともと、1企業1組合の原則の下出発したが、「組合分裂」の結果として、「組合併存」の事態が生じたものであること、②組合分裂には、1950年代型と、1960年代型とがあるところ、1950年代分裂の場合、第1組合は、長期争議→組合分裂→争議敗北という苛烈な展開をたどったことにより短期間のうちに、あるいは、その場は存続し得たとしても、新入組合員の途絶・定年退職等による組合員の減少等によって結局はほとんどが消滅していったため、「組合併存」へつながることはほとんどなかったが、1960年代以降分裂の場合は、平時の分裂で、構成メンバー的には若かったこと等もあって、分裂した組合がそのまま残り、「組合併存」の事態を生んでいったこと、③この時代の分裂は、労働組合としての組織原理・原則の相違に基づくものではなく、両者共に、同一の、特定企業従業員をもって組織するという企業別組合の原理・原則に立ちながら（これらの点は、1950年代型分裂も同一ではあるが）、企業の経営政策（ことに合理化政策）に対して協調的であるか、反抗的であるか、運動方針として、協調的か、より戦闘的か、わかりやすくいえば、会社寄りか、そうでないか、の1点にのみ基づくものであったこと、④その結果、わが国の組合併存は、会社への、したがって、会社にとっての、親近度によって成り立っていること、である。

　一方、前記不当労働行為性否定論が「交渉力」というとき、いかなる内実をもっていうのかは定かではないが、確かに一方は従業員の圧倒的多数を組織してはいるが、純粋の企業内組合として、もとよりその交渉力は限定されたものであり、その数的優位性も、会社に対しより反抗的な集団が存すること、それに比して、会社からの覚えがめでたいことを基盤とするものである。その意味で、組合併存は、会社を中心軸とし、そこからの距離の遠近に基づいてのみ存在しているものであり、本来的に、会社の意向・好悪を基盤としているものなのである。

このように見てくると、わが国の組合併存の実像は、前記不当労働行為性否定論が描くような綺麗ごとの世界ではないことがわかる。そして、法理論の役割が、実体に即した問題処理、人権の具体的保障にあるとするならば、「団交」とはこういうものであるといった形式論をア・プリオリな前提とし、形式的・観念的問題処理に向かうのではなく、このような組合併存の労使関係構造を見極め、それを前提に、労使間に労働基本権の定着を、労働者への基本的人権保障の全きを図るためにはいかにあるべきかという視点からアプローチ・問題処理すべきであるといえよう。

3. 組合間差別と不当労働行為

1) 賃金差別と不当労働行為

賃金差別を内容とする組合間差別の救済が求められたとき、労働委員会は、①併存する各組合ごとに、組合員全体の平均賃上げ額（率）（あるいは、一時金の平均支給額・率）を算出し、②その両者に格差が存した場合、③不当労働行為性を推定するとともに、使用者に対し、その格差を正当化するに足る合理的理由の立証を求め、④それが成功したと判断されない場合（現実的には、その試みすら実施されないのだが）は、そのまま、不当労働行為と認定し、差額賃金の支払いを命じる、という枠組み（救済方式）を確立させた。この方式は、一般に、「大量観察方式」と呼ばれ、相当数の蓄積の後、最高裁によっても、承認されるに至った（紅屋商事事件・最2小判昭61・1・24）。

これらは、前述の組合併存の労使関係構造に対する的確な洞察に基づくものである。すなわち、組合併存の実体からして不当労働行為が生じやすいとの認識を前提に、不当労働行為性を「推定」し、不当労働行為性否定論が主張するがごとき「合理的理由・根拠」が存在し、立証されるのであれば、上記論が言うように、不当労働行為性を逆転否定し、他方、立証しない・できない場合には、「やはり……」ということで、不当労働行為と「認定」する、というものである。まさに、現実を見極める中で、上記不当労働行為性否定論の形式論を凌駕したものといえる。前述したところからすれば、いうまでもなく妥当な処

理といえよう。

2) 組合活動保障の差別と不当労働行為

組合事務所・掲示板等の施設の貸与・供与、在籍専従・時間内組合活動の承認等の制度的保障等の組合活動保障は、いうまでもなく、組合活動の基盤をなすものであるから、併存する組合間において、一方にこれを保障し、他方にこれを拒否する等の差別を行うことは、組合運動につき一方を有利にし、他方を著しく不利な状態に陥しめること、つまり、一方を応援し、他方を否定することである。その意味で、この面での組合間格差は、ただちに「不当労働行為」を構成することになる。

したがって、この面においても、労働委員会は、1)の場合にも増して、つまり、格差が認定され次第、原則として、「不当労働行為」としてきたが、最高裁は、さらに、使用者の「中立保持義務」という概念をもって、上記結論を積極的に論拠付けた。すなわち、「複数組合併存下にあっては、各組合はそれぞれ独自の存在意義を認められ、固有の団体交渉権及び労働協約締結権を保障されているものであるから、その当然の帰結として、使用者は、いずれの組合との関係においても誠実に団体交渉を行うべきことが義務づけられているものといわなければならず、また、単に団体交渉の場面に限らず、すべての場面で使用者は各組合に対し、中立的態度を保持し、その団結権を平等に承認、尊重すべきものであり、各組合の性格、傾向や運動路線のいかんによって差別的取扱をすることは許されない……。」(日産自動車＜残業差別＞事件・最3小判昭60・4・23)(なお、直接組合活動保障にかかわる事件としては、後掲日産自動車＜掲示板不貸与＞事件、参照。同事件も、「中立保持義務」から立論して不当労働行為認定に至っており、事案の性格からすれば、同事件の引用が適切かとも思われるが、ここでは、先例性という観点から、残業差別事件の方から引用しておくことにした。)

このような、組合併存下における使用者の「中立保持義務」という観念は、当然のものであると同時に、先述したような組合併存の労使関係構造の下、物事が使用者の「好悪」を中心に動きやすいという実体的関係下においては、きわめて重要な、大いに尊重されるべきものといえよう。論者によっては、使用

者に過重な義務を課すものとする者や、最高裁が、引き続いて、「各組合の組織力、交渉力に応じた合理的、合目的な対応をすることが右義務に反するものとみなさるべきではない。」としたことに依拠して、「中立保持義務」の実質を縮減しようとする者等が存する。しかし、1つの企業の中に実質を異にする権利主体が存するとき、企業（使用者）に対しそうした権利主体の実質に応じた対応が要求されるのは、当然である。複数の労働組合、労働者集団が存在する欧米企業の場合、使用者の「中立保持義務」は当然の前提であるし、組合併存という現象は、善きにつけ、悪しきにつけ、使用者を含めた企業内構成員の過去の営みを基に生じたものであり、かつ、そこから一定の利益を得ているものであってみれば、使用者がそれに伴う一定の責務を負うのは当然というべきであろう。

4．差し違え条件と不当労働行為

1) 問題の所在

上述のような単純な「組合間差別」問題は比較的スムースに処理されたが、「差し違え条件」がからむばあいは、問題が一層複雑、困難なものとなる。

「差し違え条件」とは、労働組合の要求に対し、使用者が、それを受け入れるあるいはそれに譲歩する「交換条件」として提示するものであるが、問題は、次のようにして発生する。つまり、併存する2組合の要求に対して、使用者は、それを受け入れる交換条件として、同一の条件（差し違え条件）を提示する（簡単にいえば、こっちの「条件」を受け入れるなら、そっちの要求も受け入れてやるぞ、というものである）。それに対し、併存する組合の一方（以下、「（条件）受諾組合」と表示する）がその条件を受け入れ、妥結するが、他方（以下、「（条件）拒否組合」と表示する）は、その受け入れを拒否したため、妥結に至らなかった。その結果、条件受諾組合は要求どおりの内容で妥結し、たとえば、賃上げを獲得するが、条件拒否組合は妥結に至らず、賃上げがなされないままに終わる、その結果、両組合の組合員間に賃金格差が生ずるに至った、というものである（もちろん、使用者の第2次回答として、1次回答への上積みと同時に差し違え条件が提示さ

れ、その受諾のいかんによって、格差が生じる、という場合もある)。

　これは、形式的には、「差別」として差が生じたのではなく、「条件」の諾否の「結果」として、差が生じたことになる。その結果、「不当労働行為」の影は、一層薄くなり、否定の口実は一層容易となる。

　前述したように、団体交渉は一種の「取引」である。である以上、「取引の自由」が貫徹するものであるから、一方の取引主体としての使用者が何らかの条件を提示して、その取引を有利に導こうとするのは、当然である。そして、「法に反しない限り」、条件を提示するか、しないか、どんな内容の条件を提示するかは、使用者のまったくの自由である。他方、各労働組合は、自己の主体的判断に基づいて、差し違え条件の諾否を決定・選択したのであって、労働条件の格差はその「結果」であるに過ぎない。ここに「不当労働行為」性を云々する余地はありえない、というものである。

　しかし、何よりもまず問題は、ここでも、組合併存下、「取引の自由（あるいは、自由な取引）」は存在し得るのかということである。たしかに、労働者は交渉関係における不平等性を克服し、「自由」を獲得するために労働組合を結成したのであり、労働組合による交渉により、形式的には、取引関係における自由を獲得したといえる。しかし、そのような「自由」が実質的に確立するためには、交渉力の平等性が不可欠である。経済的関係において、チカラの異なるものの間に、「自由」な関係などありえないからである。ところが、企業別組合というのは、本来的に、交渉力という点で限界を持った存在である。そして、「組合併存」という事態はそれに輪をかける。組合相互間の競争関係が、もとより弱いチカラを一層弱める方向に機能するのである（ときによって、それは「安売り競争」になりかねない危険性をすら有する）。加えて、そこにつけ込んだ使用者の「悪乗り」を誘発しやすい。たとえば、一方が絶対的に受け入れるはずのない条件を提示し、当該組合を追い込んで、自分に有利な状況を生み出したり、当該組合潰しを狙ったりすることである。先に、組合併存は、労使関係が使用者への距離を中心に展開し、不当労働行為を生み出しやすい本質を有していると述べたが、その本質の現実化・実体化である。とすると、そのような使

用者の「悪乗り」、あるいは、「差し違え条件」の「悪用」を防止することによってこそ、「自由な取引」は保障されることになろう。いかにしたらそれを達成できるか、「差し違え条件」についての法的規制を考えることである。ここでも、形式的な「取引の自由」をア・プリオリに前提とするのではなく、労使関係の実態を踏まえた検討が要求されているというべきなのである。

　上記のような側面については、経済的取引上、自己に有利な条件を利用するのは、当然であるという論があり得る。しかし、悪徳商人の商法でもありもしない。自己に有利だからといって、取引上、何をしてもいい、というものではあるまい。取引の自由というも、取引参加者は、その取引を直接規制する法にのみ止まらず、憲法を頂点とする人権保障の趣旨・理念、さらには、取引上のモラール等の枠組みの中で行動すべく規制されているはずである。となると、問題は、労働基本権の保障という憲法秩序を前提に、組合併存下の労使関係において使用者に課せられる枠組みはいかなるものと考えるべきか、ということに帰着する。言い換えれば、労働基本権保障の中での「取引の自由」の法的枠組みを考えること、労働基本権保障・理念を前提に、使用者が、「組合併存」という事態に悪乗りして、その事態を自己に有利なように「悪用」しないようにするための条件、上記「差し違え条件」にかかわる規制を考えることである。

2)　「差し違え条件」の法的枠組み

　この点については、これまでの最高裁判決における事案と法理が示唆的である。以下、それに沿って、「差し違え条件」の法的枠組みについて考えてゆきたい。

　①団結承認義務と差し違え条件——合理性のない条件への固執の不当労働行為性（1）

　　　＝一方組合の団結を否認する性格をもった
　　　　抽象的条件への固執

日本メールオーダー事件（最3小判昭59・5・29）

　同事件では、会社が、年末一時金交渉において、第2次の上積み回答に際し、

「組合は生産性向上に協力すること」に同意することを条件としたのに対し、一方組合（受諾組合）がこれに同意して、上積みの一時金を獲得したが、他方組合（拒否組合）はその受け入れを拒否して、妥結に至らなかったため、その組合員が一時金を受領できなかったことの不当労働行為性が問題となったものであるが、最高裁は、拒否組合の組合員が一時金を受領できなかったのは、会社が「合理性を肯認しえず、したがって拒否組合が受け入れることのできないような前提条件を、拒否組合が受諾しないであろうことを予測しえたにもかかわらずあえて提案し、これに固執したことに原因がある」として、会社の行為を「不当労働行為」と認定し、拒否組合組合員への一時金支払いを命じた労委命令を支持した。本件は、差し違え条件に関する最も最初の最高裁判決であったが、最高裁は、要するに、差し違え条件の「合理性」のなさ（拒否組合の糾明に対し、会社は、条件の意味は、「就労義務のある時間中は会社の業務命令に従って一生懸命働くという趣旨である」と説明するのみで、いまさら「あたりまえのこと」をあえて差し違え条件としたことには何かウラがあり、条件受諾は労働強化につながるとの疑念を抱いていた拒否組合に対し何ら納得のいく具体的な説明をしていない点に不合理性を認定した）と、それに固執しつづけたことのうちに、前記「悪乗り」、差し違え条件の「悪用」を見たわけである。

　これを敷衍し、普遍化させた基準として考えるならば、以下のごとく理論化できるであろう。

　労働基本権保障を中核とした労使関係の出発点は、「団結承認」である。労働組合を相手としてのみ取引をし、そのことを基軸に労使関係を構築することである。そして、そのような関係を構成しようとする場合に不可欠とされるのは、当事者間の相互尊重である。それぞれの主体性を尊重することであり、相手方の主体性を傷つけないよう努めることである（これを、労働組合との関係で表現するとき、「団結承認義務」と観念される）。

　この団結承認義務というのは、相手方の「主体性」の尊重であるから、労働組合との関係に則していうならば、当該労働組合の規約・綱領・方針等を含めた「あるがままの組合」の承認・尊重である。したがって、たとえば、当該労

働組合が「合理化反対」を方針としているとき、「合理化協力」を迫ることは、相手の立場否定である。それに反対であるならば、それは、正面から渡り合って、変更させるべきものであって、自己の容認できる方針にならない限り、たとえば、賃上げに応じないというのは、相手の尊厳・主体性を否定することである。それは、「取引」の次元を超える行いであり、団結承認義務に違反することである。たとえば、通常の取引・契約関係において、取引対象事項に直接関係しない、「お宅の会社の経営方針・政策を変更しない限り取引はしません」というのは、明らかに「取引」の次元を超えることであり、行き過ぎた行いと評価されるであろう。ことに、労使関係においては、団結自治侵害・団結承認義務違反（労働基本権侵害）たる違法（反憲法的）行為である。これは、組合併存下であると否とにかかわりなく、不当労働行為とされるものであるが、組合併存下においては、一方組合のみの否認→消滅という事態につながりかねない点において、一層その違法性が強いというべきなのである。

　もちろん、「取引」の対象となり得る具体的事項をめぐる攻防である限り、まさに、取引の次元の問題となる。そうではなく、当該団結の基盤となる考え方や方針一般にかかわるような条件は当該団結それ自体の否認を意味し、「団結承認義務」に反するがゆえに、許されないというべきなのである。メールオーダー事件の「生産性向上に協力する」というものは、まさにそれに該当する。最高裁も、当時、旧国鉄で問題となっていたマル生運動（生産性向上運動）に関して認定するように、1960年代から1970年代にかけては、企業の「生産性向上」に対しいかなる態度をもって望むかは、労働組合の基本的在りようを決する問題であったのであり、したがって、「生産性向上に協力する」という条件に同意することは、当該組合の組合としての存在理由を自ら否定することを意味したからである。そうではなく、「生産性向上」のための具体的方策、たとえば、そのための機械導入あるいは作業方法の変更等を内容とする差し違え条件であれば、それを認めることが組合にとっての方針の変更＝敗北を意味するものであったとしても、そして、それらの積み重ねが、時によっては、組合としての存在基盤の崩壊・消滅につながったとしても、それは、チカラ（交渉力）

を基礎とする「取引」世界のノーマルな現象として捉えられるべきものとなるであろう。

　以上の意味で、「差し違え条件」についての第1の規制は、一方組合の存在基盤をなす考え方・方針の変更を迫るような、抽象的条件への固執は、「団結承認義務」違反として、「不当労働行為」を構成する、ということである。

　②誠実団交義務と差し違え条件―合理性のない条件への固執の不当労働行
為性 (2)
　　　　　　　＝対抗性・緊急性のない条件への固執
日産自動車（掲示板不貸与）事件（最2小判昭62・5・8）
　同事件では、一方組合の掲示板貸与要求に対し、会社が、従来からの懸案であった在籍専従者数の削減問題の処理の先決を主張して合意に至らず、他方組合への貸与・当該一方組合への不貸与という結果になったことに関し、最高裁は、在籍専従者数の問題は、掲示板問題とは直接抗性を持たず、また、直ちに解決しなければならない緊急性ももたなかったことを理由に、そのような条件に固執して「平等取扱原則」に反する状態を生み出したものとして、当該事態の「不当労働行為」性を認定した。

　この場合についても、敷衍すれば、差し違え条件に関する第2の規制は、対象事項に対する関係で、差し違え条件とするには「ふさわしくない事項」、緊急性・対抗性のない事項を差し違え条件とすることは、「合理性」を欠き、「不当労働行為」を構成する、ということである。ただ、この「対抗性」に関しては、注意を要する。というのは、団交→協約にかかわる判断は、政策的・総合的であるから、たとえば、組合活動保障の面で厳しく対応する一方、賃金問題では譲歩するといった対応もあり得るからでらる。したがって、この「対抗性」の意義を、一方の問題が解決しなければ、他方も解決しない場合とか、相互の牽連性とかいうような、あまりに直接的な対抗性に限定するのはふさわしくない。労使関係上の問題として団交上取り上げるにふさわしくない問題であること、本件の場合のように、労使間の論争点になってはいたものの、長年にわたって続いてきた関係をいわば「口実的」に取り上げて、その一挙解決をあえて

差し違え条件としていることが明らかであるような場合であること等に限定して考えるのが妥当と思われる。

③平等取扱原則と差し違え条件—対応の不合理性
　　　　　　　　　　　　＝一方組合との先行妥結と結果の強要
日産自動車（残業差別）事件（最3小判昭60・4・23）

　同事件では、一方組合が「計画残業」を前提とする勤務体制に反対し、合意が成立しなかったことを理由に、当該組合組合員に時間外労働（休日勤務を含む）をさせなかったことの不当労働行為性が争点となったものである。最高裁の論旨は必ずしもはっきりしないが、前記「平等取扱原則」と併存組合双方に対する「誠実団交義務」について論及した上で、実質的に、双方組合に対し、「同一時期に、同一内容」の労働条件を示して交渉することなく、一方組合との妥結結果の受け入れを強要していった点を中心的理由として、不当労働行為を認定したものと理解できる。

　これは、本件の場合、差し違え条件は、その内容的当否は別として、「勤務体制」の受け入れ要求であり、要求それ自体、「不合理」とされるものではなく、当然、前記第1の規制に反するものではないし、勤務体制—残業という相互に深く関連したものでもあって、前記第2の規制に抵触するものでもない。しかし、最高裁は、他方組合との妥結結果を、いわば、「イエスか、ノーか」、「イエスであれば、譲歩するが、ノーであれば、妥結しない」というのは、一定結論の押し付けであって、誠実団交義務に反し、結局は、一方組合の団結否認を意味するものとして、「不当労働行為」を構成するとしたものとして理解できる。

　これを、一般的基準化すれば、差し違え条件にかかわる第3の規制は、当該条件の内容が「合理的」なものであっても、その取引＝団交過程に団結否認的要素が存する場合には、不当労働行為を構成する、というものとして定立できよう。

　3）　妥結月実施条項への固執と不当労働行為
　差し違え条件をめぐる問題は、妥結月実施条項が絡むことによって一層困難

な問題となる。

　妥結月実施条項というのは、差し違え条件の一種で、「賃上げは、妥結が成立した月から実施する」という合意である。それは、組合併存の場合に限定されたものではないが、組合併存の場合、なお一層威力を発揮する。事態は以下のように、展開する。

　2組合それぞれの賃上げ要求に対し、会社は一定の回答（第1次回答、なお、第2次回答以降において条件が付加される場合もある）をなすと同時に、「但し、賃上げは、妥結した月より実施する」という条件をつける。一方組合は直ちに第1次回答を受け入れて、4月中に妥結し、当該年度の4月より賃上げが実施される。それに対し、他方組合はなお回答を不服として闘争を継続し、5月までズレ込んだものの、結局、それ以上の会社の譲歩を引き出せず、第1次回答のままの水準で妥結するしかなくなってしまった。その結果、当該組合の組合員については、賃上げは5月からの実施となってしまった。

　このような展開のうちには、そのまま見れば、格別の「不当労働行為」性の要素は存しない。両組合に対し、同一内容の回答を、同一日になしていて、賃上げ結果に差が出たのは、同回答に対するそれぞれの組合の対応の違いに基づく。一方組合はそれで「よし（あるいは、仕方がない）」とし、自己の自由な判断において、他方組合は「不十分」と判断し、闘争の継続を決断したものである。まさに、それぞれの主体的選択に基づく結果に他ならない、というべきなのである。

　これらの状況を受けて、この問題になると、労委・判例の対応も、必ずしも歯切れがよくない。一般に、諸般の状況から、いやがらせ的な意図をもった条件提示と評価できるか否かによって、判断していると解されるからである。

　しかし、これらは、「妥結月実施条項」の外見的無色透明性に惑わされたものというべきである。というのは、組合併存の下、一方組合が妥結してしまうと、現実的には、企業内労使関係の下においては、それを超えることは、100パーセント、不可能である。他方組合の「自由な判断」とか、「主体的選択」とかいうが、現実的には、同一内容の妥結で、その軍門に下るか、5月以降の

賃上げ実施で莫大な不利益（賃上げが1ヶ月遅れるというだけではない。4月分の時間外労働手当ての算定基礎、ボーナス算定への各影響等、賃上げ効果など吹き飛んでしまうマイナスである）を蒙ることを覚悟で頑張るか、の選択なのである。これは、明らかに、他方組合の「主体性」の否定である。

にもかかわらず、これを「自由な選択」、「自己責任」の名目で強要する、——どこかで見た構図である。そう、近代市民法が、「自由・平等」の虚偽イデオロギーを基に、労働者の企業への従属を正当化した構図である。とすれば、われわれは、労働関係における本質的不平等が労働法と労働法理論とを生んだように、ここでも、実質に対応した論を生み出さねばならないことになろう。

上記のような状況が生じるのは、いうまでもなく、「妥結月実施条項」の組合併存下における殺傷力の強さに起因する。ノーマルな労使関係の形成を考えるとすれば、一方当事者がそのような武器を持ってしまうというのは、力関係のバランスを著しく損なうものである。労働組合の結成・承認によって、真に労働者が自由・平等を獲得し得たかはともかくとしても、労働基本権の保障、したがって、不当労働行為制度は労使関係における労働者の自由・平等の確立を目指すものであった。とすると、「妥結月実施条項」の提示という上記のような強力武器の使用を抑えることが不可欠ということになろう。

つまり、「妥結月実施条項」の提示は、組合併存下においては、一方組合との妥結結果の強要を通して「労働組合の存在性」、「自由な取引」を否定するものであり、その意味で、それ自体が「不当労働行為」を構成するものというべきなのである。

5．賃金差別と「継続する行為」

1) 問題の所在

労働組合法27条②項は、労働委員会は、不当労働行為の救済申立が「行為の日（継続する行為にあってはその終了した日）から1年を経過した事件に係るものであるときは、これを受けることができない。」と規定している。このことから、賃金差別事件をいかに扱うべきかが、問題となる。というのは、①賃金

差別は、累積されて最もよく効果を発揮するものであり、したがって、累積的に行われるのが常であり、②ところが、それは、他者・他組合員との比較であるということから、容易には発見しにくく、長期間累積後、あるいは、長時間経過後でないと発見されない、という構造的特色をもっている。したがって、たとえば、5年間継続した賃上げ差別が明らかになったとき、あるいは、ある年度の賃上げあるいは一時金差別が5年後に明らかになったとき、それら5年分がまとめて、あるいは、5年前からの賃金差別が、審理、救済の対象となるのか、それとも、5年間の内の最後の1年目についてのみが審理・救済の対象となり、4年間の、及び5年前の賃金差別はいずれも審査・救済の対象とはならないことになるのかが、重大な問題として浮かび上がることになる。不当労働行為のすべてについて責任が問われることになるのか、累積された被害のすべてが救済対象とされるのかは、不当労働行為制度の実効性という点において、労・使それぞれの負う利害の点で、絶大な影響をもたらすことになるからである。

　これらの結果、労組法27条②項が一挙に注目を集めることとなった。賃金差別は、法的にいかなる性格の行為として捉えられるべきか、労組法27条②項の「継続する行為」として、全被害が救済対象とされるべきかが、重要論点となったのである。

　2) 最高裁判決と残された問題

　これについて、学説は、①賃金は、年度当初（4月）に各労働者の賃金額が確定し、それが毎月支払われるというものであり、賃金差別はその年度当初の賃金額確定行為に基づくものであって、それについての不当労働行為責任が問われるべきものであるから、「継続する行為」には該当せず、救済申立のときから1年以内の賃金額確定行為のみが救済対象とされるに止まる、とするもの、②特定組合の組合員を差別しようという不当労働行為意思に基づき、継続して当該行為に及んでいるのであるから、たとえば、5年の間、「1個の不当労働行為」が「継続」していると解すべきである、とするもの、③賃金差別は、適正な賃金が支払われていないという「不作為」に本質があり、その支払いがな

されるまで「継続する行為」である、とするもの等、が対立した。

これに対し、最高裁は、紅屋商事事件（最3小判平3・6・4）において、「考課査定において使用者が労働組合の組合員について組合員であることを理由として他の従業員より低く査定した場合、その賃金上の差別的取扱いの意図は、賃金の支払いによって具体的に実現されるのであって、右査定とこれに基づく毎月の賃金支払いとは一体として一個の不当労働行為をなすものとみるべきである。そうすると、右査定に基づく賃金が支払われている限り不当労働行為は継続することになるから、右査定に基づく賃金の差別的取扱の是正を求める救済の申立てが右査定に基づく賃金の最後の支払の時から1年以内になされたときは、右救済の申立ては、労働組合法27条2項の定める期間内になされたものとして適法というべきである。」とした。

この最高裁判決によれば、昇給差別に関する限りは、「継続する行為」に該当するものとされ、実務上は、論争は終焉することになろう。ただ、上記最高裁の論理に従えば、一時金差別の問題が残る。成績査定→支給額決定→賃金支払いを一体的行為として捉えることは、実体に矛盾することのない把握といえようが、（最後の）支払いの時から1年以内、ということになると、一時金については、常に、支払いのときから1年以内に救済申し立てしない限り、救済され得ないことになろうからである。

組合間差別の本質は、1つの確固たる意思に基づいて、継続的に、断固として特定組合を差別し続け、その弱体化・消滅を図ろうとするところに在る。その意味で、前記学説の②説に従い、すべての昇給差別・一時金差別を「1個の不当労働行為」として救済対象とすることが最も本質適合的であるように解される。

第Ⅳ章 組合活動

第1節 問題の構造と基本的視角

わが国労働組合の場合、後述するように、使用者に対する種々の局面で、多様な意図・目的をもって、多種・多様な活動を展開することから、「組合活動」を法的検討対象とするとき、その範囲、意図が不明確になりやすい。ここでは、①労使間で紛争対象となっている「具体的問題の処理」を自己に有利にするために、②統一的意思に基づいて、目的意識的に、③直接、業務の阻害を目的として、展開される労働組合の行動＝後記「争議行為」以外の労働組合の集団的活動のすべてを、包括的に「組合活動」として捉えた上で、その法的処理の基本視角について論及した後、従来、その法的処理（正当性）が鋭く問題とされてきた典型的問題群のいくつかについて個別的に検討することにする。

1. 企業別組合と組合活動問題の位相

労働組合のチカラ、あるいは、交渉力というものは、抽象的に、あるいは、労働組合が一定の組織率をもって・一定数の労働者を組織して存在すれば、ただ、それだけで、生まれてくるものではない。一定数の組合員労働者が労働組合の統制の下、統一的行動をとるという体制・基盤が確立していることが、そのチカラあるいは交渉力（団結）というものの現実態なのである。というのは、労働組合の行動は組合員の統一的参加行動によって形成されるものだからである。

したがって、労働組合の活動の基本＝日常活動は、そのような体制の形成に向けられることになる。しかし、そのような体制は、天から降って湧いてくるものではない。それは、組合員労働者の意思・意見の結集、相互批判、参加意

思の相互確認等の行為を日常的に集積することを通してのみ形成され得るものなのである。総括的に言えば、そのような「組合活動」こそが、労働組合の日常的・具体的存在形態なのである。つまり、「労働組合が存在するということ」は、そのような「組合活動が日常的に存在するということ」である。そして、そのような活動は、組合員メンバーの直接的参加を通してのみ可能なことであり、そうである以上、組合員メンバーが「日常的に存在する場」を拠点としてのみ展開され得るのである。これによれば、「組合活動は職場内で」こそが原則となるのである。

ところで、わが国労働組合は、企業別の労働組合形態をとる。ということは、わが国の労働者は、日常的に、労働（職業）活動上も、組合活動上も、企業内的存在であり、とりわけ、わが国においては（いずれの国においても、「職場」が組合活動の出発点であることに変わりはないが、とりわけ、わが国においては）、すべての拠点は、「職場」に存在することになる。ところが、この「職場」は、物的施設の管理的に、また、目的活動（経営活動）に向けた秩序形成的に、企業の支配権（一般に、この両面の機能を包括した企業の権限は、「施設管理権」と観念されている）が貫徹している場である。したがって、上記のような、「職場」を拠点とする組合活動は、不可避的に、常に、この企業の施設管理権との抵触を結果することになる。具体的に言えば、「職場」を拠点とした、意思結集のための職場討議（集会）、統一意思の伝達等の組合活動の展開であり、それらが、不可避的に企業の支配権との抵触をもたらすという現実である。

そこで、労使間における労働基本権の定着、という憲法の要請を前提としたとき、このような問題構造として存在する組合活動問題を法的にいかに処理すべきかが問題となる。

2．交渉力の脆弱性と組合活動の多様性

労働組合のチカラ＝交渉力というのは、一朝、事あるときに、企業が必要とする労働力商品＝労働者をコントロールし、どこまで企業の手に入りにくくさせ得るかにかかわっている。ところが、企業別組合であるということは、本質

的にそのようなコントロール力を欠いている。この実体は、組合活動の在りように、多くの特色を刻印付ける。

　加えて、「従業員」の組織（企業別組合）として、従業員意識を脱却できないことに伴う、企業への心理的負担や対等意識の欠如が、さらに、組合活動のきわめて特殊的展開へと導く。要するに、組合を作った（組合がある）からといって、それだけで直ちに、「従業員」である「組合員」（組合役員）が会社側と対等に渡り合えるものではないし、さらには、労使対立（あるいは、労働争議）という形で、いったん平常的な心理関係が崩れると、時には、近親憎悪にも似た心的関係・対立状況を生み出したりもする。このような、労使の生きた関係が、組合活動の特殊的問題構造を形成させていくのである。

　それを要約すれば、①団交の決裂→争議行為（ストライキ）という単純な展開を取らず、使用者に対抗するための、さまざまな組合活動類型の利用、②それに伴う、「争議行為」と「組合活動」の境界の不明確化であり、③組合活動における「心理的」側面の比重の高さ、である。ここでは、団結の力・意思の形成ということを超えて、使用者への力の誇示（示威）、「争議行為」への準備・補助手段という形での「組合活動」として現象する。

　事業場内組合集会戦術等の示威行動、ビラ貼り、ビラ配布、リボン闘争といった、典型的組合活動類型はそのほとんどがこの領域において展開される性格のものである。

　ところが、これらは、もとより、企業（使用者）への「対抗性」を本質とする行為であり、それ故に、何らかの側面・性質において、企業の持つ権利との抵触を不可避とするものである。そして、企業側も、組合活動の示威性・心理的圧迫性等のゆえに、実質的には些細な行為に対しても、過剰に反応することにもなる。したがって、企業別労使関係の現実を前提としたとき、これら組合活動をめぐる労使対立を、労働基本権の定着という憲法的要請を前提に、いかに法的に秩序付けるかが重大な論点となるものである。

3. 法的把握の諸相と組合活動法理

1) 法的把握の諸相

　組合活動に関する理論は、「受忍義務」論と「違法性阻却」説とに大別されてきた。前者は、労働基本権が労使間においても効力をもつことを前提に、使用者は、その効果として、「団結承認義務」を負い、その現実化として、労働組合の権利行使としての組合活動につき、一定の範囲で「受忍すべき義務」を負い、その範囲の行動については責任追及をなし得ないものとし、その範囲については、組合活動の緊急性・保護の必要性と、当該組合活動によって侵害される使用者の権利・利益の内容・侵害の程度とを「比較衡量」して決すべきもの（組合活動の必要性が高く、使用者の受ける不利益・使用者の権利に対する侵害の程度が小さい場合には、当該組合活動を正当なもの＝法的保護の範囲内のものとし、他方、使用者の権利・利益に対する侵害の程度が高い場合にはその正当性を否認するもの）とし、他方、「違法性阻却」説は、組合活動は、使用者の諸権利を侵害するものとして違法評価を受けることは免れないが、それが、適法な権利行使と認められる場合には、違法性が阻却される、と説くものである。この場合、論者によって、「適法な権利行使」の判断基準、範囲につき、相違が見られるものの、「受忍義務の範囲内のもの」とするも、「適法な権利行使として、違法性が阻却される」と立論するも、論理構成上は違いがあるものの、一定範囲の組合活動を肯定するという点で、両者には実質的に差異はないものとして、格別の論争となることはなかった（もっとも、違法性阻却論の一類型として、違法性阻却については、実定法上の根拠を必要とすべきところ、民事免責—労組法8条については、「争議行為」に関する規定であって、「組合活動」についての定めはなく、したがって、民事責任については、免責されることはないとの主張が展開されたが、大勢的には、上記状況に変化は存しなかったといってよい）。

　そして、実務上も、一定の組合活動を理由とする懲戒処分の法的効力を問題にすることとの関連で組合活動の法的評価が問題とされたという関係上、受忍義務論、違法性阻却論のいずれが妥当かを問題にするというよりも、企業内組合活動の存在を前提に、実質判断としての比較衡量論が大勢を占めていったと

いってよいであろう。

　このような状況に対し、まったく異なった視点をもって、暴論ともいえる独自論を展開したのは、例によって、最高裁であった。

　最高裁は、目黒電報電話局事件（最3小判昭52・12・13）において、すでに、独特な「職場規律」論を展開していたが、その発想を組合活動に関し展開したのが、国鉄札幌運転区事件（最3小判昭54・10・30）判決であった。

　事案は、昭和44年春闘に際し、組合の団結力の昂揚を図るため等の国鉄労働組合（国労）の方針に基づき、その札幌支部の組合員らが、休憩や就労準備等を行うための部屋である「詰所」に備え付けの金属製ロッカー正面に、組合作成のビラ（ステッカー）各1～2枚を、紙粘着テープをもって貼付したことに対し、旧国鉄当局が、上記組合員らを「戒告」の懲戒処分に処したというものであるが、これに対し、最高裁は、「企業は、その存立を維持し目的たる事業の円滑な運営を図るため、それを構成する人的要素及びその所有し管理する物的施設の両者を総合し合理的・合目的的に配備組織して企業秩序を定立し、この企業秩序のもとにその活動を行うものであって、企業は、その構成員に対してこれに服することを求めうべく、その一環として、職場環境を適正良好に保持し規律のある業務の運営態勢を確保するため、その物的施設を許諾された目的以外に使用してはならない旨を、一般的に規則をもって定め、又は具体的に指示、命令することができ、これに違反する行為をする者がある場合には、企業秩序を乱す者として、……その行為の中止、原状回復等の必要な指示、命令を発し、……制裁としての懲戒処分を行うことができるもの、と解するのが相当であ」り、他方、労働者は、「特段の合意があるのでない限り、雇用契約の趣旨に従って労務を提供するために必要な範囲において、かつ、定められた企業秩序に服する態様において利用する限度にとどま」る限りにおいて、施設利用が許容されるのである。

　そして、労働組合による企業施設の利用も、「本来、使用者との団体交渉等による合意に基づいて行われるべきもので……、利用の必要性が大きいことのゆえに、労働組合又はその組合員において企業の物的施設を組合活動のために

利用しうる権限を取得し、また、使用者において労働組合又はその組合員の組合活動のためにする企業の物的施設の利用を受忍しなければならない義務を負うとする理由はない、というべきである。」したがって、「労働組合又はその組合員が使用者の許諾を得ないで叙上のような企業の物的施設を利用して組合活動を行うことは、これらの者に対しその利用を許さないことが当該物的施設につき使用者が有する権利の濫用であると認められるような特段の事情がある場合を除いては、……当該物的施設を管理利用する使用者の権限を侵し、企業秩序を乱すものであって、正当な組合活動として許容されるところであるということはできない。」として、当該懲戒処分を肯定した。これは、「受忍義務論」を否定する一方、使用者の施設管理権の絶対性を前提とした「権利濫用」判断により組合活動の許容範囲を決しようとするものであり、従来の受忍義務論否定の立場とも質を異にする立場という他はない。

・企業別組合の特殊性と法理

企業別組合の特殊性を基礎に理論構築しようとする立場に対しては、そのような組織形態をとることは労働組合（組合員）の主体的選択の結果であって、使用者の預かり知らぬところなのだから、企業別組合の特殊性を出発点として立論することは、適切ではないとか、使用者に不当な不利益を課すものとして妥当ではないとか、労働組合「甘やかし」論であるとか、したがって、産別組合等の場合と同様、組合活動は企業外・時間外を原則とすべきであるとかの論が主張されることがある。

しかし、1）法理論というものは、問題発生の社会的構造の分析を踏まえ、社会整合的な結論を引き出すことを可能にするものでなければならない。とするならば、組合活動に関する適切な法理論とは、わが国の労使関係構造の分析を踏まえ、日本社会、日本の労使関係に適合的な結論を生み出す理論でなければならず、そうである以上、企業別組合と企業内労使関係の特性を踏まえた理論でなければならないというべきなのである。われわれは、どこかよその国の労働問題処理に携わっているのではなく、日本の労使関係の中における問題解決の理論を模索しているので

ある。

　2）われわれの役割は、現実の社会関係の中に権利・自由の定着を図ることである。そして、権利保障をするとは、現実的諸関係の中で具体的に展開される行為に法的承認を与えることである。そうである以上、対立する両当事者の利害関係の下で、いずれの行為を「是」とするかは、その社会的関係（両当事者の関係）の特質把握を抜きにしては判断し得ないことである。すべては、「現実」から始められるべきである。適切な法理論は、「あるべき論」を前提に帰納され得るものではないのである。

　3）わが国労働組合が「企業別組合」であることは、労働者の「主体的選択」の問題では、ない。それは、社会構造的に規定された問題なのである。労働者が意欲し、努力さえすれば、労使関係の構造までも変更しうると考えるのは、主観主義に過ぎるというべきである。そしてまた、そのような構造の形成には、使用者も参加しているのであり、「企業別組合」の現実は、むしろ、使用者側に多くの利益をもたらし、使用者こそがその維持に意欲をもって臨んでいるのである。主体的選択ということを言うのであれば、企業別組合は、ある意味、使用者の主体的選択により維持されたといっても過言ではないのである。

2)　組合活動のための法的視角

　上記最高裁の法理も、ウルトラ秩序派的表現にもかかわらず、企業内組合活動の全面否定というわけではなく、「（企業施設の）利用を許さないことが当該物的施設につき使用者が有する権利の濫用であると認められるような特段の事情がある場合」には、当該組合活動は「正当」なものとされるのであって、その許容範囲の広狭という問題を別とすれば（いわば、「受忍義務」とか、「違法性阻却事由」とかいった判断基準を、「権利濫用」という判断枠組に変えただけであって）、一定の判断基準に基づき一定範囲の組合活動を許容するという点では、従来の学説の論理枠組みと基本的に変わるものではない（にもかかわらず、敢えて上記のような表現をとるのは、保守派としての一種の「ツッパリ」にすぎない）。したがって、問題は、その理論内容というべきことになる。

> - **「権利濫用」の濫用について**
>
>   細かなことを言うと、国鉄札幌運転区事件最高裁判決の判旨は、施設の使用を認めないことが使用者がもつ施設管理権の「濫用」と認められる場合は、当該施設を利用した組合活動は「正当」となり、「権利濫用」と認められない場合には、「違法」と評価されるというもののようである。しかし、「権利濫用」という道具概念は、最終的利益調整のためのものであり、適・違法の法的判断基準たりうるものではない。この場合に限らず、近年の最高裁判決は、法的論理の構成、法的判断を回避し、すべてを、「権利濫用」判断に流し込み、結論付けて、「よし」とする傾向が目立つ。「権利濫用」の「濫用」ともいうべき現象である。法的思考の貧困化であり、縷々既述した人権意識の希薄化と無縁ではない。

　最高裁理論の問題性は、企業施設を「企業活動」だけの場所と規定し、使用者はその目的遂行のためにのみ施設利用のルールを定め得るものとし、他方、労働者は、雇用契約に基づく労務提供に必要な限度でのみ企業施設を利用できるに止まり、それ以外の使用については、使用者の「許諾」を必要とする、とした点に存する。ここでは、企業内における労働者―使用者の関係につき、労働者は労務提供の主体としてのみ、使用者は企業内秩序形成の専権者として、把握されている。

　しかし、企業内社会というものは、そのような形式においてのみ存するものではない。確かに、労働者と企業を結ぶ紐帯は雇用契約であり、労働者は労務提供を第一義として企業内に入り、労―使の関係を形成するものではあるが、その場合、労働者は、生きた「生身の人間」として、企業に入り、そのような「人間」として、企業社会を形成するものなのである。「企業社会」というのは、経営陣を含めて、「生きた人間」が形成する一種の部分的「市民社会」なのである。とすれば、企業社会についての法的把握も、そのような実体に即した把握でなければならないことになる。

　すなわち、「生きた人間」が形成する社会である以上、その「人間」にとっ

て「不可欠な行為」は当然に許容されるべきものである。たとえば、労働者が身体の自然的欲求に基づいて行う行為や同僚との人間関係を取り結ぶ行為等は、労務提供に直接関連はしない（平たく、卑近な例をとるならば、トイレを利用する行為、構内での同僚との挨拶・立ち話等は、いずれも、企業施設を利用した、労務提供に直接関連しない行為である）が、「人間」にとって不可欠の行為であり、企業による「許諾」の有無に関係なく、当然に許容されるべき行為である（判旨は、「雇用契約の趣旨」というところ、上記行為はその「趣旨」に含まれるものであるとする論もありえようが、それは、詭弁というべきであろう。そして、そのようにいうのであれば、労働者は「労務提供」のためにのみ企業施設の利用が認められるとの論理枠組みは崩れ、いかなる行為までが「趣旨」に含まれるかが改めて論議対象とされることになり、以下の論旨と同一ということになる）。労働関係を生きた人間の関係として捉える発想は、すでに、1900年代前半以降、「人間関係論」をはじめとして、労務管理論（人的資源管理論）の世界においてすら、当然のこととされているのである。

　このように見てくると、問題は、今日段階において、「企業社会」において、「人間」にとって「不可欠の行為」として許容されるべきはいかなる範囲の行為か、ということになる。それは、言うまでもなく、人間の生存にとって不可欠の行為（食べる行為、自然的欲求行為等）と「自由と人権」の各保障である。そして、これらとの関係においては、これらの保障が企業の「許諾」によって初めて許容されるという性格のものではないことはもちろん、企業秩序を侵害しない限度で特別に、あるいは、例外的に許容されるもの（原則否認・例外許容）でもなく、合理的理由が存しない限りその制約は認められないという趣旨（原則保障・例外制限）において、捉えられるべきものである。なぜなら、企業は、企業目的実現のため労働者を雇い入れ、企業施設への立ち入りを求めることになるが、その労働者は、「人間」として企業内に入り、企業社会（企業内市民社会）を形成するものであるから、企業は、労働者を「人間」として処遇し、したがって、彼の「人格」（その法的・具体的表現形態としての「人権」）を保障する、その主体性を保障するものでなければならないというべきだからである。

ところで、今日、労働者の自由、人権を語るとき、その中核は労働基本権であるべきことは、縷々既述したとおりである。すなわち、それ自体が憲法上基本的人権として保障されているという点において、のみならず、団結を通してのみ労働者の自由・人権は現実化するという点において、労働基本権、したがって、その現実化としての組合活動の保障は、企業内社会において使用者が保障すべきもっとも重要な権利ということになるべきものである。そして、上記企業内社会が「企業別組合」を構成要素として形成されるものである以上、前記１．２．に詳述した企業別組合としての組合活動実体・構造を素直に認識し、それを踏まえたところで組合活動法理が構築されるものでなければならない。

　そして、また、企業の「受忍義務」とは、以上のような意味において捉えられるべきである。本来、「受忍義務」論は不当労働行為認定にかかわる法理として構築されたものだけに、その根拠、内容につき、必ずしも十分な理論展開があったとはいえないところから、最高裁に揚げ足とり的な否定をうけることになったともいえるが、その基本発想は適切なものであり、なお今日においても、妥当な理論と評されるべきであろう。

　以上、要するに、企業社会というものは、経営活動の面においてのみ捉えられるべきものではなく、生きた「人間」によって形成されるものであるから、企業（使用者）は、その構成員の「自由・人権」の保障という観点から、その秩序形成を図るべきであって、その構成員たる労働者の人権行使として展開される組合活動につき、これらを基本的に許容＝受忍すべき立場にたつ、ということである。したがって、今日における組合活動の法理としては、むしろ、「企業内組合活動の自由」を前提とし、その自由と使用者の持つ諸権利との調整として処理すべきものとなる。

・**権利承認と社会的必要性について**

　国鉄札幌運転区事件判決において、最高裁は、得意気に、企業別組合の場合は施設「利用の必要性が大きいことのゆえに、労働組合又はその組合員において企業の物的施設を組合活動のために利用しうる権限を取

得し、また、使用者において労働組合又はその組合員の組合活動のためにする企業の物的施設の利用を受忍しなければならない義務を負うとすべき理由はない」と、喝破する。しかし、「受忍義務」論において、いまだかつて、かくも単純な論を展開したことはない。団結権保障に基づく使用者の「団結承認義務」が、企業別労使関係レベルにおける組合活動としての施設利用に関し、「受忍義務」として現実化することを論じてきたものであり、「受忍義務」論は「団結承認義務」の一範疇に属するものと解すべきものである。たしかに、「団結承認義務」が、なぜ、「受忍義務」に転化するのか、「受忍義務」の規範的意味等につき、十分な論究がなかったとは言えるが、以上の意味で、最高裁の上記論は、既述した、企業別組合の特性に基づく理論構築への批判論に軽々と乗っただけの浅薄なものという他ない。また、「必要性」が権利・義務を生むものではないとする俗論は、法的思考の放棄である（ここでも、だ！）。社会的要求（必要性）に応えた法理論の構築こそが法学者の役割に他ならず、その長い営みが多くの人民の権利の拡大・定着を生んできたものだからである。

　そして、以上論述したところに従えば、上記調整の仕方、すなわち、受忍＝組合活動の自由の程度・範囲については、団結権行使としての「組合活動の自由」の承認を前提に、使用者の側において、それを制限あるいは否認する合理的事情・理由の存する場合に限って、当該組合活動が使用者が「受忍」すべき範囲を超えて、その権利を不当に侵害するものとして、違法評価を受けることになる、と解すべきことになる。以下、この点につき、従来から問題とされてきた典型的問題群に沿って、その具体的問題処理に関し、論及することにする。

第2節　施設管理権と組合活動

　最高裁の論は、前記国鉄札幌運転区事件判決の発想・論理を前提に、①使用者の意に反した直接的施設利用となるビラ貼付（国鉄札幌運転区事件、等）や、組合集会等のための施設利用（池上通信機事件・最3小判昭63・7・19、日本チバガイギー事件・最1小判平元・1・19、済生会中央病院事件最2小判平元・12・11、等）への著しい不寛容、②企業施設内でのビラ配布活動の容認（住友化学名古屋製造所事件・最2小判昭54・12・14、西日本重機事件・最1小判昭58・2・24、等）、として特色把握が可能である。さすがの最高裁も、配布行為を企業内で行うことすらを規制しようとする使用者の権力行使を行き過ぎと認めざるを得ないようである。

　しかし、これらの問題につき検討するならば、上述したところに従えば、企業内組合活動の自由を前提に、それを制限する合理的理由のある場合に限って、制限・禁止（拒否）が容認されると解すべきことになるが、具体的行為ごとに若干付加すれば、

　1）　施設利用は、組合（職場）集会のための中庭・食堂・会議室の、使用者の制止・禁止に反しての強行利用として現象する。しかし、当該施設の物的維持の侵害（著しい汚損・破壊、等）の現実的可能性、業務上利用への現実的かつ具体的障害、等、労働組合あるいは組合員による施設利用が企業の経営活動のための施設利用を実質的に妨げる場合、あるいは、その現実的危険性が存する場合を除いて、使用者は労働組合あるいは組合員による施設利用を「受忍」すべきであって、むしろ、その利用に対する制約・制限は、団結権行使の具体的展開に対する妨害として、違法評価されるべきである。

　2）　ビラ貼付行為というのは、情報伝達のためというよりも、団結の力の昂揚・示威（いわゆる、気勢を挙げること）、それを通しての使用者に対する心理的攻勢等を狙って行われることが多い。それだけに、この行為をめぐる対立は、多くの場合、先鋭的である。しかし、労働組合がこうした行為に及ぶことの基

盤・背景は既述したとおりである。確かに、個別具体的事案においては、使用者は、心理的不快を始めとして、一定の影響を受けるのではあるが、実質的にみれば、それによる業務阻害はほとんどないのみならず、総体的には、労働組合のこのような行動傾向によって、利益をすら得ているのである。そうとすれば、一般論としては、わが国労使関係環境を前提とし、企業施設への物的侵害（施設として求められる機能の侵害、原状回復の不可能性）、企業の経済的活動への直接的影響をもたらさない限り（すなわち、団結の示威、使用者への心理的攻勢、等に止まる限り）、組合活動の自由の範囲内の行為として容認する度量を持つべきであろう。

　ところで、ビラ貼付に関しては、施設としての機能としての「美観」侵害が問題となることが多い。すなわち、ビラ貼付が建造物等の「美観」を損ね、施設機能を侵害した、とする論である。しかし、ビラ貼付が使用者への心理的攻勢という要素を含む以上、「見苦しい」という形での反発は、不可避である。したがって、「美観」を過剰に問題とすることは、必然的に、ビラ貼付行為の否認につながる。したがって、このような心理的要素が大きな影響をもつ当事者関係においては、主観的要素を判断基準とすることは慎重でなければならない。その意味で、「美観」がとくにその施設の機能（役割）要素とされている施設に関する場合以外は、あくまでも、物的機能に対する侵害の程度にしたがって、判断されるべきである。

　3）ビラ配布に関しては、最高裁ですらが、その規制を「権利濫用」とせざるを得ないものである。むしろ、そのような些細な行為すらを規制しようとする使用者には、「悪意」すらを感じる。したがって、ビラ配布行為は、当然に、団結活動の自由の範囲内のものとして捉えられるのみならず、使用者による制限規制は、受忍義務違反というに止まらず、積極的な団結侵害行為として、法的評価・処理されるべきである。

第3節　労務指揮権と組合活動——リボン闘争の正当性

　リボン闘争というのは、狭義的には、労働組合の要求やスローガン（たとえば、賃上げ獲得、合理化反対、闘争勝利、等のような表現）をプリントした、横数センチ・縦十数センチの小布片（リボン）を、上着の胸・上腕部分等に着けて労働に従事するような運動形態をいい、広義的には、上記リボンの他、腕章、ワッペン、鉢巻等を着用したまま就労する運動形態を総称したものであるが、これは、就業時間中に展開される組合活動であり、使用者の「取り外し」命令を拒否して継続されるものであることから、形式的に、あるいは、部分的に、労働契約に基づく使用者の労務指揮権と抵触するものであり、組合活動としての「正当性」が問題となるものである。

　これに関しては、リボン闘争は、就業時間内の組合活動として、本来的には違法ではあるが、労働基本権の行使として行われ、かつ、労働契約上の義務履行と何ら矛盾なく両立し、業務に支障を及ぼすおそれがないものとして、例外的に許容されるべき性格の行為であるとした灘郵便局事件一審判決（神戸地判昭42・4・6）を代表例として、1960年代は、一般に、（原則適法とするか、例外的にか、の理論的相違はあったものの）適法な組合活動とする見解が支配的であった。

　しかし、1970年代に入ると、判例は大転換する。そして、最高裁も、目黒電報電話局事件（最3小判昭52・12・13）、大成観光事件（最3小判昭57・4・13）において、リボン闘争違法論の立場に立つに至った。

　その理由は、目黒電報電話局事件判決（目黒電報電話局事件は、政治的主張を記載した、個人的行動としてのプレート着用に関する事件であって、「リボン闘争」としての事案ではないことから、一般に、大成観光事件判決が、組合活動としてのリボン闘争に関する判断の先例とされるが、理論内容的には、目黒電報電話局事件判決が最高裁の考えを示しているので、ここではそれに依る）によれば、電信電話公社（事件は、電信電話業務が、NTTという形で民営化される前の、公社であった時代のものである）法

「34条2項は『職員は、全力を挙げてその職務の遂行に専念しなければならない』旨を規定しているのであるが、これは職員がその勤務時間及び職務上の注意力のすべてをその職務遂行のために用い職務にのみ従事しなければならないことを意味するものであり、右規定の違反が成立するためには現実に職務の遂行が阻害されるなど実害の発生を必ずしも要件とするものではないと解すべきである。本件についてこれをみれば、被上告人の勤務時間中における本件プレート着用行為は、前記のように職場の同僚に対する訴えかけという性質をもち、それ自体、公社職員としての職務の遂行に直接関係のない行動を勤務時間中に行ったものであって、身体活動の面だけからみれば作業の遂行に特段の支障が生じなかったとしても、精神的活動の面からみれば注意力のすべてが職務の遂行に向けられなかったものと解されるから、職務上の注意力のすべてを職務遂行のために用い職務にのみ従事すべき義務に違反し、職務に専念すべき局所内の規律秩序を乱すものであったといわなければならない。」(「職務専念義務」という、公務員関係になぞらえた特殊義務を根拠とするかのごとくであるが、同一判決の別論によれば、それは労働契約関係においても同一であるとされているから、上記論旨は、労働契約上の労務提供義務に関しても妥当するものと考えてよい。)

　実に、笑止の限り、しかし、恐ろしい暴論である。リボン着用行為は、「身体活動の面だけからみれば作業の遂行に特段の支障が生じなかったとしても、精神的活動の面からみれば注意力のすべてが職務の遂行に向けられなかったものと解されるから、職務上の注意力のすべてを職務遂行のために用い職務にのみ従事すべき義務に違反し、職務に専念すべき局所内の規律秩序を乱すものであった」というのであり、これは、要するに、仕事(業務)は通常どおり行われているが、使用者の意に反するものを着用し、仕事以外のことに気を向けていることがけしからんというものである。

　しかし、この判決文を書いた裁判官を含めて、世の中のどこに、勤務時間の始めから終わりまでのすべての時間を通して、仕事以外のことに一切気を向けず、その「注意力のすべて」を職務遂行にのみ向けている「人間」が存在するというのか—実に、馬鹿げた論議である。しかも、そうすることが労働契約上

の義務である、という。「作業の遂行に特段の支障が生じない」ように労務提供していても、就業時間中は「注意力のすべてを職務遂行のために用い」なければならず、他に気を向けると、それは労働契約上の義務違反となるという。要するに、勤務時間中は、仕事以外のことは一切考えてはならない、使用者はそのように要求できるというのであって、「精神活動」を含めて使用者の支配下に置こうというものである。恐ろしき暴論という所以である。

　先述したように、企業（使用者）—労働者の関係は、「労務提供」を媒介とした関係ではあるが、具体的「人間」と「人間」の関係に他ならず、使用者は、労働者を「人間」として扱うべき義務を負う。いかなる服装をしようが、仕事中何を考えていようが、まったくに自由であり、使用者が、労働者に対して、何かを要求でき、彼の行為を規制できるのは、あくまでも業務遂行にかかわる限度においてのみである。通常どおりの業務に従事し、通常どおりの結果を生み出している限り、すなわち、業務に支障が生じていない限り、労働者は使用者に対する義務を履行したと評価されるべきであり、結果は通常どおりであるが、リボンを着用し、他のことに気を向けたから労働契約違反である、などというのは、この世の議論であってはならない（仕事中、注意力を他に向けたがゆえに業務に支障が生じた場合も、その支障をのゆえに責任が問われるべきであり、注意力を他に向けたことにつき責任が問われるべきものではない）。法的関係・責任は、あくまでも、「客観的結果」をもってしてのみ、理論構成されるべきものである。労働者は、たとえ勤務時間中であっても、「精神活動の自由」を含めて自己を売り渡したわけではなく、彼には、労務提供にかかわる拘束を超えて、なお残る「自由」の部分が存在するものであることを認識すべきなのである。要するに、労働契約関係においても、労働者を一個の「人格的存在」として、把握・構成することが不可欠なのである。

　以上の観点から見るとき、労働契約上の義務の履行の有無は、「結果」に関してのみ、評価されるべきこと、そして、通常の業務遂行と異なる結果を生じ、それが労働者の労務提供の仕方・程度等に起因している場合についてのみ、労働契約違反としての責任が問われるべきであること、したがって、「リボン闘

争」というも、それに伴って、業務運行にマイナス結果が生じない限り、責任を問われることはないと考えるべきであること、確かに、それは、最高裁が目くじらを立てるように、一定程度において、使用者の指揮命令を排除するものではあるが、それこそ、使用者の「受忍義務」に属すべきものであること、とまとめることができよう。

　ところで、リボン闘争については、上記の業務への影響ということに関し、顧客の「不快感」ということが問題とされる。しかし、このような主観的評価は、その人間の感性・イデオロギー等によって、異なるものである。その点からして、社会通念上、圧倒的多数のものの評価と判断され得る場合は別として、主観的評価は、法的判断の基準・素材とするにはふさわしくないものであり、考慮の対象外とすべきである。

　以上によれば、リボン着用による業務への影響＝労働契約上の義務違反があった場合に始めて、労使の権利・利益の比較衡量による判断が問題となるのではあるが、（服装形態が業務上特に重要要素となる業務内容であって、したがって、一定形式・内容の服装形態をとるべきことが労働契約上の義務となっていると判断されるような）特殊な業務内容に従事する労働者が、その業務上要求される服装形態に反する形態のリボンを着用したリボン闘争（講学上、よく挙げられる例としては、結婚式場における喪章形態のリボンの着用がある）に従事するのでない限り、リボン闘争は、原則適法な組合活動であるというべきである。

第4節　企業の名誉・信用と組合活動

　労働組合としてのチカラの弱さは、対使用者関係での運動が行き詰まった場合、運動を企業外へ拡大することをもって形勢転換を図ろうとする試みにつながることが多い。企業外の一般市民のシンパシーを獲得することによって、（多くの場合、長期化している）運動の精神的支え（応援）とし、また、使用者への心理的圧迫としようとするねらいである。それは、多くの場合、街頭での宣伝活動―街頭放送技術を用いての宣伝活動や宣伝ビラの配布として行われる。

ところが、上記状況・目的の下に行われることから、当該街頭宣伝は、使用者の組合対応や企業経営がいかに悪質であるかを大げさに説き、それとの対比で、自分たちの運動の正当性や困窮状態を強く主張するという展開を遂げる。このことは、使用者側についても、行き詰まり打破の手段として、宣伝活動の行き過ぎを理由に責任追及を図る方策に道を開くことになる。この場合、上に述べたように、心理的攻防たる性格の濃さのゆえに、使用者の対応もエキセントリックなものになりやすい。

これらは、具体的には、街頭宣伝（放送・ビラ）の内容が「虚偽」であり、また、使用者を不当に「誹謗・中傷」するもので、企業（使用者）の「名誉・信用」を毀損したということを理由に、（組合役員等を）懲戒処分とするという形で現象する。

これにつき、判例は、一般に、「名誉毀損」に関する判断基準を類推適用して、当該宣伝内容が「真実であるか、真実であると信じるにつき相当の理由がある場合」には、「誹謗・中傷」にあたらず、責任を構成しないものとし、他方、この条件を満たさないと判断された場合には、当該宣伝行為を違法なものとし、当該懲戒処分を肯定する。

しかし、街頭行動が展開される上記背景・事情からすると、それは、「主張」として展開されるものであり、企業に対する激越な非難や自己の利益にあわせた事実理解・構成として大げさに宣伝されることが多い。それは、単なる「お知らせ」、あるいは、報道のレベルでの問題ではないのである。とすると、事案は、企業への「誹謗・中傷」が責任追及理由とされてはいるが、第一義的には、「真実か否か」を解明する視点から問われるべき性質の問題群ではないということになろう。

問題は企業外において発生しているものではあるが、「組合活動」の範疇に属すべき問題である。とすると、対使用者との関係においては、「組合活動の自由」を前提とし、それは、第一義的にいかなる場合に制約を受けるべきか、が問われるべきポイントであるということになる。

このような観点から見たとき、まず問題となるのは、企業の「名誉・信用」

という抽象的なものをもって「組合活動」の制約基準となし得るか、ということである。企業帰属意識が強く、企業を擬人化して捉える傾向の強いわが国においては、従業員の行動が会社の「評価・評判」に影響をもたらすという側面が存することは否定できないが、労働者・労働組合の基本権行使との対抗が問題となっている場において、そのような抽象的法益をもって立論するのは、適切ではない。

　これに関しては、「組合活動」という基本権行使との利益調整対象とされる企業利益は、業務遂行であり、組合活動の法的評価のポイントは、業務遂行の阻害の有無であることは、縷々既述してきたところである。したがって、検討視角はここでも同一とされるべきである。

　すなわち、まず、街頭宣伝活動をもって、企業の「名誉・信用」なるものにいかなる具体的影響が生じたか、それ故に企業業務の遂行にいかなる具体的影響が生じたか、の検討である。「主観」をめぐる評価であったり、影響の生じる「おそれ」などという抽象的・予防的基準ではなく、業務遂行への「具体的影響」の有無、程度が検証されるべきものである。次に、それを確定したうえで、労働組合がそのような行動に及んだ背景・事情、従来の判例で問題とされてきたような意味での「真実性」等々を考慮に入れた上での、労使の利害の比較衡量、すなわち、基本権行使としての「組合活動の自由」を制約し、懲戒処分を肯定すべきだけの重大被害が存したといえるかの判断をすることである。

第Ⅴ章　労働協約

第1節　労働協約の機能

　使用者もしくは使用者団体と労働組合との間で、団体交渉の結果成立した合意を「**労働協約**」と呼んでいるが、その法的効力に関する論議に入る前の前提として、この労働協約という社会的制度のもつ機能について、論及しておく。

　労働協約の機能としては、①労働条件決定機能、②労働市場（労働条件）統制機能、③制度（秩序）形成的機能、④平和的機能、⑤経営参加的機能の5つを考えることができる。

　1)　団体交渉の第一義的目的・機能は、組合員労働者の労働諸条件についての取引であり、労働協約はその取引結果（合意）なのであるから、その第一義的内容が組合員労働者の労働諸条件であり、したがって、**当該労働協約内容が組合員労働者の労働諸条件内容となるという**形で、**労働協約によって組合員労働者の労働条件が律せられる（決定される）**ことになるものであることはいうまでもない。

　2)　労働協約が、使用者団体と産業別あるいは職種別の（企業を超えた横断的）労働組合との間で締結された場合、その労働条件内容は使用者団体に加盟するすべての使用者（企業）において（同一職種の労働者に対して）適用されることになる（当該労働協約が、使用者団体加盟企業における労働者の労働条件を規律してゆくことになる）。すなわち、当該労働協約が、**1つの産業あるいは1つの職種の大部分の労働者の労働条件を規律していく機能**をもつことになる。すなわち、1つの産業（あるいは1つの職種）の労働市場における労働力商品の価格（労働条件）を規律して行くことになる。このような労働協約の機能を労働市場（あるいは、労働条件）統制機能という。

ところが、わが国の労働組合は、そのほとんどが、特定企業の従業員のみによって組織される「企業別組合」であった。この企業別組合は、また、そのほとんどが、「正規従業員（正社員）」のみを組織対象としているから、わが国の労働組合は、特定企業の正規社員の労働諸条件についてのみ団体交渉し、協約締結することになる。もちろん、実際には、企業相互の情報交換、単産の指導や、春闘相場といわれるものの形成等を通して、産業別・規模別等での横並びの労働諸条件が形成されてはいる（この規模別横並びが、労働条件面における、大企業・中小企業の「二重構造」を生んでいく）が、個別の組合の団交→労働協約としては、個別企業の正規従業員の労働条件のみを決定・規律しているのであって、産業別の労働条件規制とは無縁である。その意味で、わが国の労働協約には、労働市場統制機能は存しないことになり、このことが、その法的効力に関し、特有の特色を生むことにつながっていく。

・最低基準設定と非組合員―産業の法としての労働協約
　ある労働条件に関する労働協約が、産業別の労働組合と使用者団体との間で締結された場合、現実の世界においては、その使用者団体に加盟している使用者の下においては、当該労働条件は、組合員、非組合員の別なく、適用されていくことになる。本書のはじめの部分で述べたように、企業内における労働者処遇は画一的に行われるものであること、また、組合員のみを有利な労働条件下に取り扱うことは非組合員を組合に走らせる結果となること等の理由に基づくものである。したがって、労働条件に関する産業別協約は、1つの産業で働く労働者の大部分に対する最低基準として機能する。最低基準立法のごとく、全産業・全国一律ではないにしても、1つの産業における最低基準立法に近い機能をもつことになる。たとえば、ドイツ（旧西独）の場合、年間実総労働時間において、サミット参加国中、もっとも短い国であるが、週所定労働時間（35時間）、年休日数（30日程度）等、すべて、産業別協約に基づくものである。労働協約が「産業の法」といわれる所以であり、また、これが労働市場統制機能の実質である。

3) 労働協約は、原初的には、「賃率（賃金）」に関する協定であったが、それの定着、すなわち、団交→協約による労働条件（賃金）決定が定着するということは、労働組合が定着し、使用者あるいは使用者団体と労働組合との関係＝集団的労働関係が形成され、定着していくことに他ならない。そして、この両者間においては、当然、相手方の処遇（とりわけ、団結承認の具体化）の、あるいは、対抗的関係であることに基づいて生じるさまざまな問題の各処理が必要となる。これらの事柄は、具体的必要が生じたその都度に、団交に基づき、問題処理をすることも可能ではある。しかし、それでは、煩雑であるのみならず、非効率的である。

そこで、労働組合の定着化を基礎とする労使関係の安定化に伴って、**団結承認と、労使間に発生する諸問題の処理について、前もって一定のルール（制度）を設定**し、そのルール（制度）をもって労使関係が運営されていくことになる。このような、団結承認を基礎に、集団的労働関係面における問題処理のルール（制度）が設定されていく側面を、一般に、労働協約の制度（秩序）形成的機能という。

4) 労働協約には「有効期間」が協定されるのが常であるが、団体交渉の結果、労働条件、あるいは、労使関係ルールについて、一定の合意が成立し、それが、一定の「有効期間」をもって協定されたとすると、それは、協約当事者が、その有効期間中は、当該労働条件が実施される、あるいは、当該ルールをもって労使関係を運営するということを合意し、その通り行動することを合意したことを意味するはずである。したがって、協約当事者、たとえば、労働組合が、有効期間中途に、その合意事項の変更を要求し、それが拒否されるや、争議行為に及ぶなどということは、通例、考えられない。

このように、**労働協約制度という当事者の合意に基づき、争議行為が減少あるいは抑制されていくこと**を労働協約の「平和的機能」という。

5) 団体交渉、その結果としての労働協約は、先に見たように、労働市場における労働条件基準の設定を目的としてきた。しかし、そのような組合員のための最低労働条件基準を設定することによってその労働条件を規制するという

形では、外枠設定という意味で組合員の労働条件決定に関与するとはいうものの、それだけでは、1人1人の労働者の具体的労働条件内容や、個別企業（使用者）における具体的処遇については、まったく関与し得ていないことになる。そうした欠陥が認識されたとき、労働組合は、個別企業レベルでの具体的労働条件・処遇、すなわち、職場の労働条件についての規制へと努力展開を始める。それがどのような形で展開されるかは、それぞれの国によって異なる。労働組合を超えた、ショップステュワードといわれる職場活動家の運動と制限的労働慣行と呼ばれた職場単位の労働条件規制が展開されたイギリス、産別系組合の企業単位の支部の活動や交渉単位制による企業内労働条件規制が展開されていったアメリカ、特別立法により設置され、労働組合とは峻別された、従業員の組織としての「経営協議会」の存在のゆえに、かえって「企業外組織」であることを強制され、しかし、その経営協議会との微妙な関係を媒介としながら企業内問題への影響力拡大に努めてきたドイツ等々、その展開の仕方、時期等はさまざまではあるが、団交→協約システムの企業内化、職場の労働条件規制は現実に1つの局面として現象した。

　これに対し、わが国の労働組合は、企業別組合として、その設立の当初から、企業内的存在であり、企業内労働条件の規制について熱心であったことはいうまでもない。わが国の労働協約は、外（先述の、労働市場統制）に対して弱い反面、いわゆる、賃金、労働時間等の「狭義の労働条件」についての基準設定に加えて、①人事条項に代表されるような、企業内における人事管理上の処遇についての規制＝ルールの設定、②安全衛生・職場環境や、作業遂行に関する条項に代表される、労務提供の仕方やその環境条件についての規制・保障、③人事条項や賞罰（事由・手続き）条項のような、使用者の専権的権利であるとされてきた行為の規制、④労働者の視点に合わせた職場内秩序・行為規範の設定、⑤労使協議制や、企業の意思決定過程への関与（狭義の「経営参加」）に関する条項のような、労働条件への変化・影響を生み出す源である経営政策決定・展開への直接・間接の関与、その制度的枠組みの設定等々、労働者の企業内労働条件・処遇の規制・保障について、きわめて詳細・丹念な対応を含んでいる。

時として、賃金等の労働条件設定については年度ごとの個別協約により、包括協約の労働条件関連部分の実質は上記条項、といった例すら存する。

以上の意味で、わが国の労働協約は、その本質において、「(狭義の)労働条件基準の設定」という、伝統的・欧米的な協約部分と、企業内処遇・職場の労働条件についての「企業内ルールの設定」という2つの(均等な)質を有しているということができる。

ともあれ、以上のような、**広い意味での職場内労働条件の規制からそれについての「ルール設定」までを含む、伝統的な労働条件基準設定とは質を異にする労働協約機能**を、労働協約の「経営参加的機能」と呼んでおく。

・団体交渉と労使協議制

労使協議制というのは、労働協約を通して、労使共同の特別機関(「経営協議会」などと呼ばれることが多い)を設置して、協定された事項につき、「協議」する制度である。わが国おいては、1950年代の後半以降、経営側主導の下、一般化した。ところが、ドイツの場合、「経営協議会(Betriebsrat)」というのは、特別法に基づいて設置される、(労働市場における労働条件規制を目的とする「労働者」の、企業外の組織である「労働組合」とは峻別される)「従業員」の組織であり、経営側との関係において取り上げられるべき事項、処理方法(報告・協議・共同決定等)等は、基本的に、法定されているのに対し、わが国の場合、労働組合も企業単位の「従業員」の組織であって、団体交渉も、労使協議も、当事者はまったく同一であり、また、対象事項も相互に重複していて、形式的には、その区別がほとんど不可能である。にもかかわらず、一見「屋上、屋を重ねる」感のある「経営協議会」の設置が何故行われたのかといえば、団体交渉というのは、「対抗組織」である労働組合と使用者との(論理的には、争議行為実施の可能性を前提に行われる)「交渉」であるのに対し、労使協議というのは、経営のパートナー・協力者としての企業別組合が、使用者への「協力」を前提に(すなわち、論理的にも、イデオロギー的にも、「対抗関係・

争議」などという観念とは無縁に)、「協議」するための機関としての設置である。1950年代以降というのは、それ以降展開される技術革新・合理化への理解・協力を措定したものであり、対象事項が重複するというのも、意図的ですらある。たとえば、技術革新・合理化につき「理解」を取り付け、同時に、それに伴う労働条件変更についても「了解」を取り付ける、というように。その結果、現実の世界においては、「団交の協議化」という事態が進展して行く。とはいえ、この「経営協議会」という制度も、労働協約によって設置され、労働協約において、所定事項につき、労働組合（選出委員）と「協議」すべきことが定められているものであって、当該事項の処理についてのルール設定をしたものといえる。

ところで、1970年代、60年型合理化と経営政策の行き詰まりの中で、ヨーロッパ社会を中心に、労働者、あるいは、労働組合の「経営参加」が時代的課題として喧伝されたが、それは、企業の経営政策意思決定過程への何らかの直接的関与を指す概念として用いられた（狭義の、あるいは、本来的経営参加）。本論で論じた「経営参加的機能」というのは、それよりも広く、職場内労働条件展開についての労使共同によるルール設定ということを中心とする概念として観念されている。なお、狭義の経営参加は、特別立法なり、労働協約なりによって実現されたが、それが労働協約によって実現された場合には、「経営参加的機能」の行き着いた形態ということができる。

第2節　労働協約の成立

1．労働協約の形式

労働協約とは、団体交渉の結果としての合意である。したがって、団交当事者間に成立した「合意」は、すべて、法的に、「労働協約」として取り扱われるべきである。

これに対し、労働組合法14条は、「労働協約は、書面に作成し、両当事者

が署名し、又は記名押印することによってその効力を生ずる。」と規定する。これに基づき、判例は、①書面の作成と、②両当事者（使用者又は使用者団体と、労働組合）の署名又は記名・押印は、労使間合意が「労働協約としての法的効力」を持つための要件であるとする。後述するように、労働協約には、労働契約の効力を否定し、新たな権利義務関係を設定する法的効力が認められる等、法的に相当に強いチカラを具備しているところから、その前提として、合意の存在と責任の所在を明確にさせるべきであるとの趣旨に基づくものである。

しかし、そうであるとすれば、逆に、「合意と責任の所在」が明らかであれば、法的効力が認められてしかるべきだということになろう。労働協約の法的効力は、これも後述するように、労組法の規定をまつまでもなく、承認されるべきものである。とすると、ほとんどの場合、「合意と責任の所在」は書面化と当事者の署名あるいは押印によって明示されるものではあろうが、労組法の規定にもかかわらず、たとえば、両当事者の団交議事録の所在や、一方当事者作成のそれ（議事録）への他方当事者の承認や署名の存在等、「合意と責任の所在」が明らかな場合には、「労働協約」の存在と法的効力の承認がなされるべきである。労働協約は、法によって生み出されたものではなく、労使間において自主的・自律的に形成・維持されてきた「自主規範」であり、そのことを基礎に法的効力が承認されたものなのであるから。

以上の観点からすれば、労組法が労働協約に特別に付与した効力（後述の、一般的拘束力）については、労組法所定の形式を具備すべく、しかし、前記「機能」から本来的に生じる労働協約の本来的効力（たとえば、後述の「規範的効力」）については、労組法14条所定の形式を具備するまでもなく、「合意と責任の所在」が明白である限り、その法的効力が承認されるべきである。

・個別協約と包括協約

具体的テーマごとに締結された労働協約（たとえば、「賃金協定」というように）を「個別協約」といい、労働条件、集団的労働関係についてのルール設定等、労使間の諸問題を網羅的に定めた労働協約を「包括協約」

という。わが国の場合、「賃金」については、毎年、賃上げ闘争（春闘）を行い、その都度協定し、一方、包括協約については、関心が薄く、多くの場合、機械的に更新するという、賃金協約と、包括協約との乖離現象が目立っている。それは、同時に、「賃金」以外の労働条件事項、とりわけ、労働者の「自立」の保障や、組合活動の保障に関する条項への無関心や保障の不十分さを結果するものでもある。

2．労働協約の期間

労働組合法は、労働協約の期間について、「3年をこえる有効期間の定をすることができない。」ものとし（15条①1項）、3年を超える有効期間の定めをしたものは「3年の有効期間の定をした労働協約とみなす。」としている（同条②項）。相当に強い干渉ではあるが、一般に、あまり長い有効期間を定める労働協約は、後記平和義務との関連や、労働条件や労使関係上の制度をあまりに長期にわたって固定化させることは得策とはいえないこと等の関連で、有効期間を「3年」以下とすべきことを強要することも、あながち不当とはいえないと解されている。

これにより、労働協約の期間については、（15条③項の規定からその存在が類推される）期間の定めないものとするか、期間を定めるのであれば、「3年以下」の定め、ということになる。

ところで、期間の定めのない労働協約については、新協約が合意されるまで無限に効力をもつということになるのも、不合理であることから、労働協約の一方当事者が署名又は記名・押印した文書もって、90日前に予告することをもって、当該期間の定めのない労働協約を失効させることができるものとされている（15条③・④項）。また、もともと期間の定めのある労働協約（旧協約）であったが、その失効後、新協約についての合意が成立せず、無協約状態となることを嫌って、「新協約が成立するまでは、旧協約が効力をもつ」といった期間を定めずに旧協約を延長させるようにしてあるような場合（このような規定を「自動延長規定」という）も、自動延長後は、期間の定めのない労働協約と同じ

になるから、15条③・④項の適用があることになる（15条③項後段）。

・自動延長協約の解約と政治

「自動延長」に対し、新協約が締結されない場合には、旧協約を、同一内容のまま、それと同一期間延長させるものとする「自動更新」という方式が利用されることもある。

ところで、労組法15条③項の規定は、ごく形式的で、中立的規定のように見える。しかし、その背後には、きわめて露骨な政治的な歴史が隠されている。第2章にも言及したように、敗戦直後の日本は、労働組合の圧倒的な攻勢下にあり、その下で締結された労働協約には、時間内組合活動保障の規定や後記「人事同意条項」等、組合に有利な、あるいは、使用者の権限行使を制約するような規定が多く含まれていた。そして、これらの協約条項は、1948年ごろから展開された、占領政策の転換を基礎とする、経営側の攻勢や合理化・人員整理にとって、大きな桎梏となった。であれば、一般的に言えば、それら協約の失効をまって、経営側の攻勢下、新たに、それらの条項を排除した、経営側にとって有利な労働協約を締結し直せばいい、ということになるのだが、ところが、上記労働協約は、期間の定めのないものであったり、自動延長規定の存在に基づき期間の定めのない協約化したものばかりであって、実際には、労働組合がイエスと言わない限り、失効不可能な状況下にあった。そこで、政府が登場する。すなわち、1949（昭和24）年の労組法改正に当たって、労働協約の有効期間を「3年」とし、その経過後は、「一方当事者の意思に反して存続することはできない」との規定を導入し、使用者による上記労働協約の即時解約に道を拓いたのである。そして、この規定に基づき、敗戦直後締結の労働協約は、そのほとんどが死に追いやられ、新たな状況下、新たな労働協約が締結されていった（正確に言えば、労働組合の多くは、しばらくの間、使用者攻勢下での労働協約締結を拒んで、無協約状態となる道を選んだ。そこで、協約失効後、労働協約により規律されていた従来の関係は法的にどのようになるのかという、後記「余後効」問題が深刻に論議されるこ

ととなった)。現行15条③・④項は、1952 (昭和27) 年改正に際し、いわば、マネーロンダリング風に改正されたものである。その結果、この規定のどこにも、この汚れた歴史をうかがわせるものはないが、それだけに、法と政治の本質を示すものとして、なお語り継がれねばならない事柄である。

・**労働組合法15条③・④項と解約権の濫用について**

　労組法15条③項・④項は、期間の定めのない労働協約の解約について、一定形式の書面による90日前の予告を要求するのみであって、この結果、いつ、いかなる形態の解約も可能であるかのようにもみえる。事実、それに基づき、労働協約締結1年後の一部解約の適法性を強弁する使用者も現れている (ソニー事件・東京高決平6・10・24の事案参照)。しかし、本規定の持つ前記汚れた歴史、労働基本権保障を基礎とする、団交→労働協約システムの重要性等を前提とするならば、使用者につき、全面的「解約の自由」を認めるべきではない (たとえば、春闘においていったん成立した労働協約が、「期間の定めがない」こと―事実、ほとんどの賃上げ協約がそうである―を奇貨として、数ヵ月後「解約」され、賃上げが白紙に戻されるような事態が、いかに不合理かを考えてみればいい)。15条③・④項は、解約の形式的手続き面のみについて規定したものであり、実質面においては、「正当理由」が存しない解約は、「解約権の濫用」として、法的効力を有しないと考えるべきである。

第3節　労働協約の法的効力

1．規範的効力

1)　意義と法的根拠

労働協約の法的効力として最も中心的なもので、「労働条件決定機能」の法的側面である。

この「規範的効力」の内容については、労働組合法16条がこれを端的に表現していると解されている。すなわち、それによれば、労働協約に定める「労働条件その他の労働者の待遇に関する基準」に「違反する労働契約の部分は、無効」となり、無効となった部分は、「基準の定めるところによる」（待遇に関する事項であって、労働契約に定めがない場合も、同様に、労働協約の定める基準による）、というものである。

以上を図で示せば、下の図のような関係になる（企業別協約を前提に図化してある）。要するに、たとえば、月額賃金を10万円とする「労働契約」を締結して雇用されたが、当該労働者に適用される賃金水準につき、月額15万円とする「労働協約」が存した（あるいは、そのような労働協約が新たに締結された）場合には、この「労働協約」の定める「基準」（月額15万円）に違反する「労働契約」部分の定め（月額10万円）は「無効」となり（この協約違反の契約条件を「無効」とする労働協約の効力を「強行的効力」という）、無効となった部分は、協約基準（15万円）に置き換わる（この、無効となった部分を協約基準に置き換える労働協約の効力は「直律的効力」と呼ばれる）、というものであり（上記2つの効力を統合した効力を、一般に、「不可変的効力」と表現している）、さらにわかりやすく言えば、労働協約に定める労働条件水準が組合員労働者の労働条件となり、法的に、組合員労働者はその労働条件水準による取扱いを請求（訴求）することができ、使用者はそのような取扱いをすべき法的義務を負う、ということである。

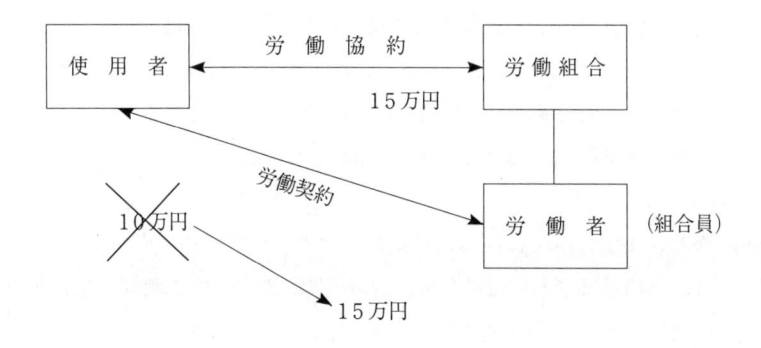

この労働協約の「規範的効力」に関する表現の仕方は、大変にまわりくどい。というのも、労働協約は、使用者と労働組合との間の「合意」にすぎないものであって、権利義務関係の設定は、(「法」規範に基づく以外は) 契約に基づく場合のみであるとする市民法の枠組みの下においては、協約内容が法的に組合員労働者の労働条件となるとするためには、いったん締結された契約条項を無効とし、それに代わって、当該労働協約内容が使用者・労働者間の権利・義務関係に転化するという論理枠組みをもって労働者の請求権を根拠付けるしかないからである。

　このように、規範的効力の意味内容を確認的に表示した労組法16条は、市民法の論理に反して、労働協約の効力として、第3者間の合意内容が組合員労働者の権利となる (いったん自己が同意した契約条件の存在にもかかわらず、労働者が、使用者に対し、労働協約を根拠として、法的に、協約内容による取扱いを請求できる) ということを表示したものであって、規範的効力というのは、労働協約内容が、直ちに、労働者の労働条件内容となったり、協約内容が「契約の内容(中身)」となり、それを契約条件へと転化させたりする効力ではないことに注意すべきである。労働協約は、あくまでも、最低労働条件「基準」を設定するに過ぎないものであり、それを法レベルで承認・表現したものが規範的効力＝基準としての効力なのである。

・化体説について

　労働組合法16条が、協約基準に違反する労働契約部分は「無効」となり、その無効となった部分は「基準の定めるところによる。」と規定していることから、協約基準は労働契約の「内容(中身)」となるとする素朴な考えが登場する (このような論は、「化体説」といわれ、判例の一般的傾向となっている)。

　しかし、まず、本文に述べた「規範的効力」の意味内容からすれば、それは、協約違反があった場合に、労働協約に基づいて、裁判上協約所定の待遇を請求し、その労働条件内容を実現できる (保障される) という

ことであるから、協約上の労働条件が契約内容となっていくということではない。それは、ちょうど、労基法13条の機能の仕方と同一である。労基法13条(それは、表記上「労基法(この法律)」と「労働協約」とを置き換えるだけで、ほとんど労組法16条の規定表現と同一である)は、労基法の定める最低基準と労働契約との関係につき、労基法上の基準に違反する労働契約部分を「無効」とし、労基法基準をもって「置き換える」旨を定めるが、基準法違反があった場合、最低基準が契約の内容となったがゆえに、契約に基づいて基準法どおりの処遇を求めるわけでもなく、使用者が「契約違反(債務不履行)」の責を受けるというものでもあるまい。あくまでも、労働基準法違反として、労働基準法に基づいて請求するというものであろう。それと同様に、協約違反はあくまでも協約違反であり、協約に基づいた処遇の要求であるべきなのである。

　このように言ったものの、実は、化体説については、「内容になる」とはどういうことなのか、その場合、協約規範(基準)はどうなるのか、違反に対しては、協約違反として、協約に基づく請求なのか、契約違反として、契約に基づく請求なのか、等々、不明な部分が余りにも多く存在するのだが、これらの点を別としても、そもそも「当事者意思」の合致により成立するとされる「契約内容」が当事者の意思関係の外に存在する協約規範(基準)によって埋められるというのは、素朴であることを通り越して、法文の持つ「感じ」だけに頼ったあまりに素人的な、あるいは、何でも、契約を媒介しないと安心できないというあまりにドグマティックな論議という他はあるまい。いずれにせよ、労働協約の規範的効力の問題を別としても、「合意」と「規範」の相違、関係についての更なる究明を望みたい論議である。

と同時に、第3者間の「合意」にすぎない労働協約が契約関係を規律する(契約内容を無効とし、新たな権利義務関係を設定する)効力をもつというのは、「法規範」以外に、当事者の意思関係(契約)に優先するものはない、私人間の

「合意」が第3者間に効力を及ぼし、その意思に反した権利・義務関係を設定することなど絶対にありえないとする近代市民法、近代市民国家の法論理に明確に反するものである（労働協約基準が、当事者の意思関係を超えて、契約関係を規律する——まさに、「法規範」と同様の法的チカラを内容とするところに、労働協約の本効力が「規範的効力」といわれる所以がある）。まさに、このことの故に、労働法の形成の過程において、労働協約の法的効力が、長き期間にわたって否定され続けた理由が存するとともに、結論的には法的効力を承認されるに至った歴史段階においても、その理論的根拠付けに関して、なお多岐に論が分かれる所以でもある。

　権利・義務関係を設定する道具概念として、契約と「法」規範しかもたない近代市民国家の法体系に忠実に従うとすれば、契約を超えるチカラは、「法」規範に求められることになる。労働協約の規範としての効力を承認する実定法の存在（ドイツ労働協約法や前記労働組合法16条を根拠とする授権説）、あるいは、「慣習法」的理論構成（労働協約をストレートに「慣習法」の枠組みにおいて捉える法例2条説、労働協約による労働条件決定のシステムを「慣習法」的に構成する白地慣習法説等）はそれに沿うものである。しかし、これらの理論は、「法的枠組み」への接合に腐心するに止まり、労働協約による労働条件決定は自律的に進展し、その規範的機能が先行的に形成され（「自主規範」としての形成）、それが国家法体系の中に組み込まれたものであること、それゆえに、協約規範は、何よりも、団結によって、形成され、その「実効性」が担保された規範であること等の、労働協約規範とその規範としての実効性の持つ特性を併せ包摂することに限界がある。そこで、ここに、労働協約は、労働組合運動・労働協約に基づく労働条件決定の定着を基礎に、労使、ことに労働者団結の「法的確信」に支えられたものとして効力をもつとする法的確信説が登場し、法的枠組みへの接合と協約規範の特性の包摂という2つながらの要請に応えようとする。その意味で、同説はすぐれた論ということになるのだが、「規範的効力」の意味内容を前述のように解したとき、労使関係という部分社会に貫徹するに止まる規範が国家法レベルでの請求権にまで高められていくことの理論的構成という点で、なお

不満が残る。

　このようにみてくると、労働協約の規範的効力の根拠は、労働基本権保障に基づく、団交→労働協約システムによる労働条件決定の承認という事実に求めざるを得ないと思われる。

　第Ⅰ章に縷々述べたとおり、労働者の「主体性」の回復を目指して「労働組合」が登場し、その労働組合を通じての労働条件決定・規制（その制度的表現としての、団交→労働協約システムによる労働条件決定）が長い・激しい歴史的過程を通じて社会的に定着をし、その本質的正当性のゆえに法的承認が達成されたものである。ということは、すなわち、団交→労働協約システムによる労働条件決定を法的に承認するということは、法的に、組合の獲得物が１人１人の組合員労働者の労働条件内容となる、すなわち、「労働協約」により労働条件が決定されるということ＝労働協約の規範的効力を承認することに他ならないというべきだからである。

　ところで、規範的効力が認められるのは、労働協約条項のうち、①労働条件、その他、労働者の「待遇」に関し、②「基準」を定めたもの、についてである（これを、労働協約の「規範的部分」という）。「待遇」とは、労働者の労務提供にかかわって、あるいは、労働生活の中で、労働者が企業からどのような処遇・取扱いを受けるか、ということに関する、包括的概念であり、「基準」とは、上記待遇に関し裁判上の請求を特定できるほどに具体的であるべきことをいうものと解される。

　2）　有　利　原　則

　規範的効力に関し、前記例では、労働協約上月例賃金15万円と規定されるに至った場合、労働契約上の、10万円という合意は「無効」となり、協約上の賃金条件（15万円）に「置き換えられる」とした。しかし、これが、労働契約上、月例賃金20万円の合意が成立・締結された場合、労働協約上の基準に違反するものとして、同じく、「無効」となり、15万円に「置き換えられる」、つまり、切り下げられることになるのかが、問題となる。

　これについては、ドイツ労働協約法（ドイツでは、労働協約の規範的効力は、協

約法による法的効力の承認・付与に基づくとする「授権」説が支配的であるが、その労働協約法において）4条③項は、労働協約は、協約の定める基準を「上回る」労働契約の定めに対しては「不可変的効力を有しない」、つまり、協約基準を上回る合意（契約条件）を切り下げることはない旨を定める。そして、このような取扱いは、「有利原則（Günstigkeitsprinzip）」といわれる。

・ドイツ型労働協約と「有利原則」

　労働協約が、産業別あるいは職業別の（企業）横断的労働組合と使用者団体との間で締結された場合、当該労働協約は使用者団体に加盟するすべての使用者（企業）に対して適用されるから、協約で定められる労働条件は、企業規模や業態等のいかんにかかわらず適用され得るように、「最低基準」として合意・適用されざるを得ない。そして、個別企業における個別労働者の労働条件は、当該最低基準を前提に、「労働契約」をもって具体化されていくことになる。「有利原則」をいう以前において、協約上の労働条件は、その実質・実体において、「最低基準」なのであり、ドイツ労働協約法4条③項の規定は、この事実を、「有利原則」として、法原則化したに止まる。それに対し、わが国の労働組合は企業別労働組合であり、労働協約は、企業内団交に基づく企業内協約として、その企業で働く従業員の労働条件について合意したものである。したがって、従業員＝組合員は、特別に契約することなく、形式的に労働契約を締結し、労働条件は、後から、労働協約によって実体化するということになる。わが国において、労働契約によって労働条件が合意されることが少ないのは、契約意識の希薄さや市民法の定着の遅れ等にのみ基づくのではなく、このような労働慣行にも関連しているのである。先に、労働協約の機能に関し、わが国労働協約が市場（労働条件）統制機能をもたないことに言及したが、この特性を労働条件の決め方の面で捉えたのがここでの論議である。以上の意味において、わが国の労働協約における労働条件は、労働協約の機能として、「最低基準」であると同時に、当該労働条件条項の適用を受けるすべての労働者に等しく適用される「標準」でもあ

るのである。法理論が、実体的妥当性を獲得するために、その国の実態に合わせて形成・適用されるべきものであるとするならば、労働協約の労働条件条項の法的効力に関する理論においても、上記実態・実体に合せて立論されるべきである。その意味で、「有利原則」否定論は、わが国の実体に適合した、適切な論というべきである。

ところで、一般に、労働協約上合意された賃金水準を、「協約賃金」と、現実に労働者が受領している賃金を「実行賃金」と、各言い、その差を「賃金ドリフト」と言う。欧米の場合、日本と異なって、この賃金ドリフトの存在は、当然のことであるが、その額があまりに大きくなると、労働組合の賃金決定力（労働市場統制機能）を弱めることになるし、国家の賃金政策（経済政策）を難しくさせること等から、社会問題化することにもなる。

・有利原則と労働条件の不利益変更

「有利原則」というのは、労働契約と労働協約の関係に関するもので、労働協約には、「労働契約で合意された労働条件」を引き下げる効力はない、とする原則であって、労働協約をもって労働条件の不利益変更はできないとする原則ではない。労働協約法において「有利原則」が明文規定されたドイツにおいても、労働協約の効力をもって確定した労働条件を労働協約をもって不利益変更することが否定されることはない。労働契約の自立性がほとんどないわが国においては、時によって、この「有利原則」の問題と、後掲労働条件の不利益変更の問題とが混同されることがあるので、注意を要する。

そこで、この有利原則がわが国協約についても適用されるべきかが、問題となる。これにつき、わが国の通説・判例は、（もちろん「有利原則」肯定説も有力に主張されてはいるが）①わが国においては、労働慣行として、入職時を始めとして、「労働契約」において労働条件を決定・合意することはほとんど存してはいないこと、②わが国「労働協約」は個別企業内の具体的労働条件を協定す

るもので、それが、即、従業員の労働条件となっている（協約基準は、「最低基準」であると同時に、「標準」でもある）こと等からして、実際上、「有利原則」の適用が問題となる局面はほとんど存しないということを前提認識とし、それにもかかわらず、あえて労働契約において労働協約を上回る労働条件を合意するのは、それを正当化しうる特別の理由・事情が存しない限り、使用者の不純な意図をうかがわせ、不合理である、あるいは、労働組合の団交権・協約締結権、あるいは、労働条件決定機能を侵害するものとして違法であるとの観点から、わが国の企業別協約に関しては、「有利原則」の適用を否定する。

　私も、従前は、そのように考え、論じてきた。しかし、現在は、後述のように、事実的には同一結果となるのだが、少し、立論を変えたいと思う。すなわち、「規範的効力」を、前述の通り、労働者について、最低「基準」である協約どおりの労働条件内容が保障されることを裁判上請求することのできる権利を保障した（つまり、使用者が協約どおりの取扱いをしない場合に、そのとおりの取扱を請求できる）に止まるとする考え方を前提とすると、規範的効力の内容として、労働条件が切り上がったり、切り下がったりするものではない。したがって、協約水準を上回る労働条件を「契約した」労働者は、この「協約」に基づく権利を行使しないですむだけの話である。その結果、労働契約上の労働条件は、そのまま残ることになる。

　前記問題を、「労働協約」と「労働契約」との法的関係の問題としてのみ考えれば、そうなる他はないというべきであろう。しかし、これは、労働者の労働条件が、「労働協約」によって決まるのではなく、「労働契約」によって決まるということである。これは、企業別協約とそこにおける労働条件の決まり方からみると、明らかに、「異例」であり、団交→労働協約システムによる労働条件決定という原則を崩し、労働組合の協約締結権を侵害する行為である。したがって、労働条件決定の範疇・基準等をまったく異にする等、この「異例さ」を正当化させ、団交→協約システムによる労働条件決定という原則に抵触するものではないと認められる特段の事情が存しない限り、「労働契約」の存在を理由とする使用者の行為は違法たるを免れず、使用者は労働協約に従った取扱

をすべき（契約条件よりも低い協約上の労働条件で労働者を処遇する）ことになり、それに対し、労働者は、「労働契約」を根拠とした処遇を請求できないし、使用者は、労働契約違反の責を問われることはない、というべきことになろう。

　以上の意味で、私見は、結果的には、「有利原則」否定説と同一にはなるのだが、それは、わが国労働協約の企業別協約としての特性に基礎をおいた、「規範的効力」の2面（方向）性に基づくのではなく、協約法制度（団交→労働協約システムによる労働条件決定の法認）の規範的要請に基づくものである。

3）規範的効力の本質と限界

　労働協約上規定された労働条件は、「規範的効力」を云々するまでもなく、労働者の現実的労働条件となるという実体が先行し、その上に労働協約の「規範的効力」論が展開されていくことになる。その結果、労働協約の「規範的効力」とは、組合員労働者の労働条件を決定していく効力であるとする錯覚が生まれる。そして、これと、労働協約上の労働条件は「労働契約の内容となる」との論が結びつくと、労働協約上定められた「労働条件」に関する定めは、何であれ、すべて、組合員の労働条件となり、組合員を「拘束する」という、悪しき「労働協約＝オールマイティー」論が登場することになる。

　しかし、労働協約とは、労働条件についての「基準」を設定するに止まるものであり、その「規範的効力」とは、繰り返し論及してきたように、組合員労働者が、自らが合意した労働契約上の労働条件にもかかわらず、使用者に対し、協約所定の労働条件の保障（実行）を請求することができる、とするものである。従来から往々にして存する上記素朴な誤謬に関し、この規範的効力論の観点から、若干の検討・論及をしておく。

イ）労働協約上の労働条件と労働契約

　ここでの論議は、「労働力」の担い手は労働者であり、その給付の条件たる労働条件は、あくまでも、労働者個人が主体的に締結する「労働契約」においてきまるものであるとの発想を前提に、しかし、それと異なる労働条件に関する労働協約が締結された場合、労働者は、「労働契約」の規定にもかかわらず、協約上の労働条件を請求できるとするのが、「労働協約」の法的効力である、

とするものであるが、いまだ、労働条件をめぐる法的関係について論及されてはいないので、後の論議の前提として、ここで、論及しておくことにする。

それは、結論的に言えば、（いったん労働協約が締結されると、その法的効力を云々するまでもなく、使用者によりその労働条件内容が実行されていくのが一般的であるが、その実行、あるいは、労働者の協約に基づく訴求結果としての実行のいずれであれ）使用者の協約実行の事実とその下での労働者の異議をとどめない就労とによって、黙示的に、協約上の労働条件内容を契約条件とする新たな労働契約が成立したと解される。これは、いわゆる「化体説」でもないし、労働協約が法的に労働条件を決定するという見解でもない。協約どおりに実施された労働条件下での労働という現実を「労働契約」関係として捉えるものであり、労働協約に下支えされた労働契約という発想である。

ロ）「義務付け」の効力

使用者から「時間外労働」や「出向」を命じられても、労働者がこれらに従うべき義務（時間外労働義務、出向応諾義務）が存しないことは確定している。ところが、労働協約上、「会社は、時間外労働（あるいは、出向）を命じることがある。（その場合、組合員は、これに従わなければならない。）」とか、「会社は、〜を命じることができる。」とか、合意・規定された場合、これら労働協約の効力に基づき、使用者は時間外労働（出向）を命じることができ、労働者はこれに従わなければならない（拒否した場合、業務命令違反として、懲戒処分の対象とされる）ことになるか、が問題となる。判例は、一般に、これを肯定する傾向にある。

・「出向」とは

「出向」とは、ある会社（出向元会社）に雇用された労働者が、会社の業務命令に基づき、別会社（出向先会社）の指揮命令下に労務に従事するようになる「人事異動」の一形態である。一般に、出向元会社との労働契約関係を存続させたまま、出向先会社での労務に従事する形態（在籍出向）がほとんどであるが、時には、出向元会社との労働契約を解約し、

出向先会社と新たな労働契約を成立させる形態もある（しかし、これは、一般に、「移籍（転籍）」、「転属」などといわれ、「（在籍）出向」と区別されるのが通例である）。

この「出向」に関し、判例は、指揮命令権の譲渡と捉え、債権者（使用者）は、債務者（労働者）の同意なくしてはこれをなしえないもの（民法625条①項）としている（したがって、労働契約上は、出向応諾義務などというものは存在し得ない）。

・最高裁と時間外労働義務

時間外労働義務に関する最高裁判決としては、日立製作所武蔵工場事件（最1小判平3・11・28）があるが、同事件判決において、最高裁は、「1日8時間の実働時間を延長することがある」旨の「就業規則」上の規定を根拠に、時間外労働義務を肯定した。しかし、実は、当該事件の場合、労働協約にも同趣旨の規定があり、高裁判決は、労働協約、就業規則、いずれからも時間外労働義務が生じるとし（東京高判昭61・3・27）、また、上記最高裁判決には、労働協約からも時間外労働義務が生じるとの「意見」も付されている。にもかかわらず、最高裁が、就業規則のみを根拠とした真意がどこにあるのかは定かではない。単純に、「大は小を兼ねる」程度の意（就業規則は使用者が一方的に制定し得るものであり、使用者が意欲しさえすれば、容易に時間外労働義務規定を定めることができること、労働協約の規定はそのまま就業規則の規定となるのがわが国の一般的労働慣行であること等からすれば、就業規則に関して判示しておきさえすれば、十分に事足りる、という意味）とも思われないではないが、上記事実関係下においては、「労働協約上の規定と時間外労働義務」という問題に関しては、最高裁の判断はペンディング状態下にあるという他ないであろう。

しかし、労働組合は、「労働力商品」の所有者・処分権者ではなく、したがって、労働義務について使用者と合意できる地位にもないし、組合員労働者につき「労働義務」を設定できる地位にもない。たとえば、週38時間労働、あ

るいは、1日7時間労働を定める労働協約が制定されたとして、組合員労働者に、週38時間、あるいは、1日7時間、「労働すべき義務」が発生するものではないことを考えてみれば、それは、直ちに明らかである。労働協約は、労働条件の「基準」、労務提供に関して言えば、労務提供義務の「外枠」を規制し得るに止まる。すなわち、労働義務は労働者が締結した労働契約からのみ生じ、労働組合（労働協約）は、その義務の程度、範囲等についてのみ「基準」を設定するものである。そして、使用者が労働協約に違反したときに、労働協約に基づいて、自己の労働時間は週38時間である、あるいは、1日7時間である旨主張し、それに応じた取扱いをすべき旨を主張・請求できる。それが労働協約の規範的効力というものである。労働協約という第3者間の合意によって、本人の意思を超えて、新たな「義務」が発生するなどということはあり得ないし、絶対にあってはならないことである。

　判例の中には、「規範的効力」の意味内容について検討することもなく、平然と、労働協約によって労働条件が決定される以上、労働者にとって有利なもののみならず、たとえ不利なものであっても、労働条件内容となる、といった論を展開するものまであるが、ここまで来ると、素朴さを通り越して、「生兵法」の危険さを感じさせるものである。第3者間の合意をもって権利・義務（ことに、義務）が発生することは絶対にありえないという、市民社会の自由・民主主義を支える原則の重要性について、改めて深く思いを致すべきである。

　ハ）労働契約関係の終了と労働協約

　労働協約上、「定年制」や、休職期間満了後の「退職扱い」の制度が定められた場合、その年齢への到達あるいは所定事由の発生（存在）とともに、労働協約の効力として、当然に労働契約は終了するのか、という問題である。

　これが直接の争点となった事案は、これまでのところ存しないようではあるが、関連した事案における判断傾向の中では、上記「義務付け」問題と同様、素朴に、たとえば、定年制の法的効力が肯定されているようである。

　しかし、考えてみれば、この場合も、労働協約にそのような効力を肯定するというのには、相当に無理がある。そして、それは、なぜに労働協約にそのよ

うな効力が肯定され得るのか、労働組合にそのような強行法規的な規範設定の権限が存するのか、等について問うこともなく、きわめて素朴に、「労働協約で決められたから」的発想に基づいているとしか言いようがない。

　上述したと同様に、労働契約上の地位の得喪は、使用者と労働者との間の個別的関係の問題であり、労働組合が、労働者の意思に反して、あるいは、意思を超えて、法的に強制力ある取り決めをなし得ることなど、絶対にあり得ないし、あってはならないことである。そして、定年制に関する規定は、組合員労働者は、少なくとも当該年齢に到達するまでは、年齢を理由として、労働契約関係を終了させられることはない、使用者が、それに反した場合は、労働協約規定＝定年制の存在を理由に、雇用の継続を主張できる権利が保障されているものと解し（したがって、定年制に関する事由が発生した場合、使用者は改めて、それを理由に労働者に対し「解雇」の意思表示をなすべきことになる。そして、当該解雇が適法なものか否かが別途判断されるべきことになる。─労働組合が当該定年制につき同意していることが、その判断に際し、相当の重みを持つではあろうが、そのことのゆえに、当該解雇が当然に適法視されるものでもあるまい）、休職明け「退職処分」については、労働者に対しては（規範的効力としては）、少なくとも「休職期間」は、協約所定の条件の下、雇用が保障されていることを意味し、労使間においては、組合が休職明けに所定事由が存する場合には、退職処分とすることに「同意」し、争わないことを合意したという意味を有するに止まると解すべきものである。

　＊「休職」期間満了後「退職処分」制度

　「業務災害」に基づく傷病ではない傷病（企業実務の世界では、前者を公傷、後者を私傷病と呼ぶことが多い）の療養のため休業（欠勤）する場合については、企業実務の世界では、一般に、欠勤の開始した月（給与計算期間）については、「欠勤」扱い（欠勤日数に応じた賃金カット）、翌月以降については、（傷病の内容に応じて）一定期間の「休職処分」（賃金全額不支給）、休職期間満了時点で休職事由が消滅していない（当該傷病が治癒していない）場合は「退職したものとみなす」（退職扱い・処分）とするという扱いがほとんどである。そこで、これらが

労働協約で定められた場合、休職期間満了と同時に、自動的に、労働契約が失効すると解すべきかが、問題となる訳である。

ニ）企業内行為規範の設定

前述したように、わが国労働協約が、経営参加的機能を通じて、企業内的労働条件形成に関与していくという側面は、労働協約による服務規律や懲戒事由の設定にまで及ぶことがあり、判例の中には、当該規定に規範的効力があり、行為規範として組合員労働者を拘束し、その違反について責任を負うべきものとする論を展開するものも現れる（たとえば、労働協約による、企業内政治活動禁止条項の効力に関し、日本パルプ工業事件・鳥取地米子支判昭50・4・22、広島高松江支判昭52・4・27、等）。理論的混乱の極致というべきであろう。法的思惟においては、「法的効力」を前提としないと不安を感じるのであろうとは想像できるものの、「規範的効力」とはどのようなものであり、当該条項が「規範的効力」をもつとはどういうことかの検討もないまま、単純に、当該条項は「待遇」に関し「基準」を定めたもので、「労働契約の内容」となり、労働者を拘束する（従うべき義務がある）とする論は、前記2段階的効力（強行的効力、直律的効力）をもって構成されてきた「規範的効力」論からは、余りにも大きくかけ離れたものという他ないからである。

これらは、むしろ、企業内行為規範の共同決定という、経営参加的機能にひきつけて考えられるべきもので、「規範的効力」の次元で考えられるべきものではないというべきである。詳しくは後述することにし、ここでは結論的にのみ言えば、これらは、組合の組合員への（まさに、説得又は勧告等の）働きかけをサンクション内容とする行為規範の設定、あるいは、また、懲戒事由の限定と解されるべきものである。

4）協約自治の限界

イ）問題の所在

①「協約自治」とは、国家や国家法の規制を受けることなく、協約当事者（使用者もしくは使用者団体と労働組合）がその自由な意思に基づいて、労働条件基準を設定し、それに基づいて労働者処遇が展開されていくこと、要するに、

労使自治を基礎とする、団交→協約システムによる労働条件決定をいうが、既述の通り、このシステム、すなわち、その形式的結果としての「労働協約」には、個別合意＝「労働契約」に優先する効力が承認されている。しかし、当然のこととして、いかなる場合であろうと、「労働協約」にはこの「労働契約」に優先する効力が承認されることになるのだろうか、という問題が生じる。すなわち、団交→協約システムによる労働条件決定の限界を考えることがここでの問題である。

②企業別労働組合の特性と労働契約の自立性の欠如ということから、わが国労働協約が当該企業の労働者の労働条件を直接規制していくものであることも、前述したとおりである。ところが、1960年代以降、労働組合が定着するとともに、企業への協調路線、ことに、合理化・技術革新への協力姿勢をとるようになってくると、団交結果としての労働協約内容が、必ずしも、常に、組合員労働者の労働条件向上に向けられたものではなくなってくる。それどころか、時には、一部労働者の職の喪失や、雇用保障を名目とした賃金切り下げ等、著しい不利益をもたらすようなものまでが登場する。このような場合であっても、組合が同意している、すなわち、「労働協約」であるがゆえに、上記「労働契約」に優先する効力が与えられ、組合員労働者の労働条件となっていくものなのであろうかが、一層深刻に問われることになった。

ロ）労働条件規制の法構造

これも繰り返し論及してきたように、労働協約の法的効力は、「労働契約内容」となって、労働条件を「決める」ものではなく、労働条件の「基準」を設定し、それを「保障」するものである。換言すれば、使用者の、労働協約を下回る労働条件処遇に対し、組合員労働者が、労働協約に基づき、労働協約上の労働条件処遇を要求できることを法的に「保障」するものである。

したがって、「協約自治の限界」に関しては、何よりもまず、裁判官を含めた論者の頭から、「労働協約は労働条件を『決める法的効力』を持つ」とする誤謬を放逐することである。たしかに、わが国労働協約は、現実的、実体的には、労働条件を決める機能を有する。しかし、「法的」には、「基準」として契

約関係を律するに止まるものなのである。この2面性をはっきりと認識し、混同させないことが重要である。前記誤謬が、これまで、いかに問題状況を混乱させ、結論を誤らせてきたかを思うとき、その放逐により、相当程度の問題が解決に向かうことになろう。

　労働協約の法的効力を以上のように考えるときには、形式理論の次元においては、労働協約において何が取り決められようと関係はない。労働者が労働協約に基づく権利行使をしない限り（そして、切り下げられた労働協約「基準」を基に、労働条件の「切り下げを請求する」労働者は、およそ、存在しないはずである）、法的に、当該協約条項の影響を受けることはないからである。「労働契約」に基づくものとして、従来の労働条件水準を享有していればいいことである。

　ところが、わが国の場合、これも既述したように、「労働契約」による労働条件合意はほとんどなく、労働協約内容がそのまま労働条件内容となっているのが通例である。そして、旧協約が解約されあるいは終了し、労働条件を切り下げる労働協約（新協約）が締結された場合、使用者が、単に、同水準への労働条件変更を「強行」する場合については、格別の問題はないであろう。従来の「労働契約」を根拠として、従来どおりの取扱を主張すればいいことだからである（P.203・イ）、参照）。ところが、使用者は、就業規則を改定する等して、適法に新協約水準の強行を図ろうとするのが常である。しかし、労働契約を規律する規範が改正され、労働契約上の労働条件が適法に変更されてしまった場合、それに対抗するために労働者が依るべき手立ては存しないことになる。というのも、わが国の現実においては、旧協約水準を内容とする労働契約が締結されるということはほとんどなく、それを支える（旧）協約も失効してしまっているからである。したがって、使用者の「強行」に対しては、「退職」するのでない限り、そのまま受け入れざるを得ない「結果」となる。となると、労働条件切り下げ協約に対し、法的に対抗し得る論理・手段はいかあるべきか、ということとの関連で、そのような労働協約の効力が問題とされることにもなる。

　ハ）協約自治の限界
　①外在的限界

労働協約規定が法内的存在として法的効力が肯定されるためには、それが実定法及び公序・良俗に反した内容のものであってはならないことは言うまでもない。従来の事案では、労基法上の諸権利を行使したがゆえに著しい不利益を受けることによって、その権利行使が制限される危険性の高い場合（日本シェーリング事件・最１小判平元・12・14）や、女性差別を内容とする労働協約の場合（男女雇用機会均等法制定以前は、「公序良俗」違反として、同法施行後は、同法違反として）等において、当該労働協約の法的効力が否定されている。

> **・基準法上の権利の侵害程度と労働協約の効力**
> 　最高裁は、労働基準法上の権利を行使したことを理由に不利益を結果する労働協約規定（本文掲示の日本シェーリング事件は、「出勤率」80パーセントを下回る者には、賃上げ・一時金の各支給をしないこととし、その出勤率計算に際し、年休・産休の各取得、「業務災害」による療養期間、スト参加等、労働法上の権利行使をすべて「欠勤」として扱うこととした労働協約の法的効力が争われたものである）に関し、ただ単に権利行使により不利益が結果するというだけでは足りず、諸般の事情を総合判断し、当該取扱いにより、労働法上の「権利行使が抑制され」、ひいては「法が労働者に右権利を保障した趣旨を実質的に失わせる」と評価されるような場合でない限り、法的効力が否認されることはない、とする。しかし、労働組合、労働協約という「制度」それ自体、したがって、その権限、効力も、労働法の枠組みの中に存在するものであり、労働者の「権利・自由」の実質化のために承認されたものであってみれば、たとえ、形式、あるいは、結果に過ぎないもの、わずかなものであっても、権利行使を理由に「不利益」が発生する性格の条項・労働協約である限り、法的効力が否定されるべきである。

②客観的限界

　労働協約は、「法的効力」としては、協約締結組合の「組合員」に対してのみ、適用されるものである。いかなる協約であれ、「非組合員」あるいは、「別

組合員」に対し、効力が及ぶことはない（ただし、非組合員に対しても効力が拡張されていく、「一般的拘束力」に関し、後述参照）。したがって、労働組合がいかなる内容の労働協約を締結しようと、彼ら非組合員や別組合員にはまったく関係ないことになる。

　ところで、争議中のような特殊な場合を除いて、一般に、時期・理由等を問わず、「脱退」は「自由」とされていることから、協約締結組合を脱退し、別組合に加入することによって当該協約の適用を免れることも考えられる。しかし、そのような、協約締結後の、協約適用を免れるための脱退は、「脱退の自由」の「濫用」として許されない（協約適用を免れない）というべきであろう。それは、結局、団交→協約システムによる労働条件決定の原則を崩すことになるからである。

　③内在的限界

　ⅰ）これは、「規範的効力」の本質＝労働協約と労働契約の基本的関係からくる限界の問題であるから、先に、「規範的効力の本質と限界」として述べたところがそのまま当てはまる。

　ⅱ）労働協約は、労働条件の「基準」を設定するものであって、労働条件や、組合員の権利・義務を設定するものではないという本質からすると、「本来的に個人に属する権利」の行使を左右させたり、「個人の権利として確定するに至ったもの」を処分したりする効力をもち得ない。従来問題となった事案について言うならば、前者に関しては、チェック・オフ協定が締結されても、組合員の同意無くしては勝手に組合費をチェック・オフできないとする原則、「業務災害」に関し、労災保険法による保険給付に上積みした補償（「上積み補償」協定）が協約されても、被災労働者あるいはその遺族の損害賠償請求権が影響を受けるものではないとする結論等、後者に関しては、未払い賃金や確定した退職金債権がある場合につき、労働者に代わって労働組合が支払猶予・減額・一部あるいは全額放棄に同意（協約締結）しても、それら同意（協約）は効力をもちえず、労働者がそれら債権を行使するにつき、なんらの影響があるものではないとする判例等がこれに当たる。

iii)「協約自治の限界」という問題がもっとも鋭く問われたのは、労働条件の切り下げを内容とする労働協約の効力をめぐってであった。とくに、それは、オール歩合給制への転換により賃金減収をもたらす新賃金体系に関する労働協約の適用の有無が問題となった事案において、大阪地裁決定が、「労働組合は本来組合員の賃金その他の労働条件等を維持改善することを目的……とするものであるから、労働組合が賃金その他の労働条件について使用者と協定を締結する場合にも原則としてその維持改善を目的とするものでなければならず、労働組合が組合員にとって労働契約の内容となっている現行の賃金その他の労働条件より不利なものについて使用者と協定を締結する場合には個々の組合員の授権を要するものと解する」（大阪白急タクシー仮処分申請事件・大阪地決昭53・3・1）と判示し、同旨の判断が続いた（同仮処分異議事件・大阪地判昭56・2・16、北港タクシー事件・大阪地判昭55・12・19）ことにより、労働組合の体質転換という社会事象を背景としつつ、協約法制度・体系の把握・構成の如何、労働協約の規範的効力の本質（労働協約と労働契約との法的関係）・根拠の把握・構成の如何等と関連した労働協約論上の難問として、とりわけ注目されるに至った。

　しかし、総じて言えば、この大阪地裁の判断に対して学説は、労働組合・労働協約は労働条件の維持改善を目的としたもので、したがって労働協約の法的効力もそれを前提に考えられるべきであるとする論には「共感」を示しつつ、結論的には、批判的であるものが目立った。その理由はさまざまではあったが、これも、総じて言えば、「協約自治」（労働協約に基づく労働条件規制）の原則を認める以上、労働組合の総合的政策判断（たとえば、企業倒産による雇用の喪失を避けるための賃金減額への譲歩、等）に基づく協約締結をも承認すべく、そうである以上、その労働条件を切り下げる労働協約の法的効力の承認もやむを得ないのではないかとするものであった。

　そうした中で、判例も、その後、「改定労働協約が極めて不合理であるとか、特定の労働者を不利益に取り扱うことを意図して締結されたなど、明らかに労組法、労基法の精神に反する特段の事情がないかぎり」、労働条件の不利益変

更協約も法的効力が認められるべきとするもの（日本トラック事件・名古屋地判昭60・1・18、名古屋高判昭60・11・27）や、「労働条件の低下を含む不利益を内容とする労働協約を締結するような場合には個々の労働者の授権まで必要とはいえないけれども労働組合内部における討論を経て組合大会や組合員投票などによって明示あるいは黙示の授権がなされるなどの方法によってその意思が使用者と労働組合との交渉過程に反映されないかぎり組合員全員に規範的効力が及ぶものではないというべきである。」とするもの（神姫バス事件・神戸地姫路支判昭63・7・18）等、判断が分かれていった。

　これらにつき考えてみるに、大阪白急タクシー事件決定の、「労働契約内容となっている」労働条件を労働協約をもって変更することはできないとする基本認識は、労働組合の目的機能を持ち出すまでもなく、妥当なものというべきである。しかし、同判旨は、ここで論じてきたところとはむしろ逆に、旧労働協約上の労働条件が「労働契約の内容となる」という論（化体説）を前提に、その変更不可をいうものであって、問題構造の把握において不適切であるし、個々の組合員の「授権」という発想も、労働協約論からは程遠いものである（労働協約は、「第3者のためにする契約」とは異なるし、労働組合の協約締結権は、組合員の「授権」に基づくものではなく、固有のものである。そうであるからこそ、労働協約と労働契約の相克が問題となるのであって、「授権」云々は、協約論の次元の発想ではない）。その意味で、同判旨は、あまりに「素朴な論」という他ない。

　しかし、「素朴」であるからこそ、現実の労働組合が本来的機能・役割を忘れ去っていく中、労働組合・労働協約の目的機能、法的承認の理念の「原点」に立ち戻って、労働協約の法的効力を「労働条件の維持・改善」という目的機能を果たす限度で承認しようとする発想が「重み」もって迫ってくる。同決定が、理論的、結論的には、本質的欠陥を持ちながらも、一蹴されることなく、重大に受け止められたのは、労働組合の体質転換という、逆転した社会的情況の中で、上記「原点」的論を突きつけたこの「重み」の故だったと言っても、過言ではないであろう。

　この観点から見ると、日本トラック事件判決のごとく、特殊的な場合を除い

て、原則として不利益変更の法的効力を認めるという結論は、受け入れがたいところであろう。事実、協約自治の問題をめぐって、同判決が積極的評価を受けることは、あまりなかったといえる。

これらは、発想の違いゆえに結論を正反対とするとはいうものの、その基礎において、労働協約は（法的にも）「労働条件を決める効力をもつ」との考えに固執している点で共通している。そして、労働組合観や労働法理念の相違の故に、一方は、「不利益変更だからバツ」、他方は、「不利益変更でもマル」、とするものである。両者の相違は、「理論的」というよりは、「主観的」である。

このようにみてくると、この問題についての課題は、①先述したように、「労働協約は労働条件を決める効力をもつ（労働条件条項は労働契約の内容となる）」とする妄信を放逐すること、②「主観」を根拠としない、「客観的」判断基準を立てること、である。

①については、繰り返し強調してきたところである。②については、神姫バス事件判決が参考になるように思われる。同判決の判旨それ自体は、なお化体説的論の上に立つやに読めるし、組合大会や投票を「授権」として捉える等、労働協約論の理解に疑問を感じさせるが、当該協約締結が組合員の意思に基づくべきものとして、法的効力の淵源を「組合員意思」にもとめている点は、極めてすぐれた洞察と評価できる。ただ、問題は、「組合員意思」集約の程度であろう。形式的な職場集会・組合大会の各開催、そこでの意見開陳の機会の付与、多数決による決定といった「形式民主主義」の次元で語られ、それらを充足したのみで「組合員意思」の集約と認められるとすると、労働組合運動、したがって、団交→労働協約システムの形骸化を生み、民主主義あるいは多数決原理の名分の下、労働者利益の切り捨て・企業利益への隷属、そして、「労働組合」の終焉への歩みが始まる。そうではなく、第Ⅰ章に詳論したように、市民法の形式性・虚偽性に対抗して、自由・権利の「実質化」を目指して労働組合が登場し、その正当性の故に法的に承認されたものである。とすれば、そのような労働組合機能の実体・実質である団交→協約システムを貫くものは、実質化された民主主義＝直接民主主義の論理でなければならない。「民主主義」

が労働者収奪・支配の道具とされてはならないというに止まらず、労働組合こそ「最も民主主義的組織」でなければならないのである。そして、労働協約は、「形式」なのではなく、「実質」なのである。したがって、全組合員にかかわる協約内容であれば、全組合員の、一部組合員にかかわる内容であるなら、その一部組合員集団の、労働現場における、直接的な意思が集約され、それに基づいて労働協約が締結されたという「実質」が存在することである。

　以上によれば、「授権」ではなく、以上のような意味での「実質的に集約された組合員意思」が存在し、それに基づいて労働協約が締結され、支えられているという「実体」が存在することが、当該労働協約が法的効力を承認されるための前提要件となると解すべきである（これを「実質的代表性」の要件、と規定しておきたい）。換言すれば、そのような要件を備えていない労働協約に基づいては、使用者は労働条件変更を適法に実行することはなしえず（たとえば、従前の労働条件を変更する就業規則改定を実施しても、新協約が効力をもちえず、したがって、従前の協約条件がなお効力を有すると解すべきである以上、協約上の労働条件を就業規則をもって変更しようとするものであるから、効力をもちえない）、労働者は、従前の労働条件を内容とする労働協約をもって対抗し得るということである。

2．債務的効力

1）　制度形成的機能と債務的効力

　次は、労働協約の制度形成的機能に関する法的効力の側面である。

　制度形成的機能とは、協約当事者（使用者もしくは使用者団体と労働組合）が、その当事者間の諸問題について、いかに処理するか、取引（団体交渉）に基づき、合意するという側面において生じるものであった。とみてみると、このパターンは、ある伝統的な法的道具概念の機能と大いに類似している。取引（交渉）→「合意」に基づく当事者関係の設定─そう、「契約」である。

　そこで、ドイツに生まれた伝統的見解であり、そしてわが国でも通説的見解である論は、労働者の処遇に関して「基準」を定めた協約部分＝規範的部分以外の協約条項に関しては、「契約」の法的効力のアナロジーとして、「債務的効

力」との観念を主張する（したがって、当該協約条項は「債務的部分」と表現される）。すなわち、当事者意思に基づいて、当事者間に、その条項内容に即した債権・債務を設定するとする論である。

　たとえば、労働協約において、ユ・シ条項や「在籍専従」の承認とその内容等が、あるいは、労働組合が争議を行う場合には一定期間前に予告することを定める「争議予告」条項や、一定範囲の労働者は争議に参加させない旨の「争議不参加者」条項等が、各合意され、規定されることが多い（事例から推察できるとおり、以下、わが国の企業別労使関係に則して論及する）が、「債務的効力」論によれば、ユ・シ条項においては、使用者が、労働組合に対して、除名その他の所定事由が発生した場合、当該組合員を解雇する「債務」を、「在籍専従」条項においては、協定された内容の在籍専従制度を承認・実行する「債務」を各負い、「争議予告」条項においては、労働組合が、使用者に対し、争議行為を実行する場合には、協約所定時間（日数）前に、争議行為を実行する旨を予告する「債務」を、「争議不参加者」条項にあっては、所定の職務に従事する者は争議行為へは参加させない「債務」を、各負い、債務者がそれらに違反した場合には、「債務不履行」としての法的処理による、というものである。

　ところで、「債務不履行」についての法的処理ということになると、第１次的に協約（契約）の解約、第２次的に、それによっても損害が填補・回復されない場合の、債務者による損害賠償ということになるが、個別協約の場合は格別、包括協約の一条項違反を理由に協約全部を解約するということは考えられない上、それによっては、当事者の救済にはならず、かえって、協約制度の否定につながりかねないことから、協約違反の場合の法的処理としてはふさわしくないものとされ、結局、「債務的効力」とは、もっぱら、協約条項による「債務」の設定、それに違反した場合の、違反者の「損害賠償責任」として、構成されることになる。

・争議不参加者条項

　労働組合がストライキ等の争議行為を行う場合でも、組合員であって

も、一定範囲の職務に従事している者（たとえば、警備業務、電話・受付業務、公用車運転業務、等）については、それへの参加を除外する旨、前もって決めておく条項（もっとも、わが国の場合、その必要のある業務従事者については、はじめから、非組合員としてしまう例が多い―非組合員条項）。なお、争議に際しても生産設備の全面停止が難しい産業・業態（たとえば、炭鉱等の鉱業、化学コンビナート、鉄鋼産業の鋼炉業務、等）の場合、その設備の維持管理や安全管理等（保安業務）のため、一定数の人員（保安要員）を業務に残す取り決めがなされるのが常である（保安協定）。

2) 平和的機能と平和義務
イ）平和的機能と「平和義務」論

平和的機能とは、労働協約が締結されたことにより、当該労働協約の有効期間中、争議行為が抑制され、労使間の安定＝平和が実現されていくというものであった。

これにつき、伝統的観念は、これは協約制度には不可欠であり、したがって、「協約制度に本質内在的なもの」であるとして、協約当事者は、労働協約の本質に内在する義務として、労働協約の有効期間中は協約所定の事項に関し一切の争議行為を行ってはならないという、「平和義務」を負うものとし、「債務的効力」に加える。前記制度形成的機能にかかわる債務的効力は、当事者の合意を前提に生じるものとされるのに対し、この「平和義務」は（労働協約に本質的に内在するものなのだから）、格別の合意が存在しなくとも、常に、労働協約に含まれる義務ということになる（本質内在説）。

これは、伝統的なドイツ理論であり、わが国における通説的見解でもあったが、近年、わが国においては、先に見たように、労働協約の平和的機能は、労働協約上合意された当該労働条件水準で労使関係を安定させようとする協約当事者の「意思」に基づき維持される結果的機能に他ならないとして、「平和義務」の淵源・根拠を協約当事者の「意思」に求める論（意思説）が有力になりつつある。前述した平和的機能の実質からするならば、「意思説」をもって妥

当とすべきであろう。

> ・平和義務—本質内在説と意思説
> 　平和義務につき、本質内在説は、それを、労使が絶対的に従うべき義務とする傾向にあり、他方、意思説は、言うまでもなく、当事者の意思（類推される意思を含む）を優先尊重する。したがって、たとえば、意思説においては、当事者合意（協約規定）による「平和義務」の排除、労働協約有効期間満了直前の次期協約交渉（協約改定）に関しての争議行為の肯定、等の点で、本質内在説とは異なった、現実適合的な、細やかな論が展開される。

ロ) 平和義務の「相対性」

「意思説」の場合は、もちろん、「本質内在説」によるも、個別の「平和義務」は個別の労働協約から生じるものであるから、「絶対的」なものではなく、「相対的」なものであるとされる（「相対的平和義務」）。すなわち、「平和義務」とは、①当該労働協約の有効期間中は、②当該労働協約所定の事項の改廃を求めて争議行為を行わない義務である、というものである。

これに対し、いかなる場合にも争議行為を実施してはならないとする義務を「絶対的平和義務」といい、これは、その旨の協約当事者の合意がある場合にのみ、成立し得るものである。もっとも、憲法上の基本権（争議権）の100パーセント放棄を内容とする合意が適法なものといえるかについては、争いがある。肯定説は、労働組合が対等な立場で取り結んだものであることを理由とするが、労働組合であれば、常に、使用者と対等な立場で協約締結をしているという観念は、現実的にも、実体的にも、相違したものである（そのような協約条項を締結するということそれ自体がその労使関係の実体を示して余りある）。肯定説はむしろ、自殺幇助的論として、否定されるべきであろう。

> **・平和条項**
>
> 　協約条項に関し、「平和」を冠したものとして、他に、「平和条項」と呼ばれるものがある。これは、労働組合は、団交決裂後直ちに争議行為に突入することをせず、第3者によるあっせん・調停・仲裁等の「調整手続」を経てもなお問題が解決されない場合にのみ、争議行為に及ぶとするような協約上の取り決め（条項）をいう。なお、平和条項が協定された場合の調整機関としては、わが国の場合、個人や私的機関を宛てることはほとんどなく、労働委員会によるとするのが圧倒的である。

　ハ）実行義務

　「平和義務」は、理論的に言えば、労・使双方が負うものであるが、実質的・現実的には、労働組合のみが負うものであり、他方、「規範的効力」というのは、労働契約と労働協約との関係の問題で、使用者の協約違反に対して、労働者が、使用者に対して、労働協約の履行を請求できるとする効力である。とすると、労働組合は、労働条件に関する協約規定に関し、重大な「義務」を負うのみで、何らの権利をも有しないことになってしまう。ここに、「実行義務」なる観念が登場することになる。すなわち、「実行義務」とは、労働協約締結主体としての使用者もしくは使用者団体は、労働組合に対して、労働協約所定の労働条件条項が現実に実行されるようにする義務を負う、とするものであり、「債務的効力」を有するものとされる。この義務が承認されることによって、使用者が協約所定の労働条件条項に違反した場合には、労働組合は、労働協約の他方当事者（使用者もしくは使用者団体）に対して、協約違反の法的責任（損害賠償責任）を追及することができることになる。

　とはいえ、実は、この義務は、現実的には、産業別あるいは職業別労働組合の下、労働協約の締結当事者（使用者団体）とその労働条件条項の現実の履行主体（使用者）とが異なる産業別あるいは職業別の労働協約の場において意味のあるもので、締結主体と履行主体とが同一である企業別協約の場での法的次元においては、さほどの意味をもつものではない。事実、この義務が、わが国

の労使関係において、法的に、問題となったことはないし、理論的に注目されたことも少なかったといえる。

ニ）平和義務違反の法的処理

ⅰ）平和義務に違反して、労働組合が争議行為に及んだ場合、その争議行為は、法的にいかに評価され、いかなる責任を負うかについては、本質内在説は、協約制度の「本質」に反し、それを毀損するものとして、争議行為としての「正当性」を失い、刑事上・民事上のすべての責任を負うとする論に傾く。しかし、同説に立つも、平和義務は協約制度上のものであるから、「協約違反」を構成するに止まり、したがって、「債務的効力」に基づく損害賠償責任のみに止まるとする論が次第に支配的となっている。もっとも、両者の大きな相違点は刑事責任の問題であるが、前説によるも、通常のストライキ・争議については、実際上、構成要件的に刑事責任が問題になることはないから、結局、両者には、大きな差はないことになろう。

これに対し、「意思説」は、平和的機能に対する相互信頼を基礎とするものであるから、平和義務違反は、その信頼を毀損する行為として、「慰謝料」もしくは「無形の損害」に対する賠償責任を発生させるに止まるものとされる。

しかし、これらは結局、「債務的効力」に関しいかに法的処理がされるべきかの問題であるので、以下に、別途検討することにする。

ⅱ）「平和義務」をどのように根拠付け、構成するにしても、それは「労働組合」が負う義務である。したがって、「平和義務」違反の争議行為を実施（参加）したこと等を理由に組合員個人の責任（懲戒処分）を追及することはできないとされている（弘南バス事件・最3小判昭43・12・24）。

3）「債務的効力」論への疑問と法的処理

イ）制度形成機能・平和的機能の本質と法的処理

既述の通り、伝統的通説は、規範的部分以外の協約条項を「債務的部分」とし、それが「合意」に基づき協定されたことを理由に、契約法的問題処理（債権債務関係の設定→「債務不履行」責任追及による問題処理）をなすものであった。

しかし、これを、債務的部分に関する労使紛争の解決、という観点からみた

とき、果たして、合理的問題処理といえるかという大疑問に逢着する。

先に「債務的部分」として挙げた例に則して見てみよう。労働組合が「争議予告」条項に反して、抜き打ち的に、あるいは、「争議不参加者」条項に違反して、組合員全員による争議行為を実施したとする。損害賠償法理による問題処理は、損害額の確定（いずれの場合も、争議行為により企業に発生した全損害の賠償ではなく、それらのうち、「抜き打ち的争議」であったことにより発生した損害、本来争議不参加であるべき者が争議参加したことにより発生した損害の賠償である）の難しさを別として、比較的容易であるし、使用者の受けた打撃もそれなりに回復されることになろう。しかし、他方、使用者が、ユ・シ協定の存在にもかかわらず、組合からの被除名者を解雇しなかった場合、在籍専従に関する協定に違反して、使用者がそれを認めなかったという場合、労働組合にとっての「損害」はいかにして算定され、いくらになるというのであろうか、また、その損害の賠償により労働組合の蒙った団結活動への打撃・損害は「回復」し得たというのであろうか。

このようにみてくると、債務不履行法理による問題処理は、①一面的に、使用者にのみ有利で、労働組合にとって、著しく不利であること（一面的負荷性）、②紛争の問題解決としてまったく不適切であることがわかる。それは、契約法理は商品交換関係の法論理・法的枠組への転換として形成されたものであり、企業（使用者）はまさにその商品交換主体として活動するものであるのに対し、労働組合は、商品交換の主体ではないし、したがって、その活動、目的も商品交換関係の論理・枠組を超えるものであったから、そして、両者が取り結ぶ関係（労使関係）も、商品交換関係とはまったく異質のものだからである。

そこで、上記①の、「負荷の不平等性」に対応すべく、「債務的部分」に対する違反を、協約（合意）によって形成された信頼的労使関係を毀損する行為として捉え、法的責任としては、慰謝料ないし無形の損害に対する賠償の支払いをもって処理すべし、との論が登場し、次第に有力になっていく。

しかし、これも、上記①の問題点はどうにかクリアーしているとはいうものの、なお、協約＝合意として捉えること、商品交換法の枠組みの中で問題処理

を図ることに拘泥している点で、本質的問題解決には至っていない。とすると、答えは、自ずとあきらかである。すなわち、この２点を離れること、ここでの協約関係を無理やり国家法の中に取り込み、国家の権力による介入的問題処理を否認することである。

伝統的論にいうところの「債務的部分」の実質は、本章初めにみたように、集団的労働関係上の問題処理に関して労使双方により設定されたルール＝企業内自主規範であった。とすれば、この協約部分に関する問題処理も、この本質、および、そこからひき出される論理に従うべきである。すなわち、法的手段による強制ではなく、当該労働関係の内部における相互責任の追及による問題処理である。具体的に言えば、一方当事者が、自己責任の下に設定したルールを自ら侵害し、当該協約の基礎にある信頼的関係が崩壊したのであるから、他方当事者は、当然、そこから発生する協約上の責任、あるいは、労使関係上の義務・責任を免れるとみるべきである。したがって、たとえば、労働組合の協約違反に対して、使用者は、労働組合がそれを終了させ、正常な状態に復帰するまで、あるいは、爾後の遵守を誓約するまで、集団的労働関係上のルール（伝統的論にいう債務的部分）の遵守義務を免れ、たとえば、在籍専従制度等の団結活動保障を定めた条項の遵守拒否をもって対抗できる、ということである。同様に、使用者の「債務的部分」違反に対しては、労働組合は、たとえば、平和条項や予告条項の遵守拒否をもって対抗できるということである。

なお、「平和義務」違反に関しても、基本的に、同様に考えるべきである。ただ、それは、協約上の一条項の違反ではなく、協約関係の基礎にある使用者の期待を裏切るものであるから、責任の度合いは大きく、使用者は、「実行義務」の免責をもって対抗できる、すなわち、「平和義務」違反というのは、「労働協約の有効期間中は、協約所定の労働条件水準で当該労使関係を維持・運営しよう」との当事者意思に反した行為なのであるから、使用者もそれから解放され、したがって、協約所定の労働条件水準の不遵守をもって対抗できる、と考えられる。また、使用者の「平和義務」違反（現実的に、また、後述するように、「先制的・攻撃的ロックアウト」が違法とされる下では、法的にも、通例、考えられ

ないことではあるが）や「実行義務」違反に対しては、労働組合は、「平和義務」を含む一切の協約上の義務から解放され、対抗できるとすべきである。

これに対しては、労使関係を実力的関係に引き戻し、荒れさせる論であるとの批判が考えられ得る。しかし、このレベルでの協約違反の発生は、労働協約を紐帯とした平和的・安定的労使関係が崩れて、すでに、「荒れた」関係になっていることを意味する。それを、法的手段、国家権力の介入によって処理しようとすることは、本質的問題解決にはならないのみならず、むしろ、労使自治、団結自治への国家的介入を許す邪道というべきであろう。

ロ）協約条項の２重性

労働協約条項につき、「規範的部分」に当たらないものは、すべて、「債務的部分」とする、完全２分論が伝統的論であると解されるが、労働協約条項の中には、２重の性格をもった条項も存すると考えるべきである。したがって、たとえば、「在籍専従」に関し、専従からの復帰者の処遇（勤続年数の計算、復帰後の職務・地位等）について定められた場合、それは、使用者—労働組合間の、在籍専従制度に関する「労使間ルール」の設定であると同時に、専従から職場復帰した労働者にとっては、「労働条件」基準でもある。したがって、使用者がこれらに違反した場合には、労働組合が、「債務的部分」違反として対抗できるのみならず、あわせて、上記労働者が、労働協約の規範的効力に基づき、使用者に対し、協約所定の処遇を訴求できるというべきである。

協約条項のうちいずれがこれに該当するかについては、協約当事者の目的意思を基礎としつつ、組合員労働者の「労働条件」に関連したものと解されるか否かにより決すべく、その関連する性格部分においては、原則として、規範的効力を併せ認めるべきものと考える。

ハ）ユ・シ協定と解雇の効力

ユニオン・ショップ制度とは、労働組合への未加入者、労働組合から脱退した者、除名された者は解雇されるとする、労使間協定（労働協約）＝ユ・シ協定に基づき設定される制度であったが、使用者が、労働組合からの「除名」通知を受け、ユ・シ協定に基づき、当該労働者を解雇したところ、当該除名が「無

効」とされた場合、当該解雇は法的にいかに評価されるべきかが問題となる。というのも、形式論的に言えば、ユ・シ協定は「債務的部分」に該当し、使用者―労働組合間の合意である。したがって、使用者は、組合からの通知があれば、当該労働者を解雇する義務を、労働組合に対して負うものであり、当該通知があった以上、その有効・無効を調査・判断することは不可能であるのみならず、必要のないことであり、ただ、解雇する義務を負うのみである。そして、当該除名が「無効」とされたとしても、それは、労働組合―当該組合員労働者間の問題であるに止まり、使用者―組合員労働者との関係上の問題として使用者が責を負うべきものではない、すなわち、除名＝無効は解雇の効力には何ら関係がないということになるからである（例えば、日本食塩事件・東京高判昭43・2・23、参照）。

しかし、これにつき、最高裁は、「ユニオン・ショップ協定に基づき使用者が労働組合に対し解雇義務を負うのは、当該労働者が正当な理由がないのに労働組合に加入しないために組合員たる資格を取得せず又は労働組合から有効に脱退し若しくは除名されて組合員たる資格を喪失した場合に限定され、除名が無効な場合には、使用者は解雇義務を負わないものと解すべきである。そして、労働組合から除名された労働者に対しユニオン・ショップ協定に基づく労働組合に対する義務の履行として使用者が行う解雇は、ユニオン・ショップ協定によって使用者に解雇義務が発生している場合にかぎり、客観的に合理的な理由があり社会通念上相当なものとして是認することができるのであり、右除名が無効な場合には、前記のように使用者に解雇義務が生じないから、かかる場合には、客観的に合理的な理由を欠き社会的に相当なものとして是認することはできず、……解雇権の濫用として無効であるといわなければならない」とした（日本食塩事件・最２小判昭50・4・25）。

これは、ユ・シ協定（条項）の効力というより、もっぱら、解雇権濫用論にひきつけて判断したものではあるが、それは、除名＝無効の場合には、「ユ・シ協定に基づく解雇である」との主張は解雇＝有効の根拠たり得ない、ユ・シ協定（条項）にそのような効力は認められない、という趣旨を言うものと解せ

ば、協約論としても、妥当なものというべきであろう。

3．制度的効力——広義の規範的効力
1) 問題の経緯

先述したことがあるように、敗戦直後の労働組合の攻勢の下に締結された労働協約には、労働組合にとって有利な協約条項が多く含まれていたが、その中の1つに、「使用者が組合員労働者を解雇する場合には、労働組合の同意を得るものとする」旨を定めた「解雇同意条項」（あるいは、「協議する」旨を定めた「解雇協議条項」）が存した。しかし、昭和23（1948）年以降の占領政策の転換の下、企業が、経済復興・経済基盤確立を大義名分に、大量人員整理を中心内容とする合理化策を展開するに際し、この協約条項は桎梏となっていった。そこで、企業は、労働組合の同意を得ることなく（あるいは、労働組合と協議することなく）、組合員労働者の解雇を強行した。

これにより、そのような協約違反の解雇の効力をいかに捉えるかとの関連で、解雇同意（協議）条項の効力が問題となった。

この場合、先述した伝統的な2分論によれば、問題は、規範的部分か、債務的部分か、ということになるが、この場合、化体説と結びついた日本的規範的効力論によれば、解雇という「労働条件」に関する協約条項は労働契約の内容となり、その条件に反した労働契約の解約＝解雇は、「無効」とされ、他方、債務的部分というのは、使用者—労働組合間の「合意」であるに止まり、その違反は、使用者の労働組合に対する法的責任を生むものの、個別労働契約関係に対しては、何らの影響を及ぼすことはないから、「解雇同意（協議）条項」が「債務的部分」であるに止まるとすれば、その違反は、解雇の効力にはまったく関係ないことになる。

ここでも、問題は、一協約条項の法的性格いかん、という一見小さな問題でありながら、前記状況の下では、解雇が無効とされるか、有効とされるかは、大問題であっただけに、論議は熱く展開された。しかし、少し考えて見れば、いずれの立場を取るにしても、重大な欠陥があることが解る。

まず、「規範的効力」説であるが、化体説の問題性は別としても、前述したように、「規範的効力（不可変的効力）」というのは、「強行的効力」と「直律的効力」の結合したものであったが、「解雇同意（協議）条項」につきこの２段階的効力を捉えるのは無理である。それは、結局、「解雇」は「労働条件その他労働者の待遇」に該当するが、「労働組合の同意を得る」というのを労働条件の「基準」と解するのは難しいことに基づく。これに対し、「債務的効力」を有するにとどまるということになると、論理的にはすっきりいきそうではあるが、実質的に考えてみれば、実におかしな論であり、労働基本権の実体化としての団交→協約システムの否定につながるものという他はない。当該条項を合意した当事者、ことに労働組合の意思は、使用者の解雇権の行使につき、労働組合の同意（協議）を条件とするとのルールを設定したものであり、まさに、団交→協約システムに基づく労使関係の確立である。にもかかわらず、「債務的効力」論は、その実質を否認し、「損害賠償」と「解雇の自由」という市民法＝商品交換の枠組へとすり替えてしまう論に他ならないからである。端的に言えば、労働組合として、解雇同意（協議）条項に違反した組合員メンバーに対する一方的解雇が行われ、その後に、幾ばくかの「損害賠償」を支払われて満足するはずはありえないし、使用者としても、そんなことは百も承知であえて協約違反を強行しているものであってみれば、それに手を貸す論がいかなるものと評価されるべきかは、自ずと明らかというべきであろう。

　こうした問題状況の下、第３の論として登場したのが、「解雇協議条項は被申請人会社のいわゆる人事権に対する経営参加を認める一の客観的な制度を定めたものであって、それは単にその規範を定立したものに債務を負担せしめるにとどまらず、関係当事者に対して普遍的に妥当する法的規範を実現するための手段たる行動様式として、特有の効力（『制度的効力』）をもつものであるが、その効力は結局、制度の性格と機能とに照らしてこれを決定すべきであり、本件のように『労働者の待遇に関する基準』に関連するものについては、その違反を無効とするだけの効力を認むべきである。」（日本紙業事件・東京地判昭26・2・1）との見解に代表される「制度的効力（組織的効力）」論である。

この論は、当時の東京地裁の判例をもって形成されたものであり、その理論内容が必ずしも詳細・緻密に展開されたとはいえない面もあったが、前記問題状況に正面から対応しようとしたものとして、支持を拡大していったといえる。労働協約の法的効力に関し、学説・判例の大勢は、なお、規範的効力・債務的効力の２分論ではあるが、これにより、企業別協約の特性に着目して、第３の効力として、「制度的効力（組織的効力）」を付加する論が次第に有力になりつつあるといえる。

2)　企業別協約の特殊的側面と制度的効力

労働協約の各条項がいかなる法的効力をもつものと解すべきかの問題は、前もって、「法的効力」の種類見本があって、それに合わせて、この条項はこれ、この条項はあれ、というように「区分」することではない。現実の組合運動によって形成された労働協約内容・機能を直視し、それを労働法の理念・体系・枠組みの下で法的にいかに把握・構成すべきかを考察・検討することである。

このような観点から見たとき、労働協約には、「経営参加的機能」があった。これは、労働市場における労働条件水準の規制＝基準の設定という伝統的機能を超えて、その先に、労働組合による企業内労働条件・処遇の規制、確保（保障）を目的として形成されたものであった。いわば、労使双方の意思に基づく、団交→協約システムの企業内への拡大である。そして、労働法、労働基本権保障が、団交→協約システムによる労働条件決定・労使関係の形成の保障を基本目的・理念とする以上、そのような労働協約機能は、労使双方の意思に合わせて、直截的に、法的効力として構成され、承認されるべきものである。

ところで、このような企業内労働条件・処遇の規制、確保（保障）は、その新規形成性のゆえに、２段階的効力を内容とする「規範的効力」とは必ずしも完全一致しない面をもっている。しかし、当該条項の目的・趣旨＝法的に許容さるべき当事者の意思に合わせて法的効力を考えるべきであるとする前記視角からは、それに合わせて、２段階的効力のいずれか一方のみの場合を含めて、法的効力を考えるべきである。企業内規範＝ルールの設定が中心であるという意味で、従来の論にならって、「制度的効力」とすると同時に、「広義の規範的

効力」とした所以である。

　この点について、具体的に言及すれば、先に、労働協約機能に関して、わが国の企業別協約はとくにこの局面の比重が高いこと、その具体的内容としては、①企業の人事管理上の処遇に関しての規制＝ルールの設定、②労務提供の仕方やその環境条件についての規制・保障、③人事・賞罰等、企業の専権とされてきた事柄への規制、④職場内秩序・服務規律・行為規範の設定、⑤労使協議制や意思決定過程への参加等、経営参加の制度的枠組みの設定等が存することを指摘しておいたが、今、それに沿って法的効力について論及すれば、①・③に関しては、当該基準＝ルールに反した処遇・取扱は違法・無効とされ、また、労働者は、所定の基準に従った処遇・取扱の請求をなし得るものとされ、②に関しては、それに違反した下での労務請求・労働は違法とされ、（当該条件・環境の確保が労務提供の前提条件とされているのだから）労働者はそのような環境条件下での労務提供義務を免れ（使用者＝「債権者の責に帰すべき履行不能」として賃請求権を失わない）、あるいは、たとえば、当該環境条件下での労災事故についての使用者の「故意」の認定等の法的効果が発生し、⑤については、所定の制度手続きを経ない使用者の経営方針決定等は違法とされ、それに基づく労働者への処遇・取扱は①の場合と同様になると解すべきである。問題は、前にも触れた、④の行為規範の設定、③の懲戒事由や④の服務規律の設定であるが、前にも言及したように、これによって組合員労働者に「義務」を設定し、その違反者に対する懲戒処分権を使用者に付与したとするのは、ムチャに過ぎる。労働組合には、そのような権限などありはしないのであるから。服務規律や懲戒事由の設定は、服務規律と懲戒事由のそれらへの「限定」と「承認」、すなわち、組合員労働者が他の服務規律を要求されたり、協約所定以外の懲戒事由によって処分されたりすることはないことの保障（それに違反した使用者の行為を違法・無効とする効果）であり、秩序・行為規範の設定は労働組合の統制機能の及び得る範囲において、そのような秩序形成につき「協力」する旨の合意であり、また、いずれの場合も、労働組合としては「争わない」意思の表明（その意味での、「平和義務」の設定）としての効果をもつにとどまるというべきであろう。

もちろん、「広義での」とはいえ、「規範的効力」だからといって、労働契約の「内容」になり、法的効力を発揮するなどということがあり得ないのは、いうまでもない。

3) 解雇同意（協議）条項の法的効力

以上論及してきたところに従えば、「解雇同意（協議）」条項も、人事条項の1つとして、解雇権の行使につき、使用者は、組合員労働者を解雇する場合には、労働組合の同意を得た（労働組合と十分協議を重ねた）うえでのみ行う、とのルールを設定したものであり、当該条項に違反する解雇は、「無効」であり、さらに、使用者の当該違反は、意図的違反行為として、団交→協約システムの無力化を図る行為＝団結侵害行為としての法的評価を受けると解すべきである。

判例も、昭和20年代、経済復興のための企業合理化が大義名分とされた段階では、論が3分されたものの、昭和30年代以降、経済の安定期から高度成長期に入り、大量人員整理をめぐる労使対立が激減していくのに対応して、その根拠については明示しないまま、解雇同意（協議）条項に違反した解雇を「無効」とする結論を確定させるに至った。化体説を含め、それは、ある意味、協約論の混乱を推定させるものではあるが、結論のみに限定していうならば、妥当なものといえよう。

ただ、「制度的効力」論をもって、「解雇同意（協議）条項」違反の解雇を「無効」とした前記東京地裁の判例群は、それと引き換えに、使用者が誠意をもって、当該解雇が真にやむを得ないことを説明したにもかかわらず、それでもなお労働組合が当該解雇につき「同意」を与えないのは、「同意拒絶権の濫用」にあたり、その場合は、たとえ労働組合の同意を得ずして行われた解雇であっても、当該解雇は「有効」である、との論を展開するに至った。一方、「協議」については、「解雇のやむをえないことを誠意をもって説明し、同意を得られるほどに努力すること」とされたから、結果、「同意」というも、「協議」というも、実質的差異は存しないことになった（「同意条項」の「協議条項」化）。そして、この論は、今日も継続しているものであり、作為的妥協として、問題

を残している。

4．一般的拘束力

1) 一般的拘束力

　労働協約は、「法的効力」としては、協約締結組合の「組合員」に対してのみ、効力を及ぼすものである。しかし、法は、一定の場合につき、労働協約が、協約締結組合の組合員以外の者に対しても法的効力を及ぼし得ることを肯定する。このような、協約締結組合の組合員以外の者に対しても及んでいく労働協約の法的効力を労働協約の「一般的拘束力」といい、労働協約がそのような効力をもつに至ることを「拡張適用」という。

　一般的拘束力は労働協約の本来的効力ではなく、法が認めた特定の場合についてのみ発生するものであるが、わが国労働法において存するものは、労働組合法17条の規定する「事業場単位の一般的拘束力」と、同18条が規定する「地域単位の一般的拘束力」の2つである。

　なお、労働協約の「債務的部分」は当該協約当事者間の合意に基づく債権・債務の設定、あるいは、当該当事者間の集団的労働関係に関するルール設定であり、労働者個人への適用ということはまったくありえないから、一般的拘束力が問題となるのは、本来、「規範的部分」のみとされる。問題は、「制度的（組織的）効力＝広義の規範的効力」部分であるが、「規範的効力」の1類型なのであるから、その内容・趣旨等からみて、組合員メンバー以外への適用が問題になり得ないもの以外は、原則として、拡張適用を認めるべきであろう（たとえば、「解雇同意条項」や統制機能の行使を内容とする行為規範の設定などは、拡張適用が問題となり得ないが、人事・処遇や職場環境を保障する条項は、拡張適用されるべきであろう）。

　また、「規範的効力」、「制度的効力」の拡張適用なのであるから、「一般的拘束力」の内容・性格は、それらに関して論じてきたところがそのまま当てはまることは言うまでもない。

2) 事業場単位の一般的拘束力（労組法17条）

労働組合法17条は、1つの工場事業場に「常時使用される同種の労働者の4分の3以上の数の労働者」が1つの労働協約の適用を受けるに至ったときは、(非組合員である)その工場事業場に使用される同種の労働者の残りの者(4分の1以下の数の労働者)に対しても、「当該労働協約が適用される」旨、規定する。

イ) 要　件

これを、事業場単位の一般的拘束力制度と呼ぶが、要件は、ある1つの労働協約がi) 1つの「工場事業場」に、ii) 常時、iii) 使用される、iv) 同種の労働者の4分の3以上の数の労働者に、適用されるに至ることである。

i)「事業場」とは、本来的には、厳密に定義的に確定するのは難しい概念ではあるが、企業別組合の実態に即してみれば、要するに、工場、事業所、というように、労働者が労働に従事している企業活動の「場所的単位」をいうと考えればよい。

ii)「常時使用される労働者」とは、いわゆる「常用労働者」のことではなく、本制度の適用の前提として、当該工場事業場に使用される労働者の数を確定しなければならないことから、それは、「常時」、すなわち、通常(の状態下で―常態下で)使用されている労働者の数を算定基礎とする、常態下で使用されている労働者の数の4分の3という意味につながる意である。

iii)「使用される」労働者というのは、当該事業場で、使用者の指揮命令の下、労務に従事するすべての者を指す。したがって、社外工や派遣労働者をも含みそうではあるが、特定企業の従業員のみをもって組織され、特定企業の従業員の労働条件規制を内容としている企業別組合・企業内協約の下においては、当該協約の締結当事者である使用者に「雇用され(当該企業の「従業員」であって)、当該工場事業場で使用される労働者」の意で、他社従業員である社外工や派遣労働者は含まれないものと解されている。他方、当該企業の従業員であれば、いわゆる「管理職」たる地位にある者も含まれる。

iv) 最も争いが強いのが、「同種の労働者」の意である。既述のように、わが国企業別組合運動の現実は、同一企業の従業員であっても、臨時工やパートタイマー等のいわゆる「非正規従業員」は組織対象外とし、「正規従業員」の

みをもって組織化され、その労働条件のみを規制対象としているところから、最も多く本件拡張適用が問題となるのは、そのような「正規従業員」向け労働協約が「非正規従業員」に拡張適用され得るかどうかという局面であり、それが肯定されると、「安価な労働力」として非正規従業員を利用する企業の目論見が成り立たなくなるからである。

　これにつき、判例は、一般に、企業政策における正規・非正規の身分的峻別とそれを前提とした企業別組合の労働条件規制を基準に、すなわち、企業における採用・処遇の諸側面において、正規・非正規の各従業員は截然と峻別されていること、労働協約も「正規従業員」の労働条件に関するものであること等を理由に、「臨時工」は「常用労働者」と「同種の労働者」に当らないとする。

　しかし、この問題は、労働協約の労働条件の拡張適用なのであるから、当該労働協約が何を基準として労働条件を規制しているか、換言すれば、労働組合の「組織原理」と労働協約による「労働条件規制の原則」に従って決すべきである。労働組合が特定職種や特定産業の労働者を組織対象とし、当該労働協約が当該労働市場での労働条件規制をなしているのであれば、「同種」か否かは、当該職種、あるいは、当該産業に所属する労働者であるか否かによって、一方、労働組合が、特定企業の「従業員」であることに基づき組織され、当該労働協約が「従業員」の労働条件を規制しているものであれば、「同種」か否かは、「従業員」か否かによって、判断されるべきである。

　問題は、労働組合が「正規従業員」のみを組織対象とし、当該労働協約が「正規従業員」の労働条件のみを規制対象としている場合である。これは、結局、「正規従業員」でないことを理由とする労働条件規制の拒否＝団交→協約システム傘下からの排除に他ならないのであるから、労働基本権保障を基礎とする法的枠組みの下において、それを拡張適用の成否を決する基準とすることが「合理的」なものとして認められるべきか否かの問題である。その当否は別として、労働組合がいかなる範囲の労働者を組織対象とし、どの領域につき労働条件規制を行うかは、「自由」ではある。しかし、何を法的判断の基準とするかは、現実を前提としつつも、法理念に基づいた取捨選択が必要というべき

であろう。この観点から言えば、「正規従業員」であるか否かが拡張適用の成否を決するような事態を結果する基準は肯定できないという意味で、協約当事者が「正規従業員」であることが協約適用の要件となっていると強弁したとしても、それをそのまま法的に肯定し、「同種の労働者」判断の基準とするべきではない。換言すれば、「従業員」か否か、というところまでが、拡張適用の要件としての「同種の労働者」の判断基準として法的に許容されるボーダーラインであって、それ以上の条件を付加しても、(違法とまではいえないとしても)上記判断基準とされるべきではないということである。

もっとも、以上は、拡張適用の要件に関する論議であって、現実的適用は、当該協約の内容・形式等によって決まるものであるから、当該労働協約が、賃上げ率や一時金支給率の合意等、一般的に労働条件を決定している場合には、フルタイム・常用労働者に関する労働協約条項をパートタイマー、あるいは、臨時工に拡張適用することが可能となろうが、当該協約条項が、フルタイム・常用労働者への適用を前提に、具体的に規定されている場合には、現実的適用の前提を欠くものとして、拡張適用不可能であり、現実的には、このような場合が圧倒的に多いといわざるを得ないであろう。

ロ) 効　果

事業場単位の拡張適用は、自動拡張であるから、労組法17条の要件が充足された場合には、格別の手続きを要することもなく、協約締結組合の組合員労働者以外の (4分の1以下) 労働者 (以下、前者を「多数派組合員」、後者を「少数者」と呼ぶ) に対し、当該協約の規範的部分が適用となる。したがって、「少数者」は、協約所定の労働条件処遇を訴求することができることになる。

問題は、当該労働協約において、拡張適用を許さない旨を合意した場合 (拡張適用排除条項) の効力である。

一般的拘束力の制度自体はドイツ協約法に倣ったものではあるが、この事業場単位の一般的拘束力の制度はわが国特有のものであり、その目的・趣旨は、必ずしも、はっきりしない。そのため、統一的見解が成立するに至ってはいないが、大別すれば、ドイツでの論に倣って、圧倒的多数の労働者を傘下に収め、

支配的な労働条件規制力を有するに至った労働組合の基盤・労働条件規制力を、協約水準以下で働く労働者をなくすことによって、一層確実なものとするためのものであると解する「多数派保護説」（厳密に言えば、その詳細的理論内容はさまざまではある）と、労働組合・労働協約による労働条件規制の及ばない少数者に対し協約水準を適用することによって、かれらの労働条件の向上を図ろうとするものであるとする「少数派保護説」とに分かれ、上記問題については、前説によれば、拡張適用を利用することによって地歩を固めるか、組合員・非組合員間に労働条件格差をつける（拡張適用しない）ことによって、非組合員の組合加入を促進するか、いずれの方針を選択するかは多数派組合が主体的に決し得るところというべきであるから、多数派組合が拡張適用排除条項を協定した以上、それは適法・有効であるということになるし、後説によれば、拡張適用排除は、少数者保護という立法趣旨に反して、違法・無効ということになる。

　しかし、労働協約の効力に関する法規定がその協約外の存在である非組合員、あるいは、別組合員の保護を目的としているとの把握は、奇妙というべきである。労働協約に関する規定は、労働協約による労働条件決定システムの保護という趣旨においてのみ捉えられるべきである。その意味で、多数派保護説をもって是とすべきである。もっとも、当該説によるも、拡張適用排除条項が有効とされるのは、当該組合員と非・別組合員とに労働条件の差をつけて、彼らの協約締結組合への加入を促進するという政策選択を肯定することの関係においてであるから、当該組合がすべての労働者に対しオープンであるべきことを条件とする。組合加入を拒否するは、協約拡張も拒否するは、という多数派の「わがまま」を認めようというものではない。その点で、協約締結組合に加入しない限り、当該労働条件を享受できないという限定は受けるものの、多数派保護説によるも、少数者保護に欠けるところはないというべきであろう。

　また、本件拡張適用が成立した場合、「有利原則」の適用があるかが、問題となる。すなわち、非組合員が、労働契約上、当該労働協約の労働条件水準を上回る労働条件を契約していた場合、当該労働者の労働条件は、そのまま維持されるのか、協約水準まで引き下げられるのかの問題である。これにつき、拡

張適用の場合も、通常の場合も同様であるべきとして、「有利原則」の適用を否定する、つまり、引き下げを肯定する説も有力に主張されてはいるが、「少数派保護説」は、少数派保護を理由に、また、「多数派保護説」は、拡張適用は多数派組合の労働条件規制機能が当該協約を下回る労働条件の存在によって弱められることを防止し、当該機能を強化せんとすることを目的とするものであるから、当該協約水準を上回る労働契約の存在を肯定しても、多数派組合の労働条件決定機能が毀損される恐れはないことを理由に、それぞれ、拡張適用された労働協約の規定する労働条件水準を上回る労働条件水準を合意した労働契約の存在を肯定する、すなわち、引き下げの効力を否定するのが一般である。

　「有利原則」に関し先述した自説では、労働協約の「規範的効力」というのは、労働協約が労働条件を切り上げたり、切り下げたりする効力ではなく、使用者が労働協約に違反した場合、労働者が、労働協約に基づき、労働協約所定の労働条件水準による処遇を訴求できるとしたものであり、したがって、労働契約上の労働条件水準が労働協約上のそれよりも「有利」な場合は、労働者が協約上の権利を行使せず、労働契約上の労働条件・処遇がそのまま残る結果となるところ、そのような状態をそのまま放置することは、結局、「労働契約」による労働条件決定を肯定することで、団交→労働協約システムによる労働条件決定を掘り崩す結果となるから認められるべきではないというもので、結果として、「有利原則」適用否定説と同一になる、というものであった。

　しかし、ここでの場合は、一般的拘束力＝拡張適用に基づく規範的効力の問題である。とすると、「有利」な労働契約水準による労働条件決定・処遇を放置したとしても、上記のごとき危険性が発生する可能性や、多数派組合の労働協約締結権を侵害する危険性はまったくないといっていい。したがって、ここでも、多数説同様、少数派労働者が、労働契約上、拡張適用される労働協約所定の労働条件水準よりも「有利」な労働条件水準を合意している場合には、その労働条件水準はそのまま残る、ということになる。

　ところで、以上は、労働協約と労働契約との関係をめぐる問題であった。そうではなく、少数派労働者が労働組合を組織していて、かつ、労働協約を締結

している場合（労働協約を締結していない場合は、法的には、上記問題状況とまったく同一となる）はどうなるかが問題となる。

これについては、その場合につき拡張適用を認めることは、少数派組合の団結権＝団交→労働協約システムによる労働条件決定権能を侵害するものであることを理由に、拡張適用を否定する有力な見解がある一方、多数説は、それぞれの立法趣旨に関する見解とわが国における組合併存の実質への配慮とを前提に、多数派組合の協約水準が少数派組合の協約水準を上回る場合については、少数派労働者保護ということを理由に、あるいは、少数派組合の団結権に対する侵害の度合いは小さく、この場合には、「多数派保護」の立法目的を優先させても、大きな問題はないこと等を理由に、拡張適用を肯定する。

これは、思うに、多数派組合の労働条件決定力を盤石のものにしようとする立法趣旨と少数派組合の団結権との調整の問題である。そうである以上、その結論は、第一義的には、当事者である少数派組合の組合員に委ねるべきものである。彼らが、あくまでも、自己の団結力による労働条件決定に固執して、自己組合の労働協約による労働条件を甘受するか、それとも、拡張適用による一般的拘束力（多数派組合労働協約の規範的効力の波及）に基づく訴求の道を選ぶか、その選択に委ねるということである。一般的拘束力というも、その実質は「規範的効力」の問題であるところ、それは、もともと、労働協約に基づく処遇を訴求する労働者の主体的選択行為を内容とするものであり、一方、団結権というも、労働者の主体的参加を内容とするものである以上、少数派組合労働者の選択に委ねることがもっとも実質適合的と考えられるからである。

・**最高裁と一般的拘束力**

　最高裁は、一般的拘束力の適用が問題となった事案につき、労組法17条の適用に当たっては、「右労働協約上の基準が一部の点において未組織の同種労働者の労働条件よりも不利益とみられる場合であっても、そのことだけで右の不利益部分についてはその効力を未組織の同種労働者に対して及ぼし得ないものと解するのは相当でない。けだし、同条は、そ

の文言上、同条に基づき労働協約の規範的効力が同種労働者にも及ぶ範囲について何らの限定もしていない上、労働協約の締結に当たっては、その時々の社会的経済的条件を考慮して、総合的に労働条件を定めていくのが通常であるから、その一部をとらえて有利、不利をいうことは適当でないからである。また、右規定の趣旨は、主として一の事業場の4分の3以上の同種労働者に適用される労働協約上の労働条件によって当該事業場の労働条件を統一し、労働組合の団結権の維持強化と当該事業場における公正妥当な労働条件の実現を図ることにあると解されるから、その趣旨からしても、未組織の同種労働者の労働条件が一部有利なものであることの故に、労働協約の規範的効力がこれに及ばないとするのは相当でない。

しかしながら他面、未組織労働者は、労働組合の意思決定に関与する立場になく、また逆に、労働組合は、未組織労働者の労働条件を改善し、その他の利益を擁護するために活動する立場にないことからすると、労働協約によって特定の未組織労働者にもたらされる不利益の程度・内容、労働協約が締結されるに至った経緯、当該労働者が労働組合の組合員資格を認められているかどうか等に照らし、当該労働協約を特定の未組織労働者に適用することが著しく不合理であると認められる特段の事情があるときは、労働協約の規範的効力を当該労働者に及ぼすことはできないと解するのが相当である。」との判断を示している（朝日火災海上保険事件・最3小判平8・3・26）。

最高裁の見解の紹介もかねて、やや長く、上記引用したが、本文に論じたところとは相当に異なるところが多い。しかし、ここでは、特に重大と思われる2点についてのみ、論及しておきたい。

第1点は、上記判旨から直ちにうかがえるものではないが、ここでも、本文において何度も批判した誤謬―「規範的効力」とは、自動的に労働条件を確定する効力であり、その拡張適用である「一般的拘束力」も同様であるとの誤謬が前提とされていることである。というのも、本件は、多数派組合の定年年齢切り下げ協約の拡張適用が問題となったものであるが、労働契約上63歳定年とされていた労働者が、57歳定年を定めた

労働協約の拡張適用を主張してそれによる処遇を訴求するはずもなく、会社が、当該労働協約が拡張適用され、当該未組織（非組合員）労働者の定年年齢も57歳となった（厳密には、経過措置の適用）とする処遇の当否が争われたものである。それに対し、前記論をもって臨むということは、結局、会社の上記論と同様の前提に立つということを意味するからである。本文に多くを述べたから繰り返さないが、誤謬の根は深いという他ない。

　第2点は、実は、当該非組合員は、「調査役」たる地位にあり、当該協約と同一当事者間の労働協約に基づき、「非組合員」とされていた者である。それに対し、最高裁は、労働協約の拡張適用を、総論的には、肯定したものである。その後の判旨からすると、拡張適用は、各論的に否定される可能性が高く、最高裁判旨によるも、現実的には、問題が生じる可能性はごく少ないものと想定されるが、組合加入を拒否されている者に対し、より不利な条件を定める労働協約は、絶対的に、拡張適用されるべきでない（最高裁は、労働協約上の労働条件は、総合的政策判断に基づき合意されるものであって、個別的な「有利・不利」を言うことは不適切であるとするが、各協約条項の一般的「有利・不利」が問題なのではない。非組合員が現在享受している労働条件に比して、当該条項の定める労働条件（を適用すること）が「不利」な場合は絶対的に適用されるべきではない、ということである）。労働組合から排除されている者に関し、さらに、労働条件を低下させるような労働協約の拡張適用で追い討ちをかけるなどというのは、あまりに不合理に過ぎるし、一般的拘束力の制度において、多数派組合の労働条件規制力に、そこまでのものが認められるべきではないからである。多数派組合が少数者の意に反した労働条件を強制できるのは、あくまでも、オープンである場合にのみ限られるというべきである。

3) 地域単位の一般的拘束力（労組法18条）

①（実質要件）ある1つの労働協約が、ある1つの地域に働く同種の労働者の大部分に適用されるという事態が生じるに至った場合、②（形式要件）ⅰ）当該協約締結当事者の一方又は双方の「申立」に基づき、→ⅱ）労働委員会が拡張適用の「決議」を行い、→ⅲ）それに基づき、厚生労働大臣又は都道府県知事が拡張適用の「決定」をなし、それを「公告」したときには、その地域の残りの「同種の労働者」に対しても、当該労働協約が適用されることになる（労組法18条）。これを、「地域単位の一般的拘束力」というが、労組法17条の「事業場単位の一般的拘束力」が自動拡張適用を前提とするのに対し、これは、1つの労働協約がある地域の大部分の労働者に適用されている事態の存在（実質要件）を前提とするものの、当該協約当事者の一方又は双方の「申立」→労働委員会の「決議」→厚生労働大臣又は都道府県知事の「決定」→「公告」という手続きを経て（形式要件）、拡張適用される段取りとなっている。

この制度は、最低賃金制度への利用が予定される（最低賃金法11条参照）など、地域レベルでの労働条件の標準化・労働協約機能の展開を意図したものと推定されるが、企業別組合—企業別協約の下では、「実質的要件」を具備する労働協約は存在し難いから、この拡張適用が現実化することはほとんどありえない。実際的にも、相当に古い時期に、ごく狭い地域の地場産業における特殊職種労働者の労働組合が締結した労働協約が拡張適用されたことが1、2あるという例を数えるのみであって、ほとんどゼロに近い機能を有するに止まる。

第4節　労働協約の終了と法的関係

1．労働協約の終了

労働協約は、①当該労働協約所定の「有効期間の満了」、②当事者による「解約」（合意解約、労組法15条③項に基づく解約告知）、③企業の倒産、労働組合の消滅等、労働協約締結当事者の双方又は一方の質的変更・消滅、を終了原因とし、失効する。

・労働協約当事者の組織変動と労働協約

　労働協約の締結当事者に何らかの組織変動が生じたからといって、直ちに労働協約関係が終了するものではない。双方もしくは一方に何らかの組織変動があったとしても、それぞれが「組織的同一性」(「企業体」としての同一性、「労働組合」としての同一性であり、組合分裂に関して論及したように、その「組織的特性」に則して判断されるべきである) が認められる限り、協約関係はその者に引き継がれる。

　労働組合に関しては、組合分裂、上部団体への加入・脱退、それに伴う組織形態の変化、等が問題となるが、協約当事者としての労働組合の消滅→新組合の成立とされる場合は、限られているものといえよう。

　企業に関して、過去もっとも問題となったのは、「偽装解散」であった。会社解散という形式が取られても、それが偽装である場合、すなわち、形式的には「別会社」であっても、実質的には、まったく「同一」と解される新会社が設立されている場合は、すべての法律関係はその新会社に引き継がれる、その一部としての協約関係も当然に、引き継がれるものとされてきた。

　また、企業の合併、譲渡の場合も、基本的には、同一である。協約当事者会社が完全に消滅したと解される吸収合併の場合を除けば、「合併」の場合は、協約関係は新会社に包括的に「承継」され、「営業譲渡」の場合には、譲渡契約によって定まるものとされている。

　なお、平成12年の商法の改正によって、会社を分割する形式の企業再編方法に関する規定が整備された。これによると、会社分割には、営業の分割先として新会社を設立する「新設分割」(商法373条以下) と、他社に営業を吸収させる「吸収分割」(商法374条の16以下) があるが、どちらの場合も、分割前に「分割計画書」を作成し、一定の手続を経るものとされている。そして、この改正に伴って、「会社の分割に伴う労働契約の承継等に関する法律」が制定されたが、労働協約関係についてみると、分割会社が作成する分割計画書の中で、分割先が承継する労働協約部分を記載することができ (6条①項)、その場合、労働協約の債務的部分の

承継は、分割計画書の合意によって承継・非承継とすることができる（同条②項）が、規範的部分は分割先会社とその労働組合との間で同内容の労働協約が締結されたものとみなすものとされた（同条③項）。

2．労働協約の終了と法的関係

1) 余後効

労働協約が失効した場合、従来、労働協約によって律せられていた労働条件関係はどうなるかが問題となる。この問題は、何度か論及したことがあるように、敗戦直後の労働組合の攻勢の下で締結された労働協約が政治の後押しを受けた使用者の手によって解約された後の法的関係をめぐって、1950年代、特に深刻に論じられた。

最も広い意味で、労働協約所定の労働条件が何らかの形・根拠をもって存続することを、労働協約の「余後効」というが、これをめぐっては、さまざまな論が存する。それらを要約すれば、労働協約が失効した以上、元の契約関係（前に、規範的効力の説明に関して挙げた例でいうと、賃金10万円の労働契約関係）に戻るとする「(余後効) 不継続説」、余後効を肯定する「継続説」の中でも、労働協約の効力の結果としての労働契約の内容あるいは契約条件として存続するとする「制限的余後効」説、労働協約関係が「慣習法」化し、存続するとする「慣習法」説、労働協約それ自体が法的確信に支えられた自主法規範として効力を継続するとする「完全余後効」説、労働条件は団体交渉によって決せられ

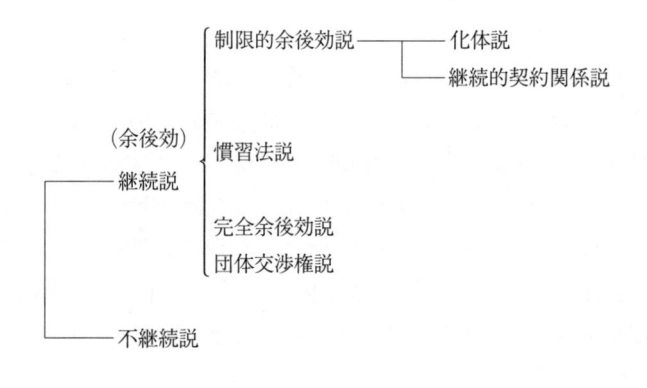

```
                    ┌制限的余後効説──┬─化体説
                    │                └─継続的契約関係説
         (余後効)    │
          ┌─継続説─┤慣習法説
          │         │
          │         │完全余後効説
          │         └団体交渉権説
          │
          └─不継続説
```

るべきが原則で、一挙に契約関係に復帰するものとするのは団交権の侵害として許されるべきではないとする「団体交渉権」説等、に整理することができる。それを図式化すれば、前頁末の図のとおりとなるが、判例は、前述したことがあるように、制限的余後効説のうちの「化体」説に立っている。

　これについて考えるに、相当期間にわたって労働協約が労働条件を規律する関係が継続してきたにもかかわらず、形式としての労働協約（p. 195の例によれば、月額賃金を15万円とする労働協約）が失効するや、それらの関係（月額賃金10万円とした労働契約が無効となり、組合員労働者が、労働協約に基づき、15万円の月額賃金を受領できていた関係）が全部、一挙に、「無」になって、労働契約のみによる労働条件が復活し、労・使間を規律する（月額賃金が10万円に戻る）などというのは、あまりに現実離れした観念論という他あるまい。

　一方、「化体」説の問題性については、先にも触れたが、それを別にしてここでの問題に則して考えて見ても、従来の「協約的関係がどうなるか」という問題を、個別契約の問題に解体してしまうのであるから、実質的には、「不継続説」と大きく変わるものではない（実質的差異は、労働契約の内容として残っていると考えるか、残っていないと考えるか、だけである）。

　事実、「化体」説では、従来の労働条件は労働契約上の労働条件として存続するのみであるから、新たな合意の成立（使用者の一方的労働条件変更→労働者の法的に異議をとどめない就労＝黙示の同意）やそれを規律する他の規範（就業規則、等）の変更によって、労働条件は、容易に変更され得る。

　したがって、たとえば、労働協約が失効し、使用者が、従来の労働協約上の労働条件とは異なる労働条件を内容とする就業規則の制定あるいは変更をした場合には、労働条件はそこまで切り下がることになる。基本的に、使用者のなすがまま（もちろん、当該制定・変更された就業規則が有効か否かは問題とはなるが）であり、団交→労働協約システムによって、すなわち、組合との関係で労働条件が決まっていくという、労働協約のチカラはどこにも残っていないことになる。

　このようにみてくると、「余後効」の問題は、協約失効後の「規範的効力」

あるいは労働協約の労働条件決定力をどう捉え、理論構成するかの問題であることがわかる。そこで、それらが「慣習法」化したとする論、団結に支えられた「規範的効力」の存続を説く論等が登場することになるのだが、ここでは、前記規範的効力論を前提に、団交権説的発想に基づいて考えていきたい。

すなわち、繰り返し強調してきたように、労働協約の「規範的効力」とは、使用者がそれに違反した場合に、組合員労働者が協約所定の処遇を訴求することができるとする効力である。したがって、労働協約が失効したからといって、すなわち、形式上、当該労働協約の法的効力が失われたからといって、労働条件が当該労働協約以前に復帰し、自動的に労働条件が切り下がるなどということはあり得ない。使用者が実行してきた当該労働協約に基づく労働条件処遇の「事実関係」はそのまま残る。問題は、その事実関係を個別労働契約や就業規則の変更をもって変更させることができるか、である。しかし、これは否とすべきである。というのは、第Ⅰ章に詳述したように、法は、労働者の人格的尊厳の実現を保障するために、労働基本権の保障を基礎に、市民法の論理を超えて、団交→協約システムによる労働条件決定を保障した、それに優先的価値を付与したものである。したがって、使用者が、労働協約の失効を理由に、一方的に、就業規則を改定し、切り下げられた労働条件を強制しようとすることは、団交→協約システムによる労働条件決定の原則を毀損し、上記法秩序を侵害する行為であると言わねばならないからである。換言すれば、使用者の上記行為は、団交→協約システムの基礎である労働組合の団交権を侵害する行為として許されるべきではないからである。

以上要するに、労働協約の「余後効」というよりも、団交→労働協約システムによる労働条件決定の法的保障の趣旨＝労働基本権（ことに、団交権）保障の法的効果として、使用者は、従前の（失効した）労働協約所定の労働条件水準を維持すべき義務を負うということであり、それに反した低い労働条件の強制は違法あるいは無効（したがって、たとえば、就業規則改定は違法であり、改定就業規則も無効、旧人事条項に反する行為も違法あるいは無効）となるということである。それでもなお、使用者がそれを強行しようとした場合には、労働組合は、団交

権に基づき、協約どおりの履行と、団交権侵害（不法行為）としての損害賠償とを、各請求できると考えるべきであろう。

2) 労働協約の終了と組合活動保障

労働協約の「債務的部分」を「合意」にひきつけてのみ考察し、労働協約失効＝合意の消滅とともに、それをめぐる法的関係も消滅するものとし、したがって、協約失効後の問題を、「余後効」問題、すなわち、「規範的効力」の問題としてのみ考える思惟は、これまで、労働協約失効後の制度形成的機能をめぐる法的関係を看過させてきた。

しかし、協約失効後の関係を、労働協約によって支えられた労使関係の帰趨の問題として考えるここでの発想においては、いわゆる「債務的部分」に関しても、「規範的部分」についてと同様に考えるべきことになる。いわゆる「債務的部分」とされてきたものは、労使による、自主的な、集団的労働関係（労働組合―使用者、の関係）上の問題に関するルール設定であった。とすると、ここでも、形式としての労働協約が失効するや、労使ともに、従来、自分たちが作り、それに従った関係を築いてきたルールを無視して好き勝手ができると考えるのも、前記の場合と同様、不合理だからである。

法的に労働協約制度が承認されるということは、労使関係が団交→労働協約システムによって運営されるべきことの承認であり、労働基本権の保障は、前述のように、その促進に優先的価値を認めることである。したがって、労働法が要求する労使関係とは、団交を通じて自分たちでルールを設定し、それに従って当該労使関係を運営していくことである。とすると、いったん自分たちがルールを設定して、それに従った関係を形成してきた以上、新たなルールが設定されていくまでの相当期間（新協約が成立するまで、「無限に」ということにはなるまい。この「相当期間」とは、労組法15条①項が、1つの労働協約の有効期間の上限を3年としていることに鑑みれば、この「相当期間」も「3年」を上限とすべきであろう）は従来のルールに従っていくべきである。

この義務は、労使双方ともに負うとみるべきであろう。したがって、いったんなされた組合活動に関しての保障、たとえば、在籍専従の承認や組合事務

所・掲示板の貸与等は継続されるべきであるし、前記争議予告条項や争議行為不参加者条項に関しての労働組合の義務も同様に遵守されるべきことになろう。

　ところで、以上は、労働協約レベルでの議論である。これとは別に、そうした労働協約法上の義務にもかかわらず、あえて、使用者が、労働協約の期間満了後、あるいは、期間の定めのない労働協約を解約し、つまり、労働協約が失効したことを理由に、従来実施されていた労働組合に対する組合活動保障を停止するのは、団結侵害行為として、「不当労働行為」を構成するというべきである。団交→労働協約システムによる労使関係の運営こそ、労働基本権保障体系の生命線だからである。

第Ⅵ章 争議行為

第1節 争議行為と争議権保障

1. 争議行為

　労働組合は、前述したように、労働者相互の「競争」を前提とした、労働者個人による取引、決定（労働契約の締結）が労働条件の使用者による一方的決定と劣悪化、使用者への従属とをもたらすという、現実構造への認識を基礎に、その構造破壊のため、労働者相互の「競争」を排除し（団結の結成）、労働組合を通しての交渉・労働条件決定（団交→労働協約システムによる労働条件決定）、それに基づく「主体的自由」の回復を目指して、登場し、運動展開したものであった。しかし、上記構造が企業中心社会（資本制社会）の基礎的構造であってみれば、それへの食い込みは決して容易ではなかった。そして、これも前にみたように、企業（使用者）のみならず、国（政府）までもが、そうした労働者の労働組合への試みを拒否し、あるいは、抑圧したのであった。
　そこで、労働組合に結集したかれら労働者たちは、企業、及び、国家に対し、自分たちの存在（労働力）が企業活動、したがって、国民経済にとって不可欠な構成要素であること（労働者の役割なくして企業活動・国民経済活動が成り立たないこと）を日々の従属労働の中で疎外された自らにおいて確認し（自己確認）、さらに、企業、及び、国家に対し認識させ、また、それ故に、自分たちに「対等な関係」を与え、「人格」として処遇し、労働組合の本来的機能を承認すべきであるとの要求実現のための「圧力手段」として、その役割を放棄（労務放棄）し、あるいは、仲間に呼びかけて放棄させるという、自らがなし得る経済的圧力行為をもって、対抗したのであった。そして、それらの結果、前述したような労働者にとって苛酷な紆余曲折を経て、団結の承認、したがって、団交

→協約システムによる労働条件決定が定着・承認された後も、労働者役割の不可欠性を認識させ、その企業による利用を断ち切る行為は、労働条件に関する要求を承認させるための「圧力手段」として、継続的に展開されていった。

このように、「争議行為」と観念されるものの本質は、①労働者存在の不可欠性を自己確認し、かつ、承認させ、②自己の要求を実現させるために展開される、資本制生産の基礎的要素である、「生産用具（機械設備）・原料と、労働力（労働市場）とを切断させることを内容とする行為」、解かりやすくいえば、労働者の協力なくして、企業活動・経済活動をやれるものならやってみろ、という行為である。

それは、伝統的に、単純な労務放棄（職務を放棄し、企業外へ退出する形態＝ウォークアウト・ストライキ）という形で実施されることが中心であった。しかし、それは、それが最も容易であり、スト＝退職という主張をもって市民法上の責任追及を免脱しようとした論理に適合的であったからに他ならず、それが有効性を持ちえない場では、異なる手段、あるいは、補強手段が選択されたのである。したがって、ストライキを争議行為の典型として理解することは妥当であるが、争議行為の本質を労務放棄であるとしたり、したがって、それのみが法的に許容されるものであるとしたりすることは、避けられねばならないことである。

ところで、労働関係調整法（労調法）7条は、「争議行為」につき、「争議行為とは、同盟罷業、怠業、作業所閉鎖その他労働関係の当事者が、その主張を貫徹することを目的として行ふ行為及びこれに対抗する行為であって、業務の正常な運営を阻害するものをいふ。」と定義している。これは、同条が、冒頭に、「この法律において」と限定するように、労調法の適用（争議行為の制限・調整等）対象としての争議行為概念を定めたものであり、争議権保障との関連、あるいは、争議行為の正当性判断に際しては、参考とされるとはいうものの、それに限定されるべきものではない。

2. 争議権保障の意義

1) 労働基本権としての争議権

憲法28条は、労働者に対し、団結権（団結する権利）、団体交渉権その他団体行動の権利を保障するものとしているが、この団体行動権とは、「争議権」を意味するもので、憲法28条は、団結権（団結する権利）・団交権・争議権の労働3権を、労働者の「基本的人権」として保障したものであるとの理解は確立するに至っている。

したがって、争議行為に関する法的検討は、この労働基本権としての争議権保障の意義についての検討が出発点とされるべきことになる。

ところで、労働組合の法的承認＝労働基本権の保障は、第Ⅰ章に詳述したように、自立と対等性を求める労働者のやむにやまれぬ運動を基礎に、その不可避性と正当性を承認する形でなされたものであり、それ故に、自律的・自主的に展開された労働者運動の理念と実質を規範的内容としてなされたものであった。そして、前述の通り、労働者運動にとって「争議行為」は不可欠なものであったが故に、団結する権利・団体交渉権（労働協約締結権）と一体不可分なものとして、争議権（あるいは、労働組合の法的承認と不可分のものとしてのストライキ権）の承認がなされたものであったといえる。

以上のことからいえることは、第1に、「争議権」は「人間の尊厳」の実現を理念とする「基本的人権」として保障されている、ということである。それは「手段的権利」に止まるものではなく、「争議権」は、憲法上、労働者の「尊厳」を実現するための基本的人権として位置付けられているということである。先に、「労働者」存在の不可欠性を社会的に認識させ、また、そのことを自ら実感する（自己確認）ため、争議行為が展開された旨を述べたが、それゆえにこそ争議行為が「人間の尊厳」にとって不可欠なものとして保障されたといえよう。

第2には、前記争議行為の実質のそのままの承認である。すなわち、労働基本権の保障が、自律的・自主的に展開された労働者運動の理念と実質を規範的内容としてなされたものであったとするらば、その不可欠の要素である争議権

も、前記争議行為の端緒、内容を規範的内容とするということである。具体的にいえば、労働者存在の不可欠性の実証及び労働者要求（人間らしく生きるという生存権理念の実現）の実現手段としての争議行為、そのための生産手段と労働力の切断、という争議行為の実質の承認である。

以上、わかりやすくいえば、争議権の保障は、労働者の人間の尊厳と生存権理念の実現という目的理念実現のために、「生産手段と労働力の切断行為」という武器を労働者に付与したものといえる、ということである。

2) 争議権保障の法的意味

労働基本権としての争議権保障の意義を上記のごとく理解するとすると、そのことが、実定法上もつ意味は、第1に、「争議の自由」の保障である。争議を行うことについての国家からの自由である。具体的には、とくに、争議行為を理由に「格別の刑事責任」（後記市民法上の責任類型の問題ではなく、それに付加された刑事責任の問題である）を課せられることはないこと、および、警察的規制からの自由である。

したがって、争議行為につき制限・禁止が行われたときには、基本的人権としての争議権の制限に禁止の正当性（合憲性）が問題になるのみならず、それが「刑事責任」を伴うときには、「争議の自由」との関連で、その正当性（合憲性）が問題とされることになる。また、上記後者についていえば、過去の例からみるとき、警察権力の争議介入がいかに労使関係をゆがめ、労働者・労働組合に対しいかに悲惨な事態をもたらしたかは、枚挙に暇がない。市民的自由の尊重の希薄さの延長線上にある事象であって、国家・警察における人権意識の欠落、組合運動に対するに当たっての、戦前から続く治安的発想の強さ故である。国民の人権の確立のためにも、そして、何よりも、労働者の幸福のために、組合活動の自由と並んで、「争議の自由」が定着されねばならないものというべきである。

争議権保障の第2の意味は、「争議行為」の正当性の承認、すなわち、争議権の行使としてなされた労働組合の行為を法的に正当なものとし、それに対して法的責任が追及されることはないとする効果である。これは一般に、民事責

任、刑事責任の各「免責」と表現されるので、ここでも、以下、それに従うが、「免責」というと、本来、違法・有責な行為を、法に基づき、とくに「免責」するとの意味・ニュアンスを伴うが、そうではなく、争議権の保障は、労働組合が、前述したような争議行為に及ぶことを当然なこと、正当なもの、したがって、法的に責任を追及すべからざるものとして、積極的に承認したことを意味するものであって、労働組合の争議行為につき、本来的に、違法・有責の観念は入りがたいものというべきである（古くは、講学上、「構成要件阻却」なのか、「違法性阻却」なのかが争われたが、その意味では、「構成要件阻却」―違法責任類型の構成要件該当性すら問題にされることはない、と理解されるべきである）。

これにつき、労働組合法1条②項は、労働組合の行為であって「正当なもの」については、刑法35条（社会的相当行為についての刑事免責）の適用があるとし、労組法8条は使用者は、争議行為によって損害を受けても、それが「正当なもの」であるときは、損害賠償を請求できないと、各規定しており、これらは、それぞれ、争議行為についての刑事免責、民事免責を定めたものと解されている。しかし、一部には、「免責」という重大な法的効果は実定法上の根拠を必要とするとの前提の下、「免責」に関する問題をこれらの規定に沿って処理すべしとする論も存するが、これらの規定は、争議権保障から生じる前記民・刑事免責効果を実定法領域に接続すべく確認的に規定されたものであり、それらの意味内容等、具体的問題処理は、争議権保障の意味・趣旨に沿ってなされるべきものである。

第2節　争議行為の「正当性」

1. 基本的視点

「争議権」の行使たる行為につき、民・刑事の免責効果があるとして、労働組合のいかなる内容・範囲の行為をもって、争議権の適法な行使と評価されるか、民・刑事免責の対象とされるかが、問題である。前記のとおり、労働組合法1条②項、8条が、それぞれ、労働組合の（争議）行為であって「正当なも

の」につき、刑事免責・民事免責が及ぶ旨規定していることから、従来、争議行為の「正当性」の問題として論議されてきたものである。

「争議権」の保障は、前述の通り、労働者・労働組合が展開してきた争議行為内容を前提に、それらを「正当なもの」として承認し、上記法的効果を発生させたものであった。とすれば、争議権行使と認められるべき行為とは、「争議行為」の本質と理解される性格の行為、すなわち、労働者存在の不可欠性を自己確認し、かつ、承認させ、自己の要求を実現させるために展開される、労働力と他の生産諸手段との切断を図る行為、および、それを補強する手段、ということになる。それは、前述のように、「労務放棄」を中心として展開されるが、それに尽きるものではなく、「切断」を実効的ならしめる行為をも含めて観念されるべきものである。

これに対し、最高裁は、争議権の本体をストライキ（同盟罷業）であるとした上で、その「本質は労働者が労働契約上負担する労務供給義務の不履行にあり、その手段方法は労働者が団結してその持つ労働力を使用者に利用させないことにある」として（朝日新聞西部本社事件・最大判昭27・10・22）、争議行為＝労務放棄（同盟罷業）・論に固執する。しかし、それは、前述したように、争議行為の典型が同盟罷業であった、という事実に単純・素直に依拠しているだけで、格別、理論的根拠を有しているわけではない。そのような歴史的事実の持つ意味・本質を理論的に分析すれば、上記のごとくいえるのであって、争議行為＝同盟罷業・論は皮相に過ぎるといわなければならない。

そこで、以下、上記争議行為概念を前提に、従来の問題類型区分に沿って、争議行為の「正当性」に関し、具体的に検討していくことにする。

2．争議行為の類型と正当性

1）　争議行為の「主体」と正当性

一般に、「労働組合」の独立の構成要素として、「団体性」を備え、団交の「当事者」とはなり難いような、一部労働者集団によって行われる争議行為を、「山猫スト（Wildcats-Strike）」、労働組合の下部組織が、労働組合本部の意に反し

て、その承認を得ることなく行う争議行為を、「非公認スト（Unofficial-Strike）」と、各言うが、争議権の主体を、団交を行い、労働協約を締結し、それを実効的に実施していく実体を有した「統一的組織体」としての労働組合とする立場からは、いずれについても、その「正当性」が問題視される。

しかし、「非公認スト」問題は、争議行為は労働組合本部の統括の下実施されることを実体とし、規約規定もされている欧米の労働組合において専ら問題となるものであり、その伝統も実体もないわが国においては、問題となることも少なく、理論的には、労働組合内部においての問題（統制処分問題）となることは格別、「山猫スト」的性格を持たない限り、その「正当性」が失われることはないとするのが一般的である。

問題は、いかなる場合を「山猫スト」とするかである。労働基本権の主体が個別労働者であるといっても、ストライキが団交→協約の延長線上にある以上、その主体が一定の「集団性」と「統一性」を持つべきは、当然ではある。しかし、それ故に、その集団が「恒常性」、あるいは、「既成性」（当該争議行為の以前からすでに団体性をもって存在すること）をもたなければ、その集団は争議権の主体たり得ず、その行為が違法評価されるとすることは、労働基本権が、1人1人の労働者の地位・立場改善を求める要求・運動参加を基礎とし、その正当性を承認することを核としていることに著しく反するものといわねばならない。そうした観点から、先に、「労働組合」の実質要件、すなわち、「労働基本権の主体としての労働組合」につき、構成員労働者の統一的意思に基づく運動展開という実質を有するものと評価・判断される限り、その組織体を、法的に、「労働組合」と認め、権利保障をなすべきである、とした。したがって、ここでも、複数の労働者が、自己利益の追求という目的の下、統一意思を持って行動展開しており、その一環として争議行為に及んだ場合には、それも争議権行使の一形態として、法的正当性を承認すべきである（ただ、その行為が、労働組合内を混乱させるものとして、組合内において統制問題を生じさせるか否かは、別個の問題である）。そして、そのような意味での「集団性」、「統一性」をもたない行動についてのみ、「山猫スト」として、違法評価を受けることになるというべ

きである。

2) 争議行為の「目的」と正当性

争議行為の「目的」関連で一般に問題とされるのは、「政治スト」と、「同情スト」である。

「政治スト」とは、いうまでもなく、特定の政治的要求・目的を掲げて、それを主目的として（ストライキは、いくつかの要求・目的を掲げて実施されることが多いが、その中の1つに政治的要求が存したからといって、直ちに「政治スト」とされるものではない。それが「主目的」である場合のみに限られる）実施されるストライキである。

これについては、大別すれば、当該スト目的・要求の内容・性格いかんにかかわらず、①「政治スト」である限り、違法であるとする論、②「政治スト」であっても、「正当」とする論、③スト類型を、スト要求の内容に応じて、たとえば、特定の内閣打倒とか、政府の内・外特定政策反対というような、国民一般に共通関連する政治問題を要求内容とするもの（一般に、これを「純粋政治スト」と呼んでいる）と、最低基準立法や団結承認関連立法の制定要求あるいは改悪反対というような、労働者・労働組合固有の政治課題を要求内容とするもの（一般に、これを「不真正政治スト」と呼んでいる）とに区分し、後者について「正当性」を肯定する論とが存する。判例は、前掲全逓中郵事件最高裁判決が、傍論とはいえ、「政治目的」をもったストにつき、労組法1条②項の適用はないとしていること、また、三菱重工長崎造船所事件判決（最2小判平4・9・25）が「使用者に対する経済的地位の向上の要請とは直接関係のない政治的目的のために争議行為を行うことは、憲法28条の保障とは無関係なものと解すべき」であるとしていること等からすると、上記①説に傾くものと解される。

しかし、前述の通り、争議行為は労働組合の「目的活動」実現のため用いられ、争議権は、そのような争議行為を行うことを承認したものであった。そして、一定の性格・範囲の政治課題が労働組合の「目的活動」の範囲に含ましめられるべきであることも、第Ⅱ章に詳述したとおりである。とすれば、その「目的活動」に含まれる政治課題を目的としたストである場合については、こ

れを適法な争議権行使と認めるべきである。こうした見解については、労働基本権は対使用者関係での団体交渉の承認を基礎とする労使関係の形成に向けられたものであり、それを超える「政治スト」は「争議権」行使の範囲内に含ましめられるべきではない、また、使用者は、自らが解決・処理する権限・能力のない問題に関してストライキをされるもので、ただ損害を受けることに手をこまねいていなければならない（一般に、これを「側杖を食う」といい、これを政治スト・違法論の１つの論拠とすることは「側杖論」といわれる）のは、不合理に過ぎる、等の批判がなされる。この前者の論点についてはすでに何度か論及したので多くは繰り返さないが、労働基本権保障の中核が労使関係における労働者の地位の向上に向けられていることはいうまでもないが、そうであるからこそ、その労使関係に不可分・密接に結合した政治課題は労働基本権の守備範囲と言わねばならないものなのである。上記後者の論点についていえば、一見もっともな論のように思われるが、労働基本権保障は、近代市民社会の支配構造に端を発した、それへの挑戦を本質とする労働者運動の承認であった。とすれば、それ自体のうちに政治・社会的挑戦の保障が含まれていなければならず、「団結承認義務」というのも、そのような「質」を持った団結の承認、換言すれば、「目的活動」の範囲内にある諸行動の承認・受忍であるべきものである。これらの意味において、「側杖」は受忍の範囲内のものであり、「政治スト」＝違法・論の根拠とはなし難いものなのである。

　「同情スト」については、実は、わが国においては、その概念内容が確定されてはいないのが現実である。本来的には、争議状態にある労働組合・労使とは、産業関連も、取引関係も、まったくない産業・企業の労働組合が、純粋に、当該組合の要求・運動に共鳴し、あるいは、まさに同情し、そのような心的状態の行動表明として実施されるもの（以下、「同情スト」というときには、この意味で用いる）を言うが、わが国の場合には、企業別組合であることを前提に、同一産業内であっても、別企業の労働組合の争議に連帯しあるいは支援する趣旨のストをも「同情スト」とする傾向にある（杵島炭鉱事件・東京地判昭50・10・21、および、同事件にかかわる論議、参照）（以下、この種のものを「連帯スト」と呼ぶ）。

上記意味での「同情スト」を争議権保障の範囲内のものとするのは、難しいであろう。それを、労働者階級の連帯、あるいは、単なる心的連帯までをも保障したものと解することはできないからである。それに対し、杵島炭鉱事件のような、同一産業内他企業組合の「連帯スト」までをも違法評価するのは、大いに問題である。その主たる根拠は、「側杖論」であるが、それに関しては、上に述べたと同様、同一産業内連帯（実は、それが組合運動の基本であった）が使用者の受忍の範囲内とされるのは当然であるし、加えて、他企業が争議中のとき、別企業はその市場を奪い、あるいは、売上増加をもって、利を得ようとするものであるが、同一産業内の別企業組合達が、そのような「火事場泥棒」的行為によって、争議中の組合・組合員仲間を窮地に追い込むことを拒否し、産業別連帯によって総体としての地位の向上を目指すことは、当然に、「目的活動」の、したがって、争議権保障の範囲内のことというべきだからである。

なお、取引関係にある企業の労働組合が、その取引先企業の労働組合の争議を側面支援する目的で、争議解決まで取引を停止するよう使用者に求めて争議行為に及ぶこと（「支援スト」と呼んでおく）は、当該労使関係においては労働条件・組合活動保障に関し紛争が存しないにもかかわらず争議が発生しているという点では、「同情スト」に似た様相を呈するが、争議解決までの取引停止という、使用者が対応できる具体的要求をめぐる争議であって、「側杖」すら問題にならない、通常の争議行為として、当然に適法なものと評価されるべきものである。

3）　争議行為の「手段」と正当性

イ）　争議行為の特殊形態

先に、争議行為は、労務提供拒否としての「ストライキ（ウォーク・アウト）」を典型とする旨述べたが、労務に従事しながらの特殊的争議形態として、「怠業」がある。

「怠業」は、わが国では、本来、フランス・サンディカリズムの下で行われた「サボタージュ」のうちの「消極的サボタージュ」といわれるもの（「積極的サボタージュ」といわれるものは、機械の中に砂を入れたり、意図的に不良品を生産したりする行為をいう）で、作業に従事しながら意図的に作業能率を低下させる争

議行為戦術（スローダウン）をいう。

　これについては、ある意味、職場を占領しつつ、企業（使用者）の指揮を排除するという積極的側面をもち、企業としては対処しにくいという点で（その分、労働組合としては、相当の力量を必要とする争議戦術である）、企業からは嫌われる戦術形態であるが、100パーセントの労務放棄が正当な争議戦術とされる以上、何パーセントかの労務放棄に止まる（「100－X」パーセントの労務提供を伴う）「怠業」が「正当性」をもつのは当然、とされている。

　この積極的側面を究極まで進めたのが「生産管理」という争議戦術である。これは、主として、敗戦後の特殊的事情の下で採用されたもので、労働組合が、経営者を排除し、企業の生産手段を用いて、労働組合の管理・計算の下で企業経営を行うものである。

　そして、これは、その特殊性の故に、ノーマルな経済・社会関係下では実施され難い争議戦術である（1970年代以降、企業倒産・経営者逃亡という状況のもと、使用者の生産手段を用いての、労働組合の手による企業再建・雇用確保という運動が展開され、成功した例もあるが、倒産前後からの争議の延長線上に展開されたという点では、広い意味で「争議行為」といえなくはないが、運動の質からすると、敗戦後の「生産管理」戦術とは異なって、政治・社会運動の一形態といった方がよいと思われる）。これは、生産手段と労働市場との結合の切断という争議行為の本質を超えて、生産手段そのものを労働組合の支配下に置こうとするものであって、上記敗戦直後の特殊状況のような、特別に違法性を阻却させる事情が存しない限り、通常の争議戦術としては、違法評価を免れ難いものというべきであろう。

・**敗戦直後の特殊状況と生産管理**
　敗戦に伴う占領政策の中で労働組合の急速な組織化・運動展開がなされたものであることは前にも触れたが、その敗戦直後の状況下においては、①労働者は、著しい生活困窮状態下にあったため、その改善のためといっても、スト＝不就労→賃金喪失というのでは、自らの首をしめることになるから、使用者に圧力を加え、しかし、賃金を失うことのない

争議戦術が不可避とされたこと、②極端な物資不足で、ストにより生産が止まっていても、原料・製品は極端に値上がりしたから、ストは、使用者にとってはほとんど痛手とはならない（放っておいても原料・製品は値上がりしたから、むしろ、慌てて生産する方が損をするので、ストは、かえって、「濡れ手に粟」の儲けをもたらすものであった）のみならず、中には、値上がりを狙ってわざと生産を遅らせる、生産をしないで原料のままとっておくといった経営者がいて（こうした行為は「生産サボ」といわれて、国民の非難を受けたのみならず、それをいかに克服するかは、当時の日本経済にとって、重大な国民的課題であった）、スト→生産停止も同じく国民的批判の対象とされ、むしろ、生産復興・継続が国民的要請であったこと、③当時の組合は、「食っていけない」ということの共通性を基礎に、取締役以外の雇用者は（部・課長クラスも含めて）ほとんど全員が組合員であったため、労働組合のみによる生産管理も比較的容易であったこと、等に基づき、1946～47年ごろにかけて、「生産管理」戦術が多く採用された。そして、そうした国民的支持状況を背景に、その状況下に限定して、緊急避難行為として、あるいは、使用者の経営政策に忠実に、かつ、利益をすべて使用者に引き渡す等の場合に限って（そのような形のものは「理想型生産管理」と呼ばれた）…等々と、その論拠付けは様々ではあったものの、学説・判例ともに、おしなべて、当時の生産管理を正当視していた（しかし、最高裁は、山田鋼業事件・最大判昭25・11・15において、生産管理＝違法の判断を示し、以後、判例はそれに統一されていくが、それは、上記状況がほとんど消え去って、占領政策も組合運動規制の方向に転換した1950年代以降のことであった）。

ロ）労働組合の組織状況と争議行為の多様性

労働組合の労働市場支配力（それは、数字的には、主として、「組織率」として現れる）が弱いところでは、使用者は、容易に代替労働者を採用し、営業（生産）継続することが可能であり、単純なストライキ戦術では実効的な圧力とはならないため、労働組合は、それを補強するための争議戦術を用いる。たとえば、1900年代初頭、アメリカCIO系の労働組合が組織化手段として用いた「座り

込みスト（シットダウン・ストライキ）」が有名である。

わが国の場合、企業別組合で、本来的に労働市場への支配力が弱く、加えて、当該労働市場の特殊性から代替労働力が容易に手に入れやすいという事情、あるいは、組合併存の特殊事情（第Ⅲ章「不当労働行為」第6節、参照）や多数の非組合員の存在等の事情が存する場合などは、ウォークアウト・ストでは実効的な圧力となり難く、労働市場との切断をより効果的ならしめる争議戦術が用いられる。上記シットダウン・ストライキと同様、労務放棄をしても、そのまま職場に座り込み、生産活動を直接妨害する「職場占拠」、タクシー業・貨物運送業などにおける「キー・車検証保管、車両確保」戦術等である。

これらに対しては、前記争議行為＝同盟罷業・論の立場からは、労務放棄（不作為）を超えた積極的行為をもって使用者の操業を妨害するものとして、違法評価を免れない。しかし、争議の本質が使用者と労働市場との「切断」にある以上、使用者が自らの労働力やすでに手に入れている非組合員労働力を用いての操業を妨害する行為は、それを超えるものとして許されないというべきではあるが、使用者が代替労働力を新たに手に入れたり（それは、スト破り労働（力）、といわれる）、非組合員労働力をスト破り労働力として使ったりする（ストライキ労働者の代わりとして使う）ことを妨害することは、上記「切断」として許容されるべき範囲内の行為というべきである。したがって、上記正当な操業をも阻止する排他的職場占拠や車両・キー・書類の確保は違法というべく、他方、スト破り労働力の雇用や、非組合員労働力のスト破り労働力としての利用のおそれがある場合のその阻止のための職場占拠や車両等確保は、適法な争議権行使の範囲内のものとされるべきである。

ハ）争議行為の一律全面禁止と争議行為の多様性

公務員労働者の争議行為が一律全面的に禁止されていることは、前に触れたとおりである。そこで、これらの法規定の適用を回避するため、すなわち、「禁止された争議行為」には当たらないと抗弁するための戦術として、前記休暇闘争、残業拒否闘争、順（遵）法闘争等の、多様な戦術が用いられた。しかし、これらは、当該行為が「禁止された争議行為」に当たるといえるか否かを

めぐっては、熱く論議されたものの、争議行為一般論としては、当然に正当評価されるべきものとする点では、異論のないところである。

- **順（遵）法闘争**

　順（遵）法闘争とは、広義においては、本来職場において遵守されるべきものであるにもかかわらず、平常は守られていない労働基準法や労働安全衛生法その他の国家法、労働協約、就業規則、使用者の定めた業務上の諸規定等を厳格に遵守し、あるいは、平常は主張していないそれらの諸規定に基づく権利を主張・行使するというかたちをとって行われる争議形態の総称である。要するに、「遵法」を手段として（「遵法」という事態の定着化ではなく）、他の要求実現を図ろうとするものである。こうした闘争手段が生まれた背景・基礎は、以下のようなものである。すなわち、①日常の労使関係において、前記のような法規や諸規定が遵守されておらず、それとは異なった業務運営が行われている場合（建前と実態との乖離）が多く、しかし、労働組合として、それを打ち破って、正常な状態を日常化することができないでいるという実態、②労働者の権利意識が弱く、闘争経験が浅い場合や、争議行為が禁止されている場合などには、「争議行為」ではなく（実体としては、争議行為なのだが）、「遵法」であるという主張が、法に対する物神崇拝的傾向の強いわが国においては、安心感を与え、闘争を行い易くするという組合運動の力量実態、③遵法闘争は公務員・旧公社職員の労働組合において多く見られたものであるが、それによって、争議行為の一律全面禁止体制に風穴を開け、自分たちの行動の正当性を論拠付けようとしたこと、等である。

- **残業拒否闘争**

　文字通り、時間外労働（残業）を行わないとする運動形態である。いわゆる36協定の締結拒否、36協定の下での残業命令拒否の双方がある。「時間外労働（残業）」というのは、本来、臨時的エクストラ・ワークなのであるから、その拒否が争議戦術になるというのも実におかしな話ではあるが、その基礎には、労使の利害関係の一致（企業は、人を増やすより、

残業で処理した方が安くつくというコストの論理、労働者側は、2.5割増の残業手当で収入増加を図ろうとする実情）に基づく時間外労働の恒常化・常態化という実態があることはいうまでもない。

ニ）ピケッティング（Picketting）

Picketとは、本来、杭を打って柵をめぐらす、監視する等の意で、争議戦術としてのピケッティング（ピケ）とは、ストライキやボイコットに際し、スト労働者の中から脱落者が出て就労したり、あるいは、外部からのスト破り（スキャップ）などが侵入したりしないように、監視・説得し、あるいは、それらを阻止しようとする行為、また、ストあるいはボイコットの相手方たる使用者の顧客に対して、その使用者の製品の不買を呼びかける行為等をいう。

これは、もともとは、主として、ストライキあるいはボイコットの補助的手段として用いられたものであったが、わが国の場合は、争議状態の継続(スト)→組合分裂→第2組合組合員の就労→ピケによる阻止→ピケラインにおける第1・第2各組合員の衝突という形で現象するのがほとんどで、ピケといえば、組合員がスクラムを組んでの阻止行為とイメージされるのが一般的になっている。

このピケに関しては、アメリカで形成された、ピケは肉声やプラカードによる呼びかけに限り正当なものとされるとする「平和的説得」論が有力に主張され、判例の基礎を形成することになる。しかし、それを支える理論的・社会的基盤の相違、したがって、問題構造の相違を跳び越えての機械的適用は、決して有効な問題解決とはならない。そこで判例上なされた微調整が、正当なピケの範囲に、「平和的説得」に加えて、「団結の示威」（大勢がたむろする、スクラムを組んで気勢を挙げる等のこと）を含ましめること、「諸般の事情」を考慮しての、脱落組合員に対する体を張った阻止行為をも正当化する、「諸般の事情論」（三友炭鉱事件・最3小判昭31・12・11、羽幌炭鉱事件・最大判昭33・5・28、札幌市労連事件・最3小判昭45・6・23等）による便宜的処理である。

・「平和的説得」論の基礎

　本文で言及したように、「平和的説得」論は、主として、アメリカにおいて形成されてきたものである。論理的にいえば、団結権・争議権が憲法上保障されていないアメリカでは、ピケの合法性は、「言論の自由」という市民的自由権の上に根拠付けられ、ピケ＝言論の表明→平和的呼びかけ・「平和的説得」に限る、という展開になるからであるが、社会実態的関係と関連付けてみると、①わが国の場合と異なって、通常、ピケが問題になるのは、一般顧客に対する不買の呼びかけや他企業の非組合員労働者に対する協力呼びかけとしてのピケ（Stranger Picketting）の「正当性」であること、②スト＝退職の自由とするのが基本であるから、ストライキ労働者は、企業に対する関係では、常に、部外者・第3者であること、③ピケの法理は、主として、刑事共謀や差止命令（インジャンクション）からの解放（ピケの自由）との関連で問題とされてきたこと、④ピケライン尊重の規範意識の社会的定着、スト破り輸送禁止法（1936年）の存在等、ピケを取り巻く社会的環境に大きな差が存すること等がその基礎にある。したがって、「平和的説得」論のわが国労使関係への機械的適用は、本来的に無理、というべきなのである。

　これらの意味で、判例のピケ法理は、ピケは、「平和的説得」および「団結の示威」を基本としつつ、当該事案における「諸般の事情」を考慮しつつ個別判断するというに尽きる（「諸般の事情」として、何を、いかに、考慮すべきか、それは何ゆえか、等が明らかにされないところでは、「諸般の事情論」は単なる便宜主義に堕するし、結局は、「平和的説得」論の原則が支配する結果となっていく。事実、ピケに関する最高裁の判断は、多くの事案において、違法評価に傾いている）。

・「諸般の事情」論から「法秩序全体の見地」論へ

　最高裁は、「諸般の事情」論にもかかわらず、その適用により当該ピケを「正当」とした例は、ごくわずかである（実は、前掲3事件に止まる）。

むしろ、国鉄久留米駅事件（最大判昭48・4・25）において、最高裁は、争議行為に際して行われた構成要件該当行為が違法性を阻却されるか否かについては、「当該行為の具体的状況その他諸般の事情を考慮に入れ、それが法秩序全体の見地から許容されるか否かを判定しなければならない」と、「法秩序全体の見地」という付加的な表現を用いるようになった。「諸般の事情」論と同様、「法秩序全体の見地」の具体的内容、適用の仕方、論拠等につき理論的解明・呈示がなんらなされていないので、その意図するところは定かとはいえないが、「法秩序全体の見地」という、抽象的・主観的観念を持ち込むことによって、労使関係を最高裁的イデオロギーをもって統制しようとする「におい」を否定しきれない（判決日があの全農林警職法事件判決と同一日であることに注意。事実、ピケに関するその後の最高裁判決は、極めて観念的で、厳格なものとなっている）。

　しかし、この対応は、争議行為＝労務提供拒否とするドグマを前提に、基礎的事情の異なるアメリカで形成された「平和的説得」論を機械的に適用したもので、問題の本質をはずした論という他はない。
　わが国におけるピケが、単純に、顧客や出荷作業業者の出荷作業、あるいは、非組合員を対象とし、その入・退構を阻止しようとして展開されるものである限り、アメリカで言う Stranger Picketting と同様、争議行為の「補助的手段」として、「平和的説得」論を基礎とした上記判断基準・方法をもってするも、やむをえないところといえよう。もっとも、「平和的説得」に止まるべしといっても、遠まきでの呼びかけというのでは、当初よりまったく効果が期待できないものであるから、相手方に「しばし」の停止を求めて、説得を試みること（最もよく用いられるのは、人1人が通れるほどの通路を空けて、その入り口付近で説得を試みるという方法である）までは許容されるべきであり、一般顧客を含めて、スト権という、他者の権利行使に対し当然にこの程度の尊重が強制されることは近代市民社会のルールというべきであろう。
　しかし、ピケの正当性が最も先鋭的に問題となる、組合分裂下での問題状況

は、それとは、明らかに質を異にするものである。そして、実は、ピケ論が最も求められたのもこの領域においてなのである。

この場合のピケ問題は、以下のように展開する。すなわち、そこでは、前にも触れたことがあるように、争議の長期化に伴って、組合内反対派が台頭し、彼らが組合（第1組合）を脱退し、別組合（第2組合）を組織する（組合分裂）とともに、使用者と妥結し、就労を合意するにいたる。しかし、第1組合からすると、むざむざと彼らの就労を許すことは、より多くの組合員の脱落、その結果としての争議の敗北、団結の実質的崩壊をもたらすことになる。そこで、会社入り口に組合員多数で幾重にもわたってスクラムを組むという形でピケを張り、第2組合員の就労を、断固、阻止しようとする。一方、第2組合員側もこの事情を認識していて、第1組合内では果たせなかった主導権獲得を達成し（第1組合内で多数派たり得ていれば、脱退・分裂ということにはならなかった）、憎き第1組合（多数派）を敗北・解散に追い込もうと、これも、断固、就労を強行しようと数人横列の隊列（いわゆるデモ隊列）を組んで、入り口に押しかける。そして、しばしの間、双方で、入れろ・入れないの押し問答をした後、強行突破を図ろうとする第2組合員と断固阻止しようとする第1組合員との間で衝突が発生し、大混乱となる、という展開である。

この事実経緯から解かるように、この場合のピケは、決して、第1組合の争議の「補助的手段」などというに止まらず、その争議権行使と一体であり、団結（権）擁護の闘いなのである。このようにみてくると、争議中に分裂した第2組合組合員に対するピケの法的問題構造は、第1組合・同組合員の争議権・団結権と第2組合組合員の権利、そのウラにあって、操業開始を期待する使用者の利益との衝突ということであり、したがって、その法的処理は、相互の権利・利益の比較衡量に基づく相互調整ということになるべきである。

この観点から当該ピケ問題を考えて見るに、法的側面においてのみ、みると、第2組合員の本来的にまもらるべき利益・権利としては、「賃金」しか、考えられ得ない。その団結権行使としての行為、団結の保持ということも考えられ得ないではないが、他団結の争議権・団結権に対抗し、その否定・破壊の上に

成り立つ団結権などというものは、否定されるべきものである。使用者の利益・権利という角度からみても、第1組合のピケラインを強行突破してまでも法的に擁護されるべきものがあるか、疑問である。争議中も、使用者には「操業の自由・権利」があるというのが最高裁の論ではあるが、それは、自らが持てるものを以っての操業の自由・権利であって、それ故に、経営者の自力のみによる操業や当初よりの非組合員を用いての操業は保護されるべきではあるが、争議中の組合分裂に便乗してのスト破り雇用にも近い、第2組合労働力の利用が、それらと同一に保護されるべきはずはあり得ない。

　このように考えてみると、結論が見えてくる。すなわち、争議中に分裂した組合の組合員労働者の就労要求に対するピケに関しては、争議、強いては団結それ自体の擁護のため、スクラムを組んでの入構阻止は「正当性」を有し、むしろ、これに対する「強行突破」は「違法」というべく、どれだけ時間がかかろうとも、問題処理は第1・第2各組合相互の「協議」によってのみ決すべきであり、そして、第1組合は、問題解決までの間につき、第2組合組合員の賃金相当額の保障をなすべし、というものである。

　なお、前記スクラムラインにおける攻防につき、問題を一層複雑・深刻にしたのは、警察権力の介入であった。混乱防止、紛争解決を名分とするものではあるが、意図的か、単なる結果的かはともかくとして、第1組合員らを規制している間に第2組合員らは入構し、結局、目的達成ということになる。これが「平和的説得」論の現実なのである。しかし、先述の状況展開からすると、真に紛争予防を意図するのであれば、第2組合員の行動が規制されるものでなければならない。そのためにも、「平和的説得」論を克服し、上記ピケ論を定着させること、前述の「争議の自由」の観念と警察権力の争議不介入の原則の徹底化を図ることが不可欠といえよう。

第3節　違法争議と責任

1．基本的視点

　労働組合によって実施された争議行為が「違法」評価されたとき、誰に対し、どのような「責任」が問われるのであろうか。

　ところで、労働組合の行動すべてに共通する実体であるが、争議行為は、1人1人の行為の統一的総体である。たとえば、ストライキというも、組合員各人の労務放棄が労働組合の統制の下に実施されて、1個のストライキという争議行為が成立することになる。とすると、一口に「違法」といっても、どの段階での、どのような行為についての「違法」なのかによって、問題処理が異ならねばならないということになろう。たとえば、上記のストの場合において、参加組合員のうちの1人が、労務放棄に付随して、それを制止しようとした管理職に対し暴行に及んでしまったような場合、あるいは、「補助的手段」としてのピケにおいて「平和的説得」を超えて、積極的阻止行為に及んでしまったというような場合、それら組合員の行為が違法であるからといって、争議行為（ストライキ）それ自体が違法となり、労働組合が法的責任を負う、ということになるものであろうか。それを肯定するとしたら、あまりに不合理という他あるまい。このような場合においては、「争議行為それ自体（あるいは、本体）」の「正当性」の問題と、その過程で夾雑物的に発生した違法行為とを峻別し、争議行為は正当、夾雑物的違法行為は行為者の責任として処理するのが合理的というべきであろう。

　以上、すなわち、争議行為の「正当性」判断は、当該争議行為の争議類型としての「本体」（たとえば、ストであれば、組合員の労務放棄を内容とする「ストライキ」としての行為部分、「職場占拠」であれば、占拠行為を内容とする「職場占拠」それ自体）についてなされるべきであり、その補助的行為（たとえば、ピケ——これは、ピケの違法は争議行為本体の違法を結果するものではないということであって、ピケはピケとしての類型に基づいて法的評価される）やその過程で発生した夾雑物的行為

は、争議行為それ自体と切り離してそれぞれが法的判断の対象とされ、補助手段あるいは夾雑物的行為の違法は、当該争議行為の法的評価に影響するものではない、ということである。

また、組合員各人の行為が労働組合の行為となるということは、組合員「個人の行為」というものは存在せず、組合指令に基づく争議行為本体への参加行為は、すべて、労働組合の行為として吸収される。したがって、「争議行為」が違法と評価された場合も、その責任を負うべきは労働組合であって（「労働組合・単独責任」）、その行為が組合員労働者の行為をもって形成されているからといって、組合員個人の責任が問題となることはない、ということになる。

実は、こうした関係は、市民法レベルでもすでに知られているところである。履行補助者たる雇用者の行為が会社の行為として、その（プラス・マイナス）すべての成果が会社に帰属するという関係である。組合員は、組合の履行補助者ではないし、商取引上の権利・義務の帰属という問題ではなく、したがって、これを組合員・組合の関係と直ちに同一視することはできないが、1つの団体の行為が個人によって担われ、団体に吸収されるという関係は、決して、奇異なものではないのである。換言すれば、法は、社会的必要の存するところでは、その特性に合わせた法的枠組みを作り上げてきたのであり、労働組合とそれの行う争議行為の法的承認がなされている以上、その特性に合わせた法的枠組みが不可欠となるのであって、それが、「労働組合・単独責任」の肯定というべきなのである。

2．違法争議と民・刑事責任

1）刑事責任

労働組合の争議行為が争議権の正当な行使と認められず、違法とされた場合には、それを構成する行為が刑法各条あるいは特別刑法の各犯罪類型の構成要件に該当する限りで、当該法規所定の刑事責任を問われることになる。とはいえ、判例の立場にしたがって、政治スト＝違法とした場合でも、労働組合が政治ストを実施したとして、それがウォークアウト・ストに止まる限り、今日で

は、刑事責任が問題とされることはあるまい。したがって、刑事責任が問題とされるのは、争議行為形態が、ウォークアウトを超えた積極的行為を内容とするもの（たとえば、前記職場占拠）である場合に限られることになろう。

なお、争議行為本体が「正当」とされた場合であっても、その展開過程で、その本体から外れる行為で、刑事各法の構成要件に該当する行為があった場合には、刑事責任が問題となることは先に触れたとおりである。

2) 民事責任

労働組合の争議行為が違法とされた場合、民事法上の責任類型の構成要件（成立要件）に該当するものがあるときには、その責任が成立することになる。一般的には、争議行為がほとんどの場合組合員の労務放棄を伴うことから、債務不履行責任と、集団としての違法行為としての、あるいは、不作為を超えての積極的行為の場合には、使用者の権利侵害としての、不法行為責任である。これらの責任は、債務不履行の場合には、第1次的に、契約の解約、第2次的に損害賠償、不法行為責任は、損害賠償ということになっているから、違法争議行為の民事責任は、損害賠償を基軸とすることになる。したがって、違法争議が実施された場合、労働組合が、使用者に対し、その争議行為に伴う損害の賠償責任を負う、というのが基本となる。

この場合、問題は、損害賠償の「額」であるが、理論的にいえば、違法な争議行為と相当因果関係にある全損害、ということになる。しかし、そうとすると、「賠償額」が莫大となり、労働組合に壊滅的打撃となりかねず、他方、使用者の「違法行為」（たとえば、後記「相当性」を欠いたロックアウト）の場合の「賠償額」として考えられるものは限定されてくることを考えると、ここでも、あまりに不公平・不合理という問題が出てくる。この損害賠償請求の苛酷性は、イギリスなどでは、つとに意識され、法的対応もなされているのだが、わが国の場合、使用者による責任追及類型は、伝統的に、後記懲戒責任で、損害賠償請求がなされることはほとんどなかったので、この問題が意図的に論じられることはなかった。

しかし、イギリスで捉えられたと同様、いな、むしろ、財政基盤の脆弱な企

業別組合においては一層、あまりに高額な賠償額の請求・認容は、団結破壊を意図したものであり、労働基本権の保障を通して集団的労働関係（団交→労働協約システムによる労働条件決定）の定着を図るという、現行法秩序・体系全体の基礎的理念に反するものといわざるを得ない。したがって、違法争議により労働組合が負うべき「損害賠償額」は、少なくとも、①「損害一般」ではなく、「違法」原因により「特別的に付加された損害」とされ（争議行為は「損害」を与えることを本質とするものである。したがって、「故意・過失」に基づく責任は、本来的に発生するであろう損害を超えて、その争議が違法であるがゆえにそれに付加して生じた損害にのみ限定されるべきである）、また、②労働組合の賠償責任は「現に所有する財産的価値の総額」に限定される（すなわち、将来にわたってまでも支払い責任を負うものではない）とされるべきである。

3．違法争議と懲戒

当初に、「就業規則」の機能に関して論及したように、企業は、一般に、「服務規律」を定め、それに違反した者に対し「懲戒処分」を課するという制度を有する。そこで、違法争議に対しても、その各行為内容を「服務規律」に当てはめ、懲戒責任を問う、ということが行われる。わが国の場合、損害賠償による処理はほとんどなく、将来へ向けての対策として、組合指導者層の駆逐と従業員への「見せしめ」的効果を意図して、この「懲戒処分」をもって対処されることが多い。

しかし、前記争議行為の「本体」を離れた、組合員個人の行為と評価されるものについては、個人責任としての懲戒責任が問われるのはやむをえないとしても、「争議行為」は、前述のとおり、「労働組合の行為」であり、その本質は、たとえ、当該行為が違法とされた場合においても変わるものではない。とすれば、「争議行為」を組合員1人1人の行為に分解し、その懲戒責任を問うことは、「争議行為」の本質に反し、許されないものと言わねばならない。もっとも、前述の通り、懲戒処分による責任追及という方式が、損害賠償請求という大きな規模での責任追及へ発展することを抑えていたという現実の下では、政

策的には、懲戒処分の全面否定が得策といえるかは、問題となるところではある。

ところで、一般に、懲戒処分といっても、現実的に、争議参加者全員をその対象とするものではない（そのような挙に及べば、違法争議の故というよりも、「争議行為＝組合活動に参加したこと」を理由とするものとして、「不当労働行為」評価を免れない）。一部の者、多くの場合組合内において役員（3役）その他「主導的地位」にある者（いわゆる「幹部」）に対しての責任追及である。そこで、この懲戒責任追及に際し、「幹部」であるがゆえにに特別に、あるいは、特別に加重して、個人としての責任追及がなされることは果たして、可能・妥当といえるかが問題となる。

しかし、この場合も、一般組合員の行為が「労働組合の行為」を構成し、したがってそれに吸収されるように、「幹部」の行為は「個人」としての行為としてではなく、「機関」（一定の地位にあることを含む）としての行為として把握されるべきものである。とすると、「機関」としての行為の責任は「機関」＝労働組合が負うべきであって、「個人」が負うべきものではない、ということになる。「幹部責任」論は、前述したこともある、いわゆる「原動力」論に基づくものであるが、その当否はさておいて、労働組合の運動は、「個人」が「原動力」になり得る（個人のチカラでどうにかなる）程に単純・容易ではないのである。以上の意味で、「幹部責任」論は採り難いものである。

なお、懲戒処分による責任追及を肯定するとしても、（違法）争議を理由とする懲戒処分は、「組合活動を理由とする不利益取扱」である。したがって、それが「不当労働行為」としての「不利益取扱」を構成する場合には、違法・無効とされる。そして、その成立要件を満たすかは、当該争議が「正当」な組合活動と評価されるかの問題となるが、先述したように、民・刑事免責との関連での「正当」性が否定されるからといって、直ちに、労組法7条1号でいう「正当」性を失うものではなく、懲戒処分をなさなければ企業秩序あるいは服務規律を維持し難いほどに重大な秩序侵害行為あるいは服務規律違反行為と評価される性格の行為といえるか、を基準として、判断されるべきことになる。

4．労働協約違反の争議行為と法的関係

労働協約は、労使が団体交渉を通して設定した「自主規範」である。したがって、争議行為の手続きその他につき協約上設定された基準に違反したからといって、それは上記「自主規範」に対する違反に止まり、国家法上の合・違法評価とはまったく無関係である。そして、争議行為を含む協約違反の組合活動につきいかに法的処理がなされるべきかは、第Ⅴ章に論じたところである。

第4節　争議権への制約

争議権への制限、剥奪は、公務員労働者についてのものが代表的ではあるが、それ以外にも、労働関係調整法（以下、「労調法」と略示する）を中心に、細々した制約や、今日では目立たないものとはなったが、戦後史を彩った政治的介入の残滓等が存している。

1．労働関係調整法

1)　安全保持施設の停廃の禁止（36条）

労調法36条は、「工場事業場における安全保持の施設の正常な維持又は運行を停廃し、又はこれを妨げる行為は、争議行為としてでもこれをなすことはできない。」として、安全保持施設の運行の停止・妨害となる行為を禁止している。

本件争議行為禁止は、施設を保持し、もって企業財産の保全を図ることを目的とするものではなく、従業員労働者あるいは周辺住民の「生命・身体の安全」の保持を目的とするものであり、労働組合が争議行為に及ぶ場合であっても、「保安要員」の配置等、そのような安全保持への配慮を求めたものである。このような争議行為に及ぶことは、労働者の人格的尊厳の保持を基本理念とする労働組合にとっては、一種の「自殺行為」である。その意味で、一般に、本条の禁止は当然の事象を定めたものと解されている。

2)　公益事業における争議予告制度（37条）

労調法は、運輸、郵便・電気通信、水道・電気・ガス、医療・公衆衛生の4

事業を「公益事業」と規定した（8条）上で、この事業において争議行為を行う場合については、「その争議行為を行う日の少なくとも10日前まで」に、「労働委員会」、及び、「厚生労働大臣又は都道府県知事」(基本的に、2つ以上の都道府県にまたがる事案の場合は厚生労働大臣、そうでない場合は、都道府県知事)に対し、「その旨を通知」しなければならない、ものとする（37条）。

　これは、公衆が争議行為による日常生活への影響を予測し、それに備えるという便益を確保し、もって、一般公衆の日常生活上の利益と争議権保障との調整を図ることを目的としたものである。したがって、「予告」の内容・範囲は、細かな戦術内容にまで及ぶ必要はなく、上記予測を可能にする程度の争議行為の大枠の予告でよいものと解され、また、現実的にもそのように運用されている。

　3)　緊急調整決定と争議行為禁止（38条）

　労調法は、後述するように、大規模争議に関し、その解決のため、緊急的・優先的調整を行うことを基本内容とする「緊急調整」の制度を設けている（35条の2）が、当該争議を「緊急調整」対象とする旨の決定（決定権者は内閣総理大臣）がなされた場合には、その「決定の公表」があった日から「50日間」は争議行為が禁止される（38条）。

　「緊急調整」制度は、別に言及するように、「ゼネスト禁止」法の代替物として制定されたものであるだけに、このような争議行為禁止を含むものではあるが、「50日間」争議行為を止められてしまえば、その後改めて争議行為の準備をなし、それを実施するというのは、現実的には、ほとんど不可能である。その意味で、本条は、実質的な争議行為禁止たる役割を果たすものという他、ない。

・ゼネスト禁止立法構想と緊急調整制度

　「緊急調整」制度は、ゼネスト禁止法の姿態変化したものである。

　一国の中で、全産業規模で展開されるストライキをゼネラルストライキ（ゼネスト）というが、わが国の労働運動史上有名なのは、1947（昭和

22)年2月1日に予定されていたもの（2・1ゼネスト）である。

敗戦直後のわが国は、超インフレ状況下にあり、生活維持のため（それは、当時の状況下では、「生存の維持」を意味した）、労働組合は相当の意気込みをもって賃上げ、一時金闘争に取り組んでいた。そうした中、公務員労働者の 1946 (昭和21) 年年末一時金 (越冬資金といわれた) 要求に対し、政府の対応が不誠実であったのに加えて、時の総理大臣が、国民向け年頭演説の中で、組合否認的な表現を用いたことから、一挙に運動が盛り上がり、全公務員のみならず、民間企業労働者をも巻き込んでの、さらには、当時組合運動を領導していた日本共産党の思惑とも結びついての政治運動化した、飢餓状態突破、内閣打倒を要求するゼネストへと発展していった。このゼネストは 1947 (昭和22) 年 2 月 1 日に予定されていたが、GHQ（日本占領軍最高司令部）長官マッカーサーの「命令」により、中止に追い込まれた。そして、これにより、時の内閣は命ながらえ、以後、自由党中心の政策・政治が日本を支配する結果が保障される一方、労働組合運動は、分裂・混乱・再編にさらされ、弱体化していった。

しかし、一声でゼネストを中止させ、戦後政治の流れ・日本の運命を決し得るだけの絶対的チカラは、日本の講和・独立＝占領の終結とともになくなることになる。そこで、占領終了後の法制の準備が始まるとともに、政府サイドから、いち早く、破壊活動防止法（当初から、そのような構想・名称ではなかったが）制定と、前記同様の結果を生み出すための武器として、労働組合法・労調法改正案構想の中でのゼネスト禁止立法の制定が模索された。

しかし、それらに対する、組合運動を中心とした反対運動も強力に展開され、表立ったゼネスト禁止の匂いを消して、結局、労調法上の「緊急調整」制度として法定された。それ以降、同制度が、現実的には、一度も発動されなかった（実は、昭和27年秋の炭労ストにおいて炭労の「保安要員」引き上げ決定に対し、緊急調整の決定がなされたが、炭労がストを終結させたため、実行には移されなかった）のは、組合運動の（企業サイドに比しての）相対的弱体化という現実に負うところが大きいが、この制定時の強い反

> 対とそれに基づく制度趣旨の限定・制約の成果でもある（同様のことは、破防法にも当てはまる）。
>
> これらの経緯に鑑みれば、本文でも述べたように、「緊急調整」制度の運用・法解釈に際しても、ゼネスト禁止法の残滓、色彩を一掃すべきものである。

4) 調停案に関する紛争と争議行為禁止（26条④項）

争議行為の調整方式として、「調停」という方式がある（詳しくは、次節、参照）が、これは、労使双方の意思に基づいて調停申立が行われると、労働委員会内に設置された労・使・公3者構成の「調停委員会」が争議解決のための妥結案（調停案）を勧告し、（それを受け入れるかどうかは、当事者の自由ではあるが）労使双方がそれを受諾したとき、争議は終結する。そして、以後の労使関係は、調停案の線で形成あるいは運営されていくことになる。

ところが、この調停案に基づく処理に際して、往々にして、案の内容・趣旨の解釈や履行の有無（要するに、「調停案」が何を要求していると理解するか、あるいは、労使がその内容通り実行したか等）をめぐって、再び、労使が対立するという事態が生じることがある。この場合について、労調法は、関係当事者は、まず、調停案を提示した調停委員会に対し、紛争対象となっている事項につき「見解」を明らかにするよう申請すべきものとし（26条②項）、そして、その「見解」が示されるまでは、「当該調停案の解釈又は履行に関して争議行為をなすことができない」ものとしている（同条④項）。

労働委員会の調整機能の実効性を高めるためと解されるが、これによれば、実質的・結果的に、「調停案」は「仲裁裁定」（次節、参照）と同一のチカラを持ってしまうことにもなり、この争議行為禁止は、労使自治、あるいは、争議の「自主的解決」の原則に反する、過剰な国家的介入であるとの批判が強い。

5) 法令違反争議行為の法的責任

労調法は、以上のように争議行為を制限・禁止した上で、37条違反につき39条が、38条違反につき40条が、それぞれ刑事罰を規定している。そこで、

まず、これらが「争議の自由」との関連で、憲法28条に違反するものではないかが、問題となる。従来、あまり議論されたことのない問題ではあるが、「緊急調整制度」は、前掲囲み解説で言及したように、ゼネスト禁止法の代替物たる「政治の法」であること、そのため、発動の「要件」が厳密とはいえず、それへの規制力も不充分であること、全面禁止ではなく、「50日間」に限っての停止ではあるものの、実質的には「禁止」と同様に機能すること等の点からすると、「緊急調整制度」は「合理性」ありとはいいがたく、したがって、その違反に刑事罰をもって臨むことは、憲法上、問題といわざるを得ない。これに対し、37条①項（同②項は、「緊急調整制度」関連の問題であるから、上記と同一視点で考えればよい）は、「10日前の予告」という手続き的規制に止まり（その日数にはやや長すぎる感がないではないが）、「予告」義務の程度を前述のごとくとすれば、争議行為に対する実質的制約といえないことからして、一応の「合理性」が肯定され、39条の刑罰内容も肯き得る範囲内のものといえることからして、憲法違反とまでは言い難いものと思われる。

次に、前記争議行為禁止規定に違反した争議行為が行われた場合の、当該争議行為の法的評価、法的責任が問題となる。

これについては、まず、上記のとおりの刑罰規定があり、その当否はともかく措いて、それを前提として言えば、37条違反、あるいは、38条違反の争議行為については、それぞれ、39条、40条各所定の刑事責任を負うことになるのは明らかである（なお、39条違反の刑事責任については、「労働委員会の請求を待って」論ずるものとされている—42条）。

問題は、相互に関連する問題であるが、整理すれば、①罰則規定のない36条違反、26条④項違反の各争議行為の責任であり、②36〜38条違反、26条④項違反の各争議行為の「正当性」（民・刑事免責の有無）である。

これについては、労調法36条は、従業員労働者及び周辺住民の「生命・身体の安全」を保護法益とするものであり、それらを危険にさらすことは、労働組合の目的活動とは本質的・本来的に相容れないものであるとして、36条違反の争議行為は正当な争議権行使とは認められず、したがって、争議行為として

の民・刑事免責はない、とするのが支配的であり、また、その他の禁止規定については、それら争議行為が争議権の正当な行使と認められない実質的理由は見出し難く、各条項は労調法が特別な立法理由に基づき加えた制限に過ぎないとして、労調法所定の責任が生じることは格別、それ以外の責任を問われることはない、とする見解が、支配的である。

2．緊急調整制度

この制度は、別途論及したように、「ゼネスト」禁止法の代替物として、1952 (昭和27) 年労調法改正により登場したものである (35条の2～5)。

その内容は、

①内閣総理大臣は

- 事件が公益事業に関するものであるため
- その規模が大きいため若しくは特別の性質の事業に関するものであるために

②争議行為により当該業務が停止されるときは 国民経済の運行を著しく阻害する 国民の日常生活を著しく危うくする

虞があると認める事件について

③上記虞が「現実に存する」ときに限って

④中央労働委員会の意見を聞いた上で、

「緊急調整」の決定を、行う (35条の2①・②項、なお、この決定は、「公表」されるとともに、中労委及び関係当事者に「通知」されねばならない＝同③項)。

この決定がなされ、それが通知あるいは公表された場合には、

　①中央労働委員会は、他のすべての事件に優先して、各種措置を利用して、「その事件を解決するため、最大限の努力を尽くさなければならない。」 (35条の3、4)

　②関係当事者は、「公表の日」から「50日間」は、争議行為が禁止される (38条)。

というものである。

要するに、国民経済・生活を危うくする危険が差し迫っているような場合には、

総理大臣の決定をもって争議行為を止めようとするものである。本制度制定後、適用の可能性が議論された事案はあったものの、現実に実施された事件は存しない。立法時の激しい論議が政府の強権発動を抑制させたためと解されるが、労働争議が国家権力の強権によって抑圧されるという事態は、決して許されてはならないものといえよう。「国民の日常生活の危機」と、単純に表示されれば、やむをえない制度と考える向きもあろうが、そのような極限的状況に至るには、使用者陣営、政府の責任も存する。それを、国家権力の手によって、一方的に、労働者のみを抑圧するというのは、政府・国家権力の本質を示して余りあるとともに、そのような事態は絶対的に抑えられるべきなのである。本制度は、この上なく政治的意味を持ったゼネスト禁止法の姿態変化したものであり、いわば、そのやわらかい衣の下に、鎧どころか、槍が隠されているものである。それ故にこそ、前述のように、この制度を「合理性」なきものとし、ましてや、刑罰をもって臨むことは憲法違反とすべきなのであるが、それ以外の点においても、上記鎧・槍を無力化させることこそが、われわれの任務というべきであろう。

　この観点からすると、38条違反の争議行為については、正当な争議権行使とは認めらず、したがって、民・刑事免責は成立しないとする見解は大いに問題である。本制度は、もっぱら、政治的理由により登場したものであり、憲法上の観点からは否定されるべき制度である。そうである以上、前述の通り、少なくとも、「無力化」するために、労調法上特に定められた40条の責任のみが発生するものというべく、争議行為としての正当性を失うものではない、と考えるべきである。また、大規模争議というも、それを構成する1つ1つの争議行為についての法的判断が問題なのであって、その1つ1つの争議行為が、個別としては許容されるのに、他とつながっているということのみをもって格別の評価対象とされるべきものではない。

3．スト規制法

1) 特　　色

正式名称は、「電気事業及び石炭鉱業における争議行為の方法の規制に関する法律」という。この法律は、別に論及するように、1952（昭和27）年の炭労の保安要員引き上げを賭けた争議、同年の9電力会社への分割反対をめぐる争議で電産が行った電源（停電）ストに対抗して制定されたもので、条文の数わずか3つの法律ではあるが、露骨にも、自分たちを脅かす可能性のあるチカラは国家権力を使ってでもつぶしておこうと、権力が裸のまま跋扈した時代、労働関係が政治のチカラによってゆがめられていた時代の、また、「石炭」が産業エネルギーの中核であった時代の産物であり、この法律も、制定以来、それが適用されたことはない。「緊急調整」制度と並んで、存在すること自体に意味（その肯定・否定は別として）のある法律といえよう（激しい反対論の中で、附則では、施行3年経過後、「存続させるかどうかについて、国会の議決を求めなければならない。」とされたが、その3年後には、格別の議論もないまま「存続」させられている）。

2) 内容と法的責任

同法が禁止の対象とするのは、① 「電気事業の事業主又は電気事業に従事する者」、要するに、電気産業の労働組合が、いわゆる「電源スト」等の、「電気の正常な供給を停止をする行為、その他電気の正常な供給に直接障害を生ぜしめる行為」を行うこと、② 「石炭鉱業の事業主又は石炭鉱業に従事する者」、要するに、石炭業の労働組合（炭労、等）が、「鉱山法に規定する保安の業務の正常な運営を停廃する行為であって、鉱山における人に対する危害、鉱物資源の滅失若しくは重大な損壊、鉱山の重要な施設の荒廃又は鉱害を生じるもの」を行うこと、である。

本法の場合も、上記禁止に違反した争議行為を実施した場合の法的責任について規定することをしていない。「保安業務」関係のうち、人の「生命・身体の安全」にかかわる「安全保持の施設の正常な維持又は運行を停廃し、又はこれを妨げる行為」については、労調法36条が禁止するところで、その法的評価についても、論の一致をみているところであり、また、企業施設を損壊させ

る行為の違法性（それは、通常の争議行為論においても「違法」と評価される行為である）等、争議行為の「正当性」論を超えて特別に責任を付加さすべき論拠も見出しがたい。とすれば、この法律は、その制定の経緯からも伺えるように、政治宣言的法であって、違反行為は、労調法の諸規定、及び、争議行為の「正当性」判断の一般論に従って処理さるべく、スト規制法違反のゆえに、格別の責任を問われることはないというべきであろう。

> ・電産・炭労のストとスト規制法
> 　昭和27年秋季闘争では、その中核であった炭労、電産の争議が3ヶ月もの間終結せず、同年12月になって、炭労が保安要員の総員撤収を指令した。これに対し政府は、労調法の緊急調整の発令を決定したが、炭労側がその発動を避けるためにストを中止するとともに、中労委斡旋案を受諾する声明を発したことで争議は終結した。しかしその結果、炭労・電産とも組合分裂を招く事態となり、事実上の敗北を喫した。28年になると、政府は、公益事業全般におけるスト規制を視野に新法を構想するようになったが、結局8月に、エネルギー産業のみを対象として「電気産業及び石炭鉱業における争議行為の規制に関する法律」として、成立をみた。

4．公務員労働者と争議行為禁止

　公務員労働者の争議行為については、①一律全面禁止であること、②刑事罰付きの禁止であることの2点において、他の現代民主主義国家には例を見ないような、そして、憲法の基本的人権保障原則と相容れない制度であることは、先に（第Ⅰ章）に論及してきたところではあるが、そこでは、労働基本権全体との関連でのみ論じたので、ここでは、「争議権」との関連で、一言、論及しておきたい。
　前述のように、「争議権」保障のうちには、「争議の自由」が含まれる。したがって、刑罰付きで争議行為を禁止することは、この「自由」に対する侵害で

ある。たしかに、法治国家において刑事政策的理由から、国民の「基本的人権・自由」が、刑罰をもって、禁止・制限されることはあり得ることではある。しかし、争議行為は、いかなる意味においても、刑事政策的観点からする「社会的悪」ではありえない。

いかなる理由に基づくものであれ、争議行為を社会的悪とし、刑罰をもって臨むことは、人類が積み上げてきた「自由の体系」に対する破壊行為であり、したがって、憲法がいう、人類の歴史的営みへの冒瀆であるというべきである。

第5節　労働争議の調整

1．労働争議の「調整」

「労働争議」とは、「労働関係の当事者において、労働関係に関する主張が一致しないで、そのために争議行為が発生してゐる状態又は発生する虞がある状態」のことをいい（労調法6条）、労働争議の「調整」とは、上記労働争議に当たり、争議中の労働関係の当事者（労使）の間に立って、その解決を促進することを言う。そして、この調整の「方式」としては、一般に、斡旋（あっせん）、調停、仲裁の3つがあるとされる。

このように、労働争議の調整とは、要するに、労働争議の解決に向けて行動することであるから、誰が、どんな内容の調整を行おうと、差し支えないことになる。たとえば、労使が、個別の労働争議ごとに、あるいは、あらかじめ労働協約をもって、特定の者（誰であるかを問わない）を調整者とすることを合意し、その者に調整を委ねることも可能である（もっとも、現実的には、この方式は、欧米では比較的普及しているが、わが国の場合は、あまり多いものではない）。

しかし、「労働争議を予防し、又は解決して、産業の平和を維持し、もって経済の興隆に寄与することを目的とする」（労調法1条）との、大義名分の下、労働関係調整法が制定され、国家による争議調整の道が用意されている。この国家的調整の機関としては、労働委員会（船員の場合については、船員労働委員会）

がその役割を担うものとされている。

　もっとも、労調法は、労働争議の調整は当事者による自主的解決を本則とし、労調法に基づく国家的調整も、この自主的解決努力を側面から援助すること＝サービス調整を原則とするものとしている。したがって、労調法においては、国家的調整は、原則として、当事者双方から申請のあった場合のみ（もっとも、労働協約上、一方当事者が申請をなした場合には、他方はこれに応じるべきものとする旨が規定されており、それに基づく申請がなされた場合には、一方当事者のみの申請に基づく場合もあり得る）、調整は開始するものとなっており（任意主義の原則）、一方当事者の申請のみに基づいて、あるいは、労働委員会の決定に基づいて強権的に、調整が開始される（強制主義）のは、①関与の割合が比較的少ない「斡旋」（労調法12条）と、②「公益事業」の争議行為の調停（同18条）、の2つの場合についてだけである。ただし、「強制主義」といっても、それは、調整の「開始」に関してのみであって、斡旋に従うか、調停案を受け入れるか否か等は、（事実上の強制力は相当ではあろうが）法的には、まったく当事者の自由である。

2．調整の方式

　労調法上の調整は、「労働争議」があるとき、すなわち、「労働関係の当事者において、労働関係に関する主張が一致しないで、そのために争議行為が発生してゐる状態又は発生する虞のある状態」下にあるときに、開始される（労働協約等、労使間合意に基づいて行われる調整の場合は、その合意された要件の存するときに開始されるものであることは、いうまでもない）。したがって、政治ストや（純粋）同情ストは、「労働関係に関する意見の不一致」を含むものではないから、調整の対象とはならない。

　労働争議の調整の方式には、斡旋、調停、仲裁の3方式があることは先に言及したが、それぞれの内容的特色を、相互間の異同に注意しながら、略説しておく（以下は、労調法の規定にしたがった説明であり、したがって、国家的調整の場合に関してのみ当てはまるものであることは、言うまでもない。また、国労法の適用を受ける労使関係上の労働争議調整については、「中労委」の管轄とされる等、その手続・方

式等について特別な取扱がなされるが、ここでは、労調法の定める一般的調整の場合に限定して、略説するものとする)。

　　（ⅰ）斡　　旋（労調法10〜16条—以下、格別明示しない場合は、労調法の条項を意味する）

　斡旋は、あらかじめ委嘱され、名簿登載されている斡旋員候補者のなかから労働委員会の会長によって指名された「斡旋員」によって行われる（12条①項、なお、「但書」、参照）。したがって、斡旋は、斡旋員が個人の資格において行うもので、この点、調停・仲裁が「委員会」組織をもって行われるものであるのと異なる。

　斡旋は、争議状態にある労使の間に立って、それぞれの主張内容を整理・明確化し、当事者間の疎通を図り、主張の不一致を調整し、もって紛争の解決に助力しようとするものである（13条、参照）。このように、斡旋は、最も簡単で、かつ、次段階の調停の瀬踏みという程度の軽い調整方式と考えられているので、斡旋員は、自己の斡旋によっても当該紛争解決の見込みがないと判断したときには、その事件から手を引いて、労働委員会に対し、事件の要点を報告すべきものとされている（14条）。

　また、調停の場合には、調停委員会は、「必ず」、調停案を作成し、争議の両当事者（労使）にその受諾を勧告すべきものとされているのに対し、斡旋の場合は、斡旋員が斡旋案を提示することは、制度上、要求されていない。しかし、現実的には、斡旋案が提示されることが多く、斡旋の調停化（斡旋については、後述の通り、職権斡旋が認められているから、斡旋の調停化は斡旋の職権調停化につながる）として、争議への強権的介入の危険性をはらんでいる。

　しかし、斡旋は、上述の通り、制度的には、調停・仲裁という本格的調整への前段的手続と観念されているので、法は、斡旋の開始については、当事者双方の申請その他両当事者の意思に基づいてのみ開始されるという任意主義を貫くことはせず、①一方の申請があった場合でも、②いずれの申請にも基づくことなく、労働委員会会長の「職権」ででも（職権斡旋）、斡旋を開始することを認めている（12条）。

（ⅱ）調　　停（労調法17〜28条）

　調整方式の中で、最も重要な、また、実際上でも最も利用度の高い調整方式である。斡旋に対し、「委員会」組織をもって行われる点では仲裁と同じであるが、この「調停委員会」はいわゆる労・使・公の3者構成である（19条）点で、仲裁と異なる。

　また、調停手続きの核心は、両当事者（労使）の出頭を求めてそれぞれの意見を聴取し、その上で「調停案」を作成して、両当事者にその受諾を勧告することにある（26条）。前述のように、斡旋員の見解を示すことは要件とされてはいない斡旋とは異なって、調停の場合は、「調停案」の呈示が要件とされており、その点では仲裁と同じであるが、「仲裁委員会」の「仲裁裁定」は、労働協約と同一の効力をもつものとして、当事者双方を拘束するのに対し、「調停案」は、この程度のところで争議を妥結したらどうか、という勧告に過ぎない点で、仲裁と異なる。したがって、調停の場合は、調停案が労使双方に受諾されて始めて、争議解決ということになる性格のものである。

　調停については、斡旋と異なって、任意主義の原則が取られ、①当事者双方から申請のあった場合、もしくは、②労働協約上の規定に基づいて、当事者の一方だけから申請があった場合に開始されるのが原則である（18条1・2号）。ただし、③「公益事業」（8条）における事件であって、当事者の一方から申請のあった場合（18条3号）、④同じく、公益事業における争議であって、「労働委員会」が、職権に基づき、決議した場合（同4号）、及び、⑤公益事業における事件その他特殊な事件（事件の規模が大きいため若しくは特別の性質の事業に関するものであるため、公益に著しい障害を及ぼす事件）であって、厚生労働大臣又は都道府県知事が請求した場合（同5号）、の3つについては、当事者双方の意思に基づくことなく、開始される（強制調停）。ただ、「強制調停」といっても、それは調停の開始についてだけであって、調停案の受諾までもが強制されるわけではないことは、前述したとおりである。

（ⅲ）仲　　裁（労調法29〜35条）

　仲裁は、委員会組織（仲裁委員会）で行われる（31条）調整方式である点で、

斡旋と異なり、他方、その委員会が、3者構成をとらず、労働委員会の公益委員又は特別調整委員のみで構成される（31条の2）点で、調停と異なる。

また、仲裁においては、仲裁委員会の下した「仲裁裁定」が当事者を当然に拘束し、労使の合意によって締結される労働協約と同一の効力を有するものとされる（34条）点で、斡旋、調停と大きく異なり、仲裁という調整手続きの最も特徴的な特色となっている。

このように、仲裁委員会の下した仲裁裁定は、それに従うことが義務付けられ、たとえ当事者がそれに不満であっても、それによって争議が強権的に終結されることになる点で、調停と質的な相違がある。このような仲裁手続きは、労働争議の当事者による自主的解決への援助という現行争議調整制度の原則から大きく外れるものである。そこで、労調法は、仲裁については、当事者双方の意思に基づいて開始される「任意仲裁」のみを認めて、強制仲裁の方式は、一切、認めていない（30条）。ただし、国労法、地公労法は、第3者機関による仲裁裁定をもって争議権剥奪の代償とするとの名目で、強制仲裁をも認めている。

第6節　争議行為と賃金

1．怠業と賃金請求権

労働組合の争議行為が、労働者の完全な労務の不提供＝ストライキとして実施された場合には、その時間分全額（100％）の賃金がカットされるのは当然であるし、一部労務の提供がなされても、それが「債務の本旨」に従ったものとは言えず、その労働がまったく無価値に終わった場合（もっとも、その認定・判断の当否は大いに問題となる）も、全額の賃金カットとなる（府中自動車教習所事件・東京地判昭53・11・15、水道機工事件・最1小判昭60・3・7、等、参照）。

ところが、スローダウンとしての「怠業」は、先に述べたように、労務に従事してはいるが、完全な労務提供ではなく、不完全な労務の提供であることを本質とする。ここに、「怠業」に対する賃金カットの難しさがあるが、通説・

判例は、「難しい」からといって「全額」カットすることは違法であり、その労務提供の「不完全さの程度」に応じて賃金カットすべきものとしている（パインミシン事件宇都宮地判昭35・11・22、等）。学説の中には、「不完全履行」の法理に従って、労務提供者（労働者）の側で、債務の履行のあったこと及びその程度を立証すべきものとする論もあるが、不完全とはいえ、その労務を受領し、一定の利益を得ている以上、使用者に、上記「難しさ」についての責務を課すべきものと思われる。

2．部分スト・一部ストと賃金・休業手当請求権

1) 部分スト・一部ストと賃金請求権

「部分スト」とは、組合員の一部がストライキにはいるものを、「一部スト」とは、従業員の一部がストライキに入るものを、各言う（「部分スト」は常に「一部スト」と言えるが、組合併存の場合や従業員内に組合員・非組合員が存する場合には、組合員全員がスト参加するスト＝「全部スト」の場合でも、「一部スト」となる。正規従業員のみをもって労働組合が組織されるのが一般的であるわが国においては、「全部スト」が「一部スト」である場合がほとんどと言えよう）。

この場合も、スト参加者には賃金請求権が存しないことは明らかであるから、スト不参加者の賃金請求権のみが問題となる。しかし、その場合でも、部分スト・一部ストにもかかわらず、業務が通常どおり行われ、通常どおりの労務提供が行われた場合は、スト不参加者＝労務提供者に100パーセントの賃金請求権が発生することも明らかである。

問題は、スト不参加者が出社するも、ストのために実質的に労務に従事できず、あるいは、その労務提供が無意味・無価値のままに終わった場合である。

これに関する1つの見解は、労働契約を「労働力商品」の売買関係と構成する理論的立場を前提に、その「労働力（商品）」の提供があった場合、すなわち、出社し、使用者の支配（指揮）下に身を委ねた場合には、債務の履行があったのであり、使用者は、そのように、債務を受領した以上、賃金支払い義務を免れないとするものである。

それに対し、一方の代表的見解は、労働契約関係は「労務の提供」を内実とする権利義務関係であり、具体的な「労務の提供」があってはじめて債務の履行があったと解すべきであるから、出社したのみでは、債務の履行があったとはいえず、従ってそれのみで賃金請求権は発生し得ないとする論を前提に、出社するも、労務に従事できなかったことは債務の「履行不能」にあたり、それがいずれの「責に帰すべき事由」に基づくものかによって、賃金請求権の帰趨を決すべきである、すなわち、部分スト・一部ストに起因する「履行不能」が「債権者（使用者）の責に帰すべき事由」に基づくものと解されれば、労働者（債務者）は賃金請求権を失わず（民法536条②項）、しからざる場合は、労働者に賃金請求権はなし、とするものである。

そして、これに関し、最高裁は、「ストライキは労働者に保障された争議権の行使であって、使用者がこれに介入し制御することはできず、また、団体交渉において組合側にいかなる回答を与え、どの程度譲歩するかは使用者の自由であるから、団体交渉の決裂の結果ストライキに突入しても、そのことは、一般に使用者に帰責さるべきものということはできない。従って、労働者の一部によるストライキが原因でストライキ不参加労働者の労働義務の履行が不能となった場合は使用者が不当労働行為の意思その他不当な意思をもってことさらストライキを行なわしめたなどの特別の事情がない限り、右ストライキは民法536条2項の『債権者の責に帰すべき事由』には当たらず、当該不参加労働者は賃金請求権を失うと解するのが相当である。」（ノースウエスト航空事件・最2小判昭62・7・17）として、部分スト、一部ストの別なく、争議不参加労働者も全額の賃金請求権を失うものとした。

しかし、労働契約関係の本質、そこにおける権利・義務の内容等についての論の当否は別としても、上記引用部分の、民法536条②項の適用に関する見解は、争議不参加の組合員に対する関係では成り立ち得るにしても、非組合員労働者に対する関係（一部スト）では、説得力をもちうるとは思われない。非組合員に対する関係では、ストライキは労働組合―使用者の関係において発生したものであり、ある意味、外側の関係であるに過ぎない。従って、最高裁が挙

げるアレコレの根拠も、労―使の「内輪の理屈・言い訳け」に過ぎず、非組合員らに対し通用するものではない。通常どおり出社したにもかかわらず、よそ様たる組合―使用者関係の都合で仕事につけず、賃金を失うというのは、非組合員にとって、あまりに不合理と言う他はないからである。

　確かに、使用者は、団結承認義務を負っている。しかし、だからと言って、そのことの故に直ちに、非組合員たる第3者に対する義務が免責され、彼らに損害を与えてもいいということにはなり得まい。むしろ、団結承認義務とは、団結承認にかかわって生じるアレコレの関係を引き受け、それに伴う責任・義務をきちんと果たすということである。ここでの場合にひきつけていえば、労働組合の正当な争議行為によって生じる第3者との軋轢の可能性をも引き受け、それについての責任を果たすことである。そのような意味において、労働組合のストライキによって、非・別組合員の労務の提供が不能となったことにつき、使用者は「責なし」とは言えず、民法536条②項に基づき、賃金支払い義務を免れないと言うべきである。

　2) 部分スト・一部ストと休業手当

　労働基準法26条は、「使用者の責に帰すべき事由による休業」の場合については、使用者は、平均賃金（同12条、参照）の60パーセント以上の「休業手当」を支払わなければならない、とする。

　民法536条②項とほとんど同一趣旨の規定であるにもかかわらず、民法が100パーセントの賃金請求権ありとし、本来、労働者の労働条件保護立法である労働基準法が平均賃金の60パーセントの手当の支払い義務のみを規定するに止まるのはなぜなのかが問題となるが、これは、使用者の「責に帰すべき事由」の質・範囲が異なる、すなわち、民法536条②項が、市民法上の故意・過失に基づく「責に帰すべき事由」に限定されるのに対し、労基法26条は保護法的観点からする「責に帰すべき事由」を前提した規定であって、民法536条②項の場合よりも広く、天災事変その他「人為的不可抗力」を抗弁できない一切の事由をいうものである、とされる（なお、民法536条②項と労基法26条との関係は、いわゆる「法条競合」であって、両者の同時成立が妨げられるものではない、と

されている)(P.133、参照)。そこで、部分スト・一部ストの場合の前記非・別組合員が、民法536条②項との関係では、賃金請求権なしとされたとしても、労基法26条との関係で、「休業手当」請求が可能とされるべきではないか、との指摘がなされることになる。

これについては、①部分スト・一部ストの別なく、上記労基法26条の趣旨に従って、「休業手当」請求を肯定する論と、②前記労基法26条の趣旨を前提とするも、当該労働者の所属する組合のストを「使用者の責めに帰すべき事由による休業」とはなし得ないこと等を理由に、部分スト不参加者(スト実施組合の組合員)との関係では、「休業手当」請求権を否定し、しかし、労基法26条の趣旨に沿って、一部ストの場合の非・別組合員については、「休業手当」請求を肯定する見解とが、対立する。

最高裁は、前記ノースウエスト航空事件で、部分スト不参加者の休業手当請求権の成立を否定したが、一部ストの事例について直接の判断を示してはいない。しかし、上記判決で、労基法26条の「使用者の責に帰すべき事由による休業」と言えるか否かは、「いかなる事由による休業の場合に労働者の生活保障のために使用者に前記限度での負担(平均賃金の60パーセントの負担—著者註)を要求するのが社会的に正当とされるかという考量」の問題である、と説いているところからすると、「一部スト」の場合には、「休業手当」請求を肯定する趣旨を予定しているものと解される。

3. 賃金カットの範囲

わが国の賃金形態は、一般に、基本給+諸手当という形をとり、その「手当」には、さまざまな名目が用いられるが、中には、「家族手当」、「住宅手当」というように、必ずしも「労働」とは結びつかない名目のものが存する。

そこで、労働契約は、①従業員たる地位を設定する部分と、②使用者の指揮命令下で日々労務を提供することに関係する部分との複合的結合体であり、賃金も、それぞれに対応して、①生活保障的賃金部分と、②交換的賃金部分とに2分されるとした上で、ストライキは単なる労務の不提供であり、従業員たる

地位は継続しているものであるから、ストライキ参加者に対する賃金カットは、②の「交換的賃金部分」に限られるべきであり、①の「生活保障的部分」についてはなされるべきではない、とする論が有力に主張され（この論は、一般に、「賃金2分論」といわれる）、判例も、一時期までは、この論に依っていた（明治生命事件・最2小判昭40・2・5、等）。

しかし、賃金は労働の「対償」として支払われるものであってみれば、「労働」と結びつかない、「地位」に対応する給付というのも、理論的にみれば、奇妙なものであり、その分、賃金2分論への批判も強く展開される。これを受けて、最高裁も、三菱重工長崎造船所事件（最2小判昭56・9・18）において、「ストライキ期間中の賃金削減の対象となる部分の存否及びその部分と賃金削減の対象とならない部分の区別は、当該労働協約等の定め又は労働慣行の趣旨に照らし個別的に判断するのを相当とし……いわゆる抽象的一般的賃金二分論を前提とする……（被上告人らの）主張は、その前提を欠き、失当である。」として、「賃金2分論」を否定するに至った。

思うに、「賃金」は、何を支給名目とするにせよ、すべて、「労働の対償」なのであって、従業員であること（地位）に対し支払われるなどというものはあり得ない。従って、各場合にいかに扱われるべきかは、それぞれの支給要件・基準によって決められるべきである。

その意味で、最高裁の基本的判旨は、妥当といえよう。

4．賃金カットの時期

労働基準法24条①項は、賃金につき、「全額払いの原則」を定めるが、この意は、当該賃金支払日に使用者が支払い義務を負う賃金の「全額」を当該賃金支払日に支払わなければならない、というものであって、ストライキが行われた場合に、その当日の賃金を、当日を含む賃金計算期間の賃金支払日にカットすることができるのは言うまでもない。しかし、ストが実施されたのが賃金締切日直前で、かつ、大規模事業であるため、賃金計算が間に合わず、当該スト当日についての賃金カットが行われなかった場合、あるいは、その月の賃金を

月半ばに支払う方式が取られているところで、ストが行われたのが賃金支払日以後であったため、賃金カットをなし得なかった場合等に、この過払い分を翌月以降の賃金からカットすることは許されるかの問題が生じる。というのも、翌月以降については賃金カット事由は存在せず、にもかかわらず賃金カットに及ぶことは、明らかに、「全額払いの原則」に反することだからである。

これについては、労基法24条①項但書が、「全額払い」の例外として、過半数組合あるいは過半数代表者との間の書面協定が締結された場合の控除（カット）を認めていることから、そのような協定を締結する努力もしないで安易に賃金カットに及ぶことは、「全額払の原則」に違反し、許されないとする説が、有力に主張されているが、最高裁は、「全額払の原則」の「法意は、労働者の賃金はその生活を支える重要な財源で日常必要するものであるから、これを労働者に確実に受領させ、その生活に不安のないようにすることが労働政策上から極めて必要であるとするにあると認められ、従って、右規定は、一般的には、労働者の賃金債権に対しては、使用者は使用者が労働者に対して有する債権をもって相殺することは許されないとの趣旨をも包含すると解せられる。しかし、賃金支払い事務においては、一定期間の賃金がその期間の満了前に支払われるものとされている場合には、支払日後、期間満了前に減額事由が生じたときまたは、減額事由が賃金の支払日に接着して生じたこと等によりやむをえない減額不能または計算未了となることがあり、あるいは賃金計算における過誤、違算等により、賃金の過払が生ずることのあることは避けがたいところであり、このような場合、これを精算ないし調整するため、後に支払わるべき賃金から控除できるとすることは、右のような賃金支払い事務における実情に徴し合理的理由があるといいうるのみならず、労働者にとっても、このような控除をしても、賃金と関係のない他の債権を自動債権とする相殺の場合とは趣を異にし、実質的にみれば、本来支払わるべき賃金は、その支払いをを受けた結果となるのである。このような事情と前記24条1項の法意とを併せ考えれば、適正な賃金の額を支払うための手段たる相殺は、同条但書によって除外された場合にあたらなくても、その行使の時期、方法、金額等からみて労働者の経済生活の

安定との関係上不当と認められないものであれば、同項の禁止するところではないと解するのが相当である。この見地からすれば、許るさるべき相殺は、過払いのあった時期と賃金の清算調整の実を失わない程度に合理的に接着した時期においてなされ、また、あらかじめ労働者にそのことが予告されるとか、その額が多額にわたらないとか、要は労働者の経済生活の安定をおびやかすおそれのない場合でなければならないものと解される……。」とした（福島県教組事件・最1小判昭44・12・18）。

第7節　使用者の争議対抗行為

1．基本的視点―ロックアウトの「正当性」

　労働組合の争議行為に対抗して、使用者が、伝統的に、自己の主張（組合要求の拒否）を貫徹する圧力手段として用いてきたものが、労働者の提供する労務の受領拒否―賃金支払いの拒否で、ロックアウトと呼称される。ロックアウトの具体的方法としては、（組合員の）全員解雇と企業施設外への締め出し（作業所閉鎖）とがあるが、わが国の場合、企業帰属意識が強く、従って、企業外への締め出しは相当の圧力手段となること等から、伝統的に、加えて、とくに、第2次世界大戦後は、労働争議にかかわっての解雇は不当労働行為とされることにより、組合員の企業外への締め出しによる労務の受領拒否→賃金不払いとして展開された。その結果、わが国では、使用者の争議手段＝ロックアウト＝締め出し（作業所閉鎖）と観念されるようになった（前記労調法の諸規定等、参照）。

　このように、ロックアウトは、使用者の事実上の争議戦術として展開されてきたが、労働組合の争議行為が憲法上の権利として保障され、その規範的意味について、民・刑事免責を中心に、それなりの理論的成果が蓄積されているのに対し、使用者の争議行為については、これを根拠付ける実定法上の規定はなんら存しないことから、使用者は市民法上優位的な地位に立ち、それに対抗するために労働者に争議権が認められたものである以上、使用者に更なる権利を付与すべき正当な理由・根拠は存しないとする立場から、労働者・労働組合に

争議権が認められる以上、その相手方たる使用者に争議権が存するのは当然であるとする素朴な、形式的平等論まで、さまざまな論が主張され、その要件・法的効果等についても、多くの論が展開されたが、細かな点については、対立が残されたものの、次第に、労働組合の争議権行使に対抗する場合であって、それにより回復しがたい損害を蒙る可能性がある場合に、「受動的、防禦的」に行われる労務の受領拒否に、賃金支払い義務の免責効果を認める（これに対し、「先制的、攻撃的」ロックアウトは「違法」とされた）という点で、学説・判例の大勢がつくられていった。そして、丸島水門事件（最3小判昭50・4・25）において、最高裁が、以下のごとく判示したことにより、基本的点についての判断は、ほぼ決着付けられたといえる。

　すなわち、「争議権を認めた法の趣旨が争議行為の一般市民法による制約からの解放にあり、労働者の争議権について特に明文化した理由が専らこれによる労使対等の促進と確保の必要に出たもので、究極的には公平の原則に立脚するものであるとすれば、力関係において優位に立つ使用者に対して、一般的に労働者に対すると同様な意味において争議権を認めるべき理由はなく、また、その必要もないけれども……個々の具体的な労働争議の場において、労働者側の争議行為によりかえって労使間の勢力の均衡が破れ、使用者側が著しく不利な圧力を受けるようになるような場合には、衡平の原則に照らし、使用者側においてこのような圧力を阻止し、労使間の勢力の均衡を回復するための対抗防衛手段として相当性を認められるかぎりにおいては、使用者の争議行為も正当なものとして是認されると解すべきである。」というものである。

　以上は、要するに、「実質的衡平の原則」ともいうべき観念に基づき、争議権保障の反射的効果として（労働組合の争議行為に対抗する場合に限って）、労働組合の争議行為に対し、自己利益を守る最後の手段として、ロックアウト権が認められるとするものと理解でき、その限度で、妥当なものと解されよう。

・ロックアウトの現実
　受動的・防禦的ロックアウト、すなわち、労働組合が争議行為に及ん

でいる場合のロックアウトのみが「正当性」をもつということになると、争議行為参加により組合員労働者にはすでに賃金請求権はなくなっているのに、なに故に、あえてロックアウト→賃金支払い拒否なのか、疑問となることが予測される。確かに、労働組合がすでにストライキ等の争議行為に及んでいる場合には、その争議行為が怠業、部分ストといった何らかの労務提供形態を含む争議行為類型でない限り（もっとも、これらの争議行為類型が取られている場合、当該ロックアウトが法的に「正当」と認められるかは問題ではあるが）、労務受領の拒否→賃金支払い拒否という側面は意味を持たないことになる。それが意味を持つのは、上記争議行為類型が取られている場合の他は、労働争議が長引き、労働組合により、スト→就労→スト→就労という形の争議戦術（これを、一般に、波状スト、と呼ぶ）が取られている場合や、同様に、紛争が長引いていて、同一問題をめぐって、再度、あるいは、再々度の争議行為が実施されようとしているような場合である。

　しかし、ロックアウトは、法的側面よりも、現実界においてチカラを発揮する。労務の受領を拒否し、企業活動をストップさせても、つまり、自ら損害を引き受けても、「断固闘うぞ」とする使用者の姿勢・方針の明示が従業員たる組合員労働者への大きな心理的圧力となり、さらには、多くの場合、「閉め出し」を伴うことによって、企業帰属意識の強い従業員組合員に、帰属する場所・帰る場所の喪失という「喪失感」・「恐怖感」を感じさせ、追い込んでいく圧力としてのチカラである。そして、この締め出しに、入構拒否の「意思」を見、以後の入構は建造物不法侵入を構成するとして、警察権の介入が付け加わることになると、結果は、決定的となる。事実、この使用者権力と警察権力との結合が労働者にもたらした結果は、歴史の中に多く刻印されているところである。

　なお、この状況に対して、本文に展開したようなロックアウトと「締め出し」との切断論が十全に有効なものとは思われないものの、夾雑物を取り除くことによって、純粋な労使関係上の問題化することが上述のような悪しき効果・関係を克服するための出発点であるという意味で、少なからぬ意義をもつものと思われる。

2．正当性の判断基準と法的効果

　ロックアウトの正当性の判断基準とその法的効果につき、上記最高裁判例は、上記論を前提に、「個々の具体的争議における労使間の交渉態度、経過、組合側の争議行為の態様、それによって使用者の受ける打撃の程度等に関する具体的諸事情に照らし、衡平の見地から見て労働者側の争議行為に対する対抗防衛手段として相当と認められるかどうかによってこれを決すべく、このような相当性を認めうる場合には、使用者は、正当な争議行為をしたものとして、右ロックアウト期間中における対象労働者に対する個別的労働契約上の賃金支払い義務をまぬかれるもといわなければならない。」とする。それは、それとして妥当なものと解されるものの、以上は、総合判断を言うのみで、必ずしも、具体的判断基準を示すものではない。

　そこで、以上を踏まえて、正当性判断の一般的基準とロックアウトの法的効果に関し、いくつかの原則を示しておきたい。

　①まず、上記最高裁判例は、過去に蓄積された判例を踏まえ、ロックアウトを、「対抗防衛手段」とするものであるから、「ロックアウトは、受動的、防禦的でなければならない」とする原則はなお引き継がれているというべきである。②上記最高裁判例のポイントは、「対抗防衛手段としての相当性」という点にあるが、その意は、その前段に説くところを踏まえれば、使用者が「著しく不利な圧力を受けること」、すなわち、ノーマルな争議関係を超える異常な不利益を受け（労働組合の「争議行為」は、本来的に、使用者に経済的損害を与え、それをもって圧力手段としようとするものなのであるから、使用者において、損害を蒙っていること、あるいは、それが単純に大きいことのみをもって、ロックアウトの正当性をいうとしたら、それは、形式的平等論でしかない。「実質的衡平」や「対抗防衛」性をいう以上、「通常」性を超えるものが根拠とならねばならない）、市民法上使用者が有する対抗手段をもってしては有効に対抗できない場合をいうと解すべきである。③ロックアウトの法的効果が、賃金支払い義務の免脱にある以上、それは、組合員労働者への「通告」をもってなされるべく、「締め出し」は要件とされるべきでないに止まらず、後述の通り、組合員の一切の締め出しは、不当労働行為

として、違法とされるべきである。

　ロックアウトが適法に実施された場合の法的効果は、賃金支払い義務の免脱にあり、かつ、それに尽きるというべきである。過去、ロックアウトは「締め出し」を要件とすべきか、その法的効果があるかが議論されてきたが、ロックアウトと「締め出し」とは、切り離されるべきであり、組合員労働者を一切会社構内に入れないという「排他的締め出し」（と表現しておく）は、むしろ、違法と解されるべきである。さきに、「組合活動」の章（第Ⅳ章）で、団結承認とは、わが国にあっては、企業内組合活動の承認であるべきを論じた。そのような組合活動・団結の存在の「場の保障」として、企業施設は、（施設としての物的管理を除いて）組合員労働者に対し、常に、「オープン」でなければならないものである。「所有権の絶対性」のドグマは、企業施設の所有者たる使用者は「排他的締め出し」をなすことも可能であるかの錯覚を生んできたが、労働者を雇い入れ、その労働者が団結権を有するということは、常に相互の利益・権利の調整が問題なのであり、一方のみが「排他的」権利を有するなどということはあり得ない。そして、その本質的実害が発生しない限り、他に譲るべきが権利調整なのであり、ここでの問題状況に則していえば、企業施設の物的管理に実害（物的毀損の現実的可能性）が発生しない限り、前記「場の保障」として、組合員の出入りは保障されるべく、それを妨げることは、団結権侵害＝不当労働行為として、違法評価されるべきものであり、したがって、ロックアウト成立後の組合員労働者の入構が違法評価を受けることは決してありえないものと考える。ロックアウトが「締め出し」と結びつくことによって、むしろ、事実世界においては、過去、絶大な混乱と被害とを生んできた。それを脱却する意味でも、ロックアウト問題は、労働組合の争議権の反射的結果としてのロックアウト権、その行使の結果としての賃金支払い義務の免脱ということに限定して、捉えられるべきものである。

用　語　解　説

　以下は、これまでの授業経験上、比較的使用頻度が高く、講義内容を理解する上で十分理解していて欲しい言葉・用語概念として、簡単な「解説」を作成し（順不同）、過去、学生に配布したものの転用である。よく頭に入れて、労働法Ⅰの受講及び日常学修に活用し、役立てて欲しい。なお、記述は2001年段階の状況を前提としている。

1. ナショナルセンター

　一般名詞としては、全国中央組織、ということになるが、労働関係において用いられることが多く、その場合には、後掲「連合」のような、労働組合の全国中央組織のことをいう。現在、わが国において、ナショナルセンターと性格づけられるものとしては、後掲「連合」と、共産党系の「全国労働組合総連合」（全労連）とがある。2001年（6月）段階では、連合傘下の組合員数は約700万1,000人（全組合員数の62.4％）、全労連参加の組合員数は約78万人（全組合員数の7.0％）である。

　なお、他に、旧社会党左派系労組の全国組織である「全国労働組合連絡協議会」（全労協）がある（傘下組合員数約24万7,000人、全体の2.2％）が、名前の通り、ゆるやかな連絡協議体で、ナショナルセンターとしては捉えられていない。

2. 単　産

　わが国においては、企業別労働組合であるのが圧倒的で、それらは、産業別に集まって、連合体（産業別の単一組織）を組織するのが通例である。この産業別単一組織を略して「単産」という。

　なお、一般に、企業別組合（単組）─単産─ナショナルセンターの関係は、以下のようである。

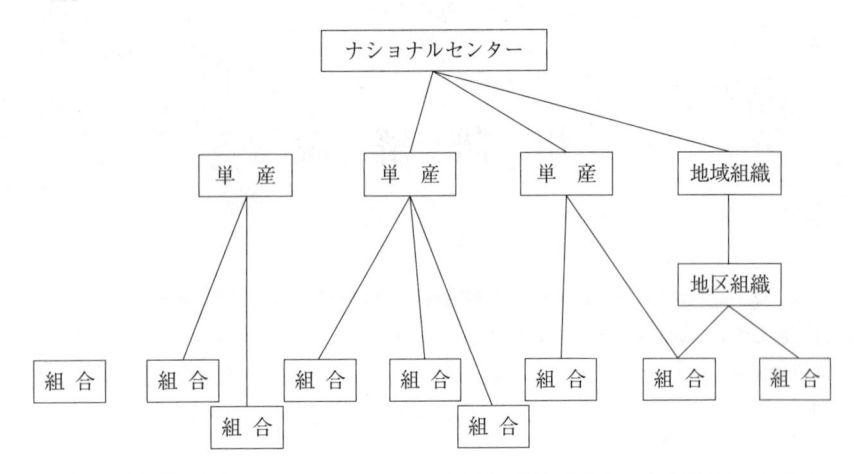

```
                    ナショナルセンター
          ┌──────────┬──────┴──┬──────────┐
        単産        単産      単産      地域組織
       ┌─┴─┐    ┌───┼───┐    ┌─┴─┐        │
                                          地区組織
                                         ┌─┴─┐
      組合 組合  組合 組合 組合  組合 組合  組合 組合
          組合        組合
```

(単産未加盟の単組、ナショナルセンター未加盟の単産も少なからず存在している。)

3. 連　合

日本労働組合総連合会の略称。

　全民労協（1982年）、全民労連（1987年）を経て、それまであった総評、同盟、中立労連、新産別の4つのナショナルセンターと純中立（ナショナルセンター未加盟）単産を統合する形で、日本最大のナショナルセンターとして、1989年11月発足。

4. 春　闘

1955年に始まった、労働組合の賃上げ闘争方式。

　企業別単組が単一では闘争力に限界があるところから、各単組が産業別に連帯し（単産の統括の下）、統一要求・統一行動をもって企業に対抗し、成果を挙げようとするもの。いわゆる定期昇給（定昇）(後述・参照）の実施される毎年4月に合わせて闘争時期を設定したことから、一般に、春季賃上げ闘争=春闘といわれるようになった。

　春闘方式は、いわゆる高度成長に乗って、日本の労働者の賃金引き上げに大きく貢献してきたが、1975年春闘以降、（企業の論理・攻勢に対し）連敗を続けており、経済的低迷の下、隔年春闘ということすら言われるようになっている。

5. 日 経 連

日本経営者団体連盟の略称。

　1948年4月に創立された全国的、全産業的な経営者の団体で、情報収集、広報活動、

労働対策などを目的としている。経済団体連合会（経団連）が主として経済問題の分野で活動するのに対して、日経連は、労働問題に関して資本側の連帯を図り、対抗策を策定することを主たる活動内容としている。

6. 労　　災

労働災害の略。一般に「業務災害」と同義に用いられる。

「業務災害」については、労基法上、使用者の補償責任が定められ（75条以下）、それを保険化する形で制定されている「労働者災害補償保険法（労災保険法）」が適用される。それ以外の災害については医療保険・年金保険が適用されるから、保険適用関係を明らかにするために、また、（医療保険・年金保険に比して）労災保険の保険給付がかなりの程度労働者に有利となっていること等から、「業務災害」（労災）を法的にいかに定義し、概念するかが重大な論点となっている。（「過労死」問題、参照）

7. 社会保険

社会政策上、国家（政府）が管掌、あるいは、統括する保険制度のこと。わが国においては、従来から、医療（健康保険、国民健康保険、等）、年金（国民年金、厚生年金、等）、労災、雇用の4分野の保険制度があり、2000年度からは、介護保険制度が付け加わった。

我が国の社会保険制度は、このように、各制度が多重的に併存していて、かつ、それぞれの制度間に著しい給付格差があることが重大な問題点となっている。

8. 完全失業率

労働人口に占める「完全失業者」の割合のこと。

$$完全失業率 = \frac{完全失業者}{労働人口} \times 100$$

「完全失業者」とは、労働力調査において、労働力人口から就業者を差し引いたもののうち、調査期間中（毎月末1週間）、1時間以上収入を伴う労働に従事しなかった者。

9. 有効求人倍率

求人数に対する求職者の割合。

$$有効求人倍率 = \frac{月間有効求人数}{月間有効求職者数} \times 100$$

有効求人とは、公共職業安定所（ハローワーク）に申し込まれた求人であって、まだ充足されていないもののこと。

10. 団　交

団体交渉の略。

労働組合と、使用者もしくは使用者団体との間の、労働条件等労使間における諸問題の取り扱いに関する取引＝交渉のこと。

11. 労働協約

団体交渉の結果、両当事者間で合意に至ったものを書面化し、当該両当事者が署名もしくは記名押印したもの。労働協約の内容としては、労働条件等労働者の待遇に関して基準を定めたもの（規範的部分）、集団的労働関係における問題処理のルールを定めたもの（債務的部分）、人事問題等企業内諸問題の処理につきルールを定めたもの（制度的部分）等がある。

12. ベア（ベ・ア）

ベースアップの略。

賃金改定に際して、賃金体系の本体（賃金ベース）の引き上げを行うことをいう。要するに、単に個人の賃金が額的にあがるのみならず、賃金表全体があがること（賃金表の改訂を伴う賃金引き上げ）である。

13. 定　昇

定期昇給の略。

本来、昇給は定期的に行われるものではなく、古くは、わが国においても同様であったが、第2次大戦中（戦時体制下）の国家のアメの政策として、毎年賃金が上がるという定期昇給制度が実施されるに至った。第2次世界大戦後、当初は、極端なインフレと経済的混乱の下で、労使のせめぎ合いが続いたが、昭和20年代の後半（1950年代前半）、日本経済の復興と経営の立ち直りの下、経営側主導の下で、定昇制度が復活導入されるに至り、この時以降、毎年4月、（定期的に）昇給するという制度が確立するに至った。これをもって、戦後年功型賃金の成立と位置づける考え方もある。なお、この時期、就業規則（賃金規程）等に定昇率を明示的に定めた企業も、少なからずあった。春闘関係のニュースで、よく、「定昇込み〜％の賃上げ」という言い方がなされるのは、このことによる。

この定昇制度は、昭和30年代（1950年代後半）以降の高度成長の過程を通じて、前掲春闘と相俟って、日本の労働者の賃金水準を順調かつ大幅に上昇させてきたが、経営者サイドからは、近時の経済停滞の中で、定昇制度の見直し（毎年賃金が上がるという方式の廃止）が主張されるに至っている。

14. 過労死

形式論的には、当該個体（労働者）にとって過重な精神的・身体的負荷による疲労の蓄積によって引き起こされた生命維持機能の破壊＝死亡、というように定義されようが、具体的には、過重負荷あるいは疲労の蓄積に起因する脳血管疾患（脳内出血・脳梗塞・くも膜下出血、等）・虚血性心疾患（狭心症・心筋梗塞、等）による死亡をいう。

上記疾病は古くからあったものであるが、1973年のオイルショック後の合理化に伴う労働強化の下で、これら疾患による死亡が過重労働の現実と結びつけられて、「過労死」概念が、労働実態批判を込めて、取り上げられるようになった。また、前述の通り、法的には、「業務災害」とそれ以外とでは適用保険制度を異にし、保険給付の水準も大幅に異なること（例えば、いわゆる標準家庭＝遺族3人と措定してみると、遺族に支給される年金水準では約2倍強の格差がある）から、「業務災害」概念をいかに理論構成するかということとともに、当該脳血管疾患死あるいは虚血性心疾患死が「過労死」＝「業務災害」に当たるか否かが、重大な理論課題となり、社会的関心を呼ぶことになった。

15. 過労自殺

前述の通り、「過労死」はもっぱら脳血管疾患や虚血性心疾患との関連でのみ意識され、論じられてきたが、過重労働による精神的負荷が精神的変調（例えば、うつ病の発症・悪化）をもたらし、自殺するに至ってしまった場合をも、「過労」と結びつけて「業務災害」として認定すべきとの主張が展開され、裁判所もこれを認めた（加古川労基署長(神戸製鋼所)事件・神戸地判平8・4・26。なお、民事損害賠償請求事件であるが、「過労自殺」につき企業責任を認めたものとして、電通事件・最2小判平12・3・24がある）。そして、このような事例を「過労自殺」というに至った。

16. パート

パートタイマーの略。

その定義については、必ずしも統一的見解が成立するに至っていないが、「短時間労働者の雇用管理の改善等に関する法律」（通称「パート労働法」）においては、「短時間労働者」とは、1週間の所定労働時間が同一の事業所に雇用される通常の労働者（いわゆる

フルタイマー）のそれに比し短い労働者、と定義されている。

このように、パートタイマーは、所定労働時間の長短にのみ基づく概念であって、その企業内身分と論理必然的に結びつくものではないが、わが国の雇用実態においては、パートタイマーは、企業内において、非正規従業員として、いわゆる正社員とは質的に異なった地位・処遇を受けることになっている。

このパートなる雇用形態は、1960年代以降の合理化・技術革新の中で、安価な労働力・景気の調整弁として利用されてきたものであり、主として、結婚・出産により退職した女性労働者の再就職先として機能している。その意味で、もっぱら企業の都合にのみ合わせた雇用形態であり、著しい収奪手段となっている。

17. 派　　遣

雇用された（労働契約の相手方）企業において労働に従事するのではなく、他企業に赴いて労働に従事する労働形態を「派遣労働」という。

このような労働力の利用形態は、本来的には、「労働者供給事業」として、職業安定法44条において禁止されているものであるが、脱法的形式・論理をもって、1950年代後半は重化学工業分野で（それにより雇用された労働者を一般に「社外工」と呼んだ）、1960年代後半は企業の（警備業務、ビルのメンテナンス関連等の）間接部門で、1970年代後半は事務部門で、1980年代以降は情報処理部門で、拡大していった。その結果、1985年、いわゆる「労働者派遣法」（労働者派遣事業の適正な運営の確保及び派遣労働者の就業条件の整備等に関する法律）が制定され、これら労働形態が一部合法化されるに至った。

ところが、合法化された分野以外でのモグリ派遣はますます拡大し、それらを前提に、1999年6月、「派遣労働」の一般的合法化をもたらす改正法が成立した（同年12月施行）。すなわち、旧労働者派遣法では、26種類の専門的労働分野に限って「派遣労働」が承認されるに止まっていた（「ポジティブリスト方式」）が、改正法では、建設業・港湾労働・警備業務等の特定事業分野を除いて、「派遣労働」を原則承認するに至っている（「ネガティブリスト方式」、なお上記26業種とそれ以外の業種についての区分は、改正法後も1年を超える派遣期間が認められる業務として維持されており、かえって、制度全体を混乱させる結果となっている）。派遣労働は、使い捨ての安価な労働力として労働者を売り買いしようというものであって、それの一般化は、「現代版奴隷的労働」の復活と言わざる得ないであろう。

18. 採用内定

いわゆる新卒採用が主流であるわが国の雇用慣行においては、労働者（学生）は在学

中に就職活動に従事（企業の求人に応募）し、企業は、同様に、その在学中（多くの場合、11月）に採用決定通知を行う。ところが、その場合、企業は、採用決定といった表現を用いずに、未だ予定ないし内々の決定で、将来的に変更の余地があるとの意味合いを込めて、「採用内定」という表現を用いる。

なお、上記は、企業の論理においてのもので、今日、法的には、学生の「応募」は労働契約の「申し込み」、「採用内定」通知はそれに対する企業からの「承諾」の意思表示であり、したがって、「採用内定通知」をもって労働契約は成立したものと解する見解が確立している（大日本印刷事件、最2小判昭54・7・20、参照）。

また、近年、いわゆる「就職協定」の廃止とともに、上記就職活動および採用決定がどんどん早まって、6月中旬には採用決定がなされるに至っている。その結果、この採用決定を一般に「内々定」と呼んで、上記（伝統的な）「採用内定」と区別している。しかし、上記法理に従えば、「内々定」と言おうと、「採用内定」と言おうと、法的には、企業による上記「承諾」の意思表示と解される限り、労働契約の成立とされるべきことに変わりはない。とはいえ、現実的には、「内々定」の意思表示は人事担当者の、「就職活動は終わりにしていいよ」といった、ごくあいまいな意思表示や、重役面接後の口頭による意思表示等々、「採用内定」のような、文書等による明示的・確定的な意思表示であることはきわめて少ない。したがって、現実的には「内々定」なる慣行は、企業のワガママ勝手な振る舞いとして、学生をきわめて不安定な地位に置くことになる。

19. 出　向

企業における人事異動の一形態で、労働契約の相手方（出向元企業）以外の企業（出向先企業）に赴き、その指揮命令下で労働に従事するもの。そのほとんどは、出向元企業との労働契約関係を存続させたまま出向先企業の指揮命令下で労務に従事する形態（在籍出向）であるが、稀には、出向元企業との労働契約関係を終了させ（退職）、出向先企業と新たに労働契約を締結する形態のもの（これを、転籍、転属、移籍、等と表現して、出向と区別することが多い）もある。

在籍出向の場合、前述の「派遣」ときわめて類似し、法理論的にいかに区分すべきかは大いに困難な事柄ではあるが、事実的には、「出向」は人事異動の一形態であり、「派遣」は労働契約上の労働内容そのものが他者の指揮命令下で労働することである点で違いがあり、また、「出向」は、一定程度長期の出向が予定されている点で、一時的な「応援」等と区分される。

20. GHQ

General Head Quarters の頭文字をとったもので、「連合国軍最高司令官総司令部」のこと。後掲連合国軍最高司令官マッカーサーを助けて、日本占領の政策決定およびその実施のための機関として設置された。

21. マッカーサー

米軍元帥で、連合国軍最高司令官。日本占領の最高権力者で、日本占領の実施者であった。

なお、連合国軍といっても、後記極東委員会の統括の下にあるのみで、米軍の単独占領であったため、マッカーサーの権力を基礎に、占領政策は、後述の通り、アメリカの政策が貫徹することとなった。

22. 占領政策

ポツダム宣言に基づき、日本占領のためにGHQにより展開された諸政策のこと。

日本の占領政策は、ワシントンに置かれた「極東委員会」により決定されるものとされていたが、その構成メンバーである米・ソの対立により、政策決定がなされることはなかったため、日本の占領政策はアメリカ本国からの指示の下で、GHQにより決定され、強行されていくことになった。その内容は、占領当初は、比較的ポツダム宣言に忠実に、軍国主義日本の解体と労働組合の積極的支援、人権保障等に向けられていたが、1948年（昭和23年）半ば以降になると、米・ソの対立の激化、アジアにおける社会主義圏の登場等の下で、アメリカを中心とする反ソ同盟の一員としての日本の建設という方向での復興政策に転換していくことになった（占領政策の転換）。この結果、占領軍の手で生み出され、持ち込まれた労働組合と労働法とは、発足間もない段階でその生みの親と戦うという皮肉な運命に曝されることとなった。

23. オイルショック（石油ショック）

1973年の第4次中東戦争（イスラエル対アラブ諸国）を契機に、OPEC（石油輸出国機構）が石油価格の大幅な値上げを実施した（たとえば、1バーレル2ドル代であったのが、11～12ドルへと高騰した）。この結果、各国経済に深刻な打撃を与えた。この事実を、オイルショックという（なお、イラン―イラク戦争を契機とする1979年～81年にかけての石油価格大幅上昇を第2次オイルショックというのに対し、この時期のものを第1次オイルショックということもある）。この時期を契機に、1950年代後半以降続いてきた（ヨーロッパ、アメリカ、日本、等の）高度成長が終焉し、欧米、日本等の経済

は低成長期にはいることになった。

　なお、この時以降の低成長下でも、欧米諸国においては、労働組合運動による賃金上昇がすすみ、その結果としてのコストアップ→物価上昇という事態が現象したが、そのような現象は、一般に、スタグフレーション（Stagflation）といわれた。

24. ハローワーク

　公共職業安定所（職安）の愛称。職業安定法に基づいて設置された、厚生労働省所轄の、職業紹介等の職安行政（雇用保険事務を含む）実施の末端機関。しかし、「職安」なる名称が、お役所的で、暗いイメージを与える（過去の職安行政・職安の業務実態がまさに、権力的で、そのような内容・イメージを持ったものであった）との理由から、その愛称を公募した結果、決められたもの。1989年から使用されている言い方。

25. リストラ

　1990年代に入って、いわゆる「バブル経済」が破綻した後の、景気後退（リセッション）期において、それから脱却するための経営戦略として、「経営再編（リストラクチャリング）」ということが言われた。その頭だけを採った略語。ただ、わが国の場合、その多くが経営縮小・削減としてなされたので、和製英語的に、次第に、そのような意味で用いられるようになった（アメリカなどでは、同じ意味のことは、一般に、ダウン・サイジングと表現されるようである）。

事項索引
判例索引

事項索引

あ

ILO
　——87号条約　26, 33-
　——闘争　33-,
アウトソーシング　51
斡旋　282

い

一部スト　285
一般的拘束力　61, 231-
違法性阻却　168, 251
違法争議
　——指令と統制権　84-
　——と責任　266-
Immunity　12

う

ウォークアウトスト　248, 267

え

エイジェンシイ・ショップ
　（agency shop）　65-
NLRB　109, 111, 121

お

黄犬契約　126

か

解雇同意・協議条項　226-, 227, 230
拡張適用　231
化体説　196, 204, 214
間接雇用　117-
完全余後効説　242
幹部責任　270
管理職組合　63-

き

企業秩序　173
企業別労働組合　23, 166, 170, 186, 232, 233, 259
規範的効力　194-
規範的部分　199
休暇闘争　37, 259
救済命令
　——内容　105
　——司法救済との関係　61, 109
強行的効力　195
協約自治　208-
協約排除条項　65
緊急調整　272, 276-
緊急命令　108
勤務条件法定主義・条例決定主義
　29, 39

く

組合→労働組合
組合員
　——資格　75
　——の権利　75-, 99
　——の義務　87
組合費　89-
組合民主主義　87-
クローズド・ショップ
　（closed shop）　65-

け

経営参加　185, 188
経営協議会　188, 189
刑事免責　35, 251, 275
継続する行為　162-
経費援助　56, 59-, 144, 148-
現業　24-, 31
原状回復　105, 109, 137

こ

公益委員　103, 105, 284
公益事業　271-, 276, 283

公共の福祉　31
交渉権限　140-
構成要件阻却　251
国民生活全体の利益　34-，43
国民全体の共同利益　39-，44
個別的労働関係　1-
御用組合　53

さ

最小限原則　34-，45
財政民主主義　41
在籍専従　23，144，149，217，224
債務的効力　216-
債務的部分　217，221，245
差し違え条件　154-
サボタージュ　256
残業拒否闘争　260
産業別労働組合　22

し

資格要件
　——実質的要件　49-，60-
　——形式的要件　55-，60-
時限スト　34，39，41
施設管理権　166，168，176-
自動延長・更新条項　193
支配介入　103，144-
支部　54，96-
集団的労働関係　1-
受忍義務　168-
純粋政治スト　254
春闘　298
順（遵）法闘争　37，260
使用者概念　114-
消極的団結権　68
上部団体　73
職員団体　25-
職場占拠　259
「諸般の事情」論　261-
除名処分　75-，224-
尻抜けユニオン　66
人事同意・協議条項　193

す

スキャップ　261
スト規制法　278-
ストライキ　248-，252
スローダウン　257，284
座り込みスト（ショットダウン・ストライキ）　258

せ

制限的余後効説　242
生産管理　257-
政治スト　254-
誠実交渉義務　138-，144，159-
生存権　13，34，250
政党支持決議　82-
制度的効力（組織的効力）　226-
政令201号　20，30
積極的団結権　68-，72
絶対的平和義務　219
ゼネラルストライキ（ゼネスト）　272-
船員労働委員会　103-，280
宣言型ユニオン　66
全体の奉仕者　31-
全労協　297
全労連　297

そ

争議権　15，29-，249-
争議行為
　——概念　247-
　——目的　254-
　——主体　252-
　——手段　256-
　——正当性　251-
　——賃金　284-
　——の制限　271-
　——の禁止　29-，271-
争議調整　280-
総有　92
SOHO　50，51
組織強制　65-

側杖論　255

た

怠業→サボタージュ　256-, 284, 293
大衆交渉方式　142
代償措置　34-, 39, 45
大量観察方式　152
タフト・ハートレー法
　　（全国労使関係法）　112, 146
単産　55, 297
団結
　——の自由　15-, 47-
　——制約　25-
　——自治　47-
団結禁止法（Combination Act）　10
団交（団体交渉）
　——意義　27, 138
　——応諾義務　138, 141
　——応諾命令　105
　——拒否　103, 105, 138-
　——事項　28, 143
　——態様　142-
　——担当者　139-
　——当事者　139-
団体交渉権説　243

ち

治安維持法　17, 19
治安警察法　17, 18
チェックオフ　87, 212
地方労働委員会（地労委）　103-
中央労働委員会（中労委）　103-, 276, 281
中間収入　132-
仲裁　280, 283-
中立保持義務　153-
調停　274, 280, 281, 283-
調停委員会　274, 283-
直律的効力　195
賃金全額払いの原則　88, 289
賃金2分論　289

て

テレワーク　51

と

同情スト　255
統制権
　——意義　75-
　——根拠　77-
　——限界　78-
統制処分　75-
闘争積立金　89, 100
同盟罷業→ストライキ
登録制　25, 48
特定独立行政法人　24

な

ナショナルセンター　23, 297

に

2重のしぼり論　38, 40

ぬ

抜き打ち争議　222

は

波状スト　293
バックペイ　131-

ひ

ピケ（ピケッティング・Picketting）　261-
非現業　24-
非公認スト　253
平等取扱原則　72, 159
ビラ配布・貼り　167, 176-

ふ

不可変的効力　195
不完全ユニオン　66
不真正政治スト　254
不当労働行為

事項索引

――趣旨　110-
――行政救済　103-
――司法救済　112-, 143
――主体　114-
部分スト　285, 293
不利益取扱　103, 126-
Friendly-Society　9, 18

へ

平和義務　218-
平和条項　220
平和的説得論　261-
便宜供与　148

ほ

ボイコット　261
ポストノーティス　105, 106

ま

マッカーサー　30, 273, 304

み

民事免責　251, 268-

む

無資格組合　60-

や

山猫スト（Wildcats-Strike）　252-

ゆ

有利原則（Günstigkeitsprinzip）　200-, 235
ユニオン・ショップ（union shop）　65-, 217, 224-

よ

傭車契約　50

余後効　242-

り

利益代表者　59
リボン闘争　178-

れ

連合　298
連帯スト　255-

ろ

労使協議制　188-
労働委員会　48, 61, 103-, 272-, 280-
労働基本権
　――保障　5-
労働協約
　――解約　193-
　――期間　192-
　――機能　185-
　――形式　190-
　――締結権　27-, 60
　――終了　240-
労働組合
　――結成　48
　――解散　97
　――消滅　240-
　――分裂　71-, 93-
　――財産　93-
　――組合活動　127-, 148-, 153, 165-
労働組合期成会　18
労働者概念　50-
ロックアウト　268, 291-

わ

ワイマール憲法　10
ワグナー法　111

判例索引

最高裁判所

昭和24年4月23日・最2小判（大浜炭鉱事件）刑集3巻5号592頁　　129
昭和25年11月15日・最大判（山田鋼業事件）刑集4巻11号2257頁　　258
昭和27年10月22日・最大判（朝日新聞西部本社事件）民集6巻9号857頁　　252
昭和28年4月8日・最大判（国鉄弘前機関区事件）刑集7巻4号775頁　　31
昭和29年5月28日・最2小判（山岡内燃機事件）民集8巻5号990頁　　145
昭和30年6月22日・最大判（国鉄三鷹駅事件）刑集9巻8号1189頁　　31
昭和31年12月11日・最3小判（三友炭鉱事件）刑集10巻12号1605頁　　261
昭和32年11月14日・最1小判（品川白煉瓦事件）民集11巻12号1943頁　　92
昭和33年5月28日・最大判（羽幌炭鉱事件）刑集12巻8号1694頁　　261
昭和37年7月20日・最2小判（全駐労山田支部事件）民集16巻8号1656頁　　132
昭和37年9月18日・最3小判（在日米軍調達部東京支部事件）民集16巻9号1985頁　　134
昭和40年2月5日・最2小判（明治生命事件）民集19巻1号52頁　　289
昭和41年10月26日・最大判（全逓＜東京＞中郵事件）刑集20巻8号901頁　　32, 42
昭和43年4月9日・最3小判（医療法人新光会事件）民集22巻4号845頁　　113
昭和43年12月4日・最大判（三井美唄炭鉱労組事件）民集22巻13号1425頁　　78, 83
昭和43年12月24日・最3小判（弘南バス事件）民集22巻13号3194頁　　221
昭和44年4月2日・最大判（都教組事件）刑集23巻5号305頁　　32, 42
昭和44年4月2日・最大判（安保6・4＜仙台全司法＞事件）刑集23巻5号685頁　　40
昭和44年5月2日・最2小判（中里鉱業所事件）裁判集民95号257頁　　83
昭和44年12月18日・最1小判（福島県教組事件）民集23巻12号2495頁　　291
昭和45年6月23日・最3小判（札幌市労連事件）刑集24巻6号311頁　　261
昭和48年4月25日・最大判（全農林警職法事件）刑集27巻4号547頁　　38, 40, 44
昭和48年4月25日・最大判（国鉄久留米駅事件）刑集27巻3号418頁　　263
昭和49年9月30日・最1小判（名古屋ダイハツ労組事件）労判218号44頁、判時760号97頁　　98
昭和49年9月30日・最1小判（国労大分地本事件）民集28巻6号1382頁、労判210号26頁　　99
昭和50年2月18日・最3小判（全金大興電機支部事件）判時777号92頁　　101
昭和50年4月25日・最2小判（日本食塩事件）民集29巻4号456頁　　225
昭和50年4月25日・最3小判（丸島水門事件）民集29巻4号481頁、労判227号12頁　　292
昭和50年11月28日・最3小判（国労広島地本事件）民集29巻10号1698頁、労判240号24頁　　90
昭和50年12月1日・最2小判（国労四国地本事件）判時798号14頁　　90
昭和51年5月6日・最1小判（油研工業事件）民集30巻4号409頁、労判252号20頁　　122

昭和52年2月23日・最大判（第2鳩タクシー事件）民集31巻1号93頁　　135
昭和52年5月4日・最大判（全逓名古屋中郵事件）刑集31巻3号182頁　　38, 44
昭和52年12月13日・最3小判（目黒電報電話局事件）民集31巻7号974頁　　169, 178
昭和53年11月24日・最2小判（寿建築研究所事件）判時911号160頁　　109
昭和54年10月30日・最3小判（国鉄札幌運転区事件）民集33巻6号647頁、
　　　　　　　　　労判329号12頁　　169, 172, 174, 176
昭和54年12月14日・最2小判（住友化学名古屋製造所事件）判時956号114頁　　176
昭和56年9月18日・最2小判（三菱重工長崎造船所事件）民集35巻6号1028頁、
　　　　　　　　　労判370号16頁　　289
昭和57年4月13日・最3小判（大成観光事件）民集36巻4号659頁　　178
昭和57年9月10日・最2小判（プリマハム事件）労経速1134号5頁　　147
昭和58年2月24日・最1小判（西日本重機事件）判時1071号139頁　　176
昭和59年5月29日・最3小判（日本メールオーダー事件）民集38巻7号802頁、
　　　　　　　　　判時1129号131頁　　156
昭和60年3月7日・最1小判（水道機工事件）民集144号141頁、
　　　　　　　　　労判449号49頁　　284
昭和60年4月23日・最3小判（日産自動車＜残業差別＞事件）民集39巻3号730頁、
　　　　　　　　　労判450号23頁　　153, 160
昭和60年7月19日・最3小判（済生会中央病院事件）民集39巻5号1266頁、
　　　　　　　　　労判455号4頁　　125
昭和61年1月24日・最2小判（紅屋商事事件）労判467号6頁、判時1213号136頁　　152
昭和61年7月15日・最3小判（日本鋼管事件）労判484号21頁　　115
昭和62年2月26日・最1小判（阪神観光事件）労判492号6頁、判時1242号122頁　　122
昭和62年4月2日・最1小判（あけぼのタクシー＜民事＞事件）労判506号20頁、
　　　　　　　　　判時1244号126頁　　134
昭和62年4月2日・最1小判（あけぼのタクシー＜行訴＞事件）判時1243号126頁　　136
昭和62年5月8日・最2小判（日産自動車＜掲示板不貸与＞事件）判時1247号131頁
　　　　　　　　　　　　　　　　　　　　　　　　　　　　　153, 159
昭和62年7月17日・最2小判（ノースウエスト航空事件）民集41巻5号1283頁、
　　　　　　　　　労判499号6頁　　286, 288
昭和63年7月19日・最3小判（池上通信機事件）労判527号5頁、判時1293号173頁　　176
平成元年1月19日・最1小判（日本チバガイギー事件）労判533号7頁　　176
平成元年12月11日・最2小判（済生会中央病院事件）民集43巻12号1786号、
　　　　　　　　　労判552号10頁　　176
平成元年12月14日・最1小判（日本シェーリング事件）民集43巻12号1895頁、
　　　　　　　　　労判553号16頁　　211
平成元年12月14日・最1小判（三井倉庫港運事件）民集43巻12号2051頁、
　　　　　　　　　労判552号6頁　　73
平成元年12月21日・最1小判（日本鋼管鶴見製作所事件）労判553号6頁　　73

平成3年4月23日・最3小判（国鉄事件）　労判589号6頁　　143
平成3年6月4日・最3小判（紅屋商事事件）民集45巻5号984頁、労判595号7頁　164
平成3年11月28日・最1小判（日立製作所武蔵工場事件）民集45巻8号1270頁、
　　　　　　　　労判594号7頁　　205
平成4年9月25日・最2小判（三菱重工長崎造船所事件）労判618号14頁　254
平成7年2月28日・最3小判（朝日放送事件）民集49巻2号559頁、労判668号11頁　122
平成8年3月26日・最3小判（朝日火災海上保険事件）民集50巻4号1008頁、
　　　　　　　　労判691号16頁　　238

下級裁判所

昭和26年2月1日・東京地判（日本紙業事件）労民集2巻1号1頁　　227
昭和35年9月29日・秋田地判（大日本鉱業発盛労組事件）労民集11巻5号1081号　84
昭和35年11月22日・宇都宮地判（パインミシン事件）労民集11巻6号1344頁　285
昭和42年3月28日・大分地判（国労大分地本事件）労民集18巻4号703頁　98
昭和42年4月6日・神戸地判（灘郵便局事件）労民集18巻2号302頁　178
昭和43年2月23日・東京高判（日本食塩事件）労民集19巻1号134頁　225
昭和50年4月22日・鳥取地米子支判（日本パルプ工業事件）労判229号12頁　208
昭和50年10月21日・東京地判（杵島炭鉱事件）労民集26巻5号870頁　255
昭和52年4月27日・広島高松江支判（日本パルプ工業事件）労判278号35頁　208
昭和53年3月1日・大阪地決（大阪白急タクシー仮処分申請事件）労判298号73頁　213
昭和53年11月15日・東京地判（府中自動車教習所事件）労民集29巻5・6号699頁　284
昭和55年12月19日・大阪地判（北港タクシー事件）労判356号9頁　213
昭和56年2月16日・大阪地判（大阪白急タクシー仮処分異議事件）労判360号56頁、
　　　　　　　　判時1006号102頁　　213
昭和56年9月28日・東京高判（プリマハム事件）労経速1134号5頁　147
昭和60年1月18日・名古屋地判（日本トラック事件）労民集36巻6号698頁　214
昭和60年11月27日・名古屋高判（日本トラック事件）労民集36巻6号691頁　214
昭和61年2月27日・東京地判（国鉄事件）労民集37巻1号123頁　143
昭和62年1月27日・東京高判（国鉄事件）労民集38巻1号1頁　143
昭和63年7月18日・神戸地姫路支判（神姫バス事件）労判523号46頁、
　　　　　　　　判時1300号142頁　　214
平成6年10月24日・東京高決（ソニー事件）判時1583号144頁　194

近 藤 昭 雄（こんどう あきお）

略 歴
　1942年　　東京都生まれ
　1965年　　中央大学法学部法律学科卒業
　1970年　　中央大学大学院法学研究科民事法専攻博士課程単位
　　　　　　取得退学
　1983年　　中央大学法学部専任講師
　1990年　　中央大学法学部教授

現 在
　中央大学法学部教授

主な著書・論文
『新版現代労働法入門』（共著，法律文化社）
『ニューヨーク州における二次的ボイコットの法理』（法学新報，
　76巻3・4・5合併号）
『労働組合の統制機能と少数組合員の権利』
　（学会誌・労働法37号）
『講和期における労働法再編過程と労働法学』（沼田稲次郎先生
　還暦記念論集 上巻 『現代法と労働法学の課題』）
『統制権の限界』（日本労働法学会編『現代労働法講座』2）
『組合併存下の団体交渉権』（季刊労働法，134号）
　その他多数

労働法 I

2003年4月28日　初版第1刷発行
2008年5月25日　初版第2刷発行

　　　　　著　者　　近　藤　昭　雄
　　　　　発　行　者　　中央大学出版部
　　　　　　　　代表者　福　田　孝　志

　　　　　　　東京都八王子市東中野742-1
　　　発行所　中 央 大 学 出 版 部
　　　　　　電話 042(674)2351　　FAX 042(674)2354

Ⓒ 2003 Akio KONDO　　　　　　ニシキ印刷／三栄社
　　　ISBN978-4-8057-0713-5